O Menino que Desenhou Auschwitz

O Menino que Desenhou Auschwitz

Uma Poderosa
História Real de Esperança
&
Sobrevivência

THOMAS GEVE
Sobrevivente do Holocausto

ALTA BOOKS
GRUPO EDITORIAL
Rio de Janeiro, 2023

O Menino que Desenhou Auschwitz

Copyright © 2023 da Starlin Alta Editora e Consultoria Eireli.
ISBN: 978-65-5520-886-3

Translated from original The Boy Who Drew Auschwitz. Copyright © 2021 by Thomas Geve. ISBN 978-0-00-840638-7. This translation is published and sold by HarperCollinsPublishers, the owner of all rights to publish and sell the same. PORTUGUESE language edition published by Starlin Alta Editora e Consultoria Eireli, Copyright © 2023 by Starlin Alta Editora e Consultoria Eireli.

Impresso no Brasil — 1ª Edição, 2023 — Edição revisada conforme o Acordo Ortográfico da Língua Portuguesa de 2009.

Dados Internacionais de Catalogação na Publicação (CIP) de acordo com ISBD

G396m Geve, Thomas
　　　　O Menino que Desenhou Auschwitz: Uma poderosa história real de esperança & sobrevivência / Thomas Geve, Charles Inglefield ; traduzido por Alberto Streicher. — Rio de Janeiro : Alta Books, 2023.
　　　　304 p. ; 16cm x 23cm.

　　　　Tradução: The Boy Who Drew Auschwitz
　　　　Inclui índice.
　　　　ISBN: 978-65-5520-886-3

　　　　1. Holocausto, Judeu (1939-1945) – Relatos pessoais. 2. Birkenau (campo de concentração). 3. Auschwitz (campo de concentração). 4. Buchenwald (Campo de concentração). I. Inglefield, Charles. II. Streicher, Alberto. III. Título.

2022-1183
　　　　　　　　　　　　　　　　　　　　　　　　CDD 940.5318
　　　　　　　　　　　　　　　　　　　　　　　　CDU 94(430)

Elaborado por Odílio Hilario Moreira Junior - CRB-8/9949

Índice para catálogo sistemático:
1. História: Holocausto 940.5318
2. História da Alemanha 94(430)

Todos os direitos estão reservados e protegidos por Lei. Nenhuma parte deste livro, sem autorização prévia por escrito da editora, poderá ser reproduzida ou transmitida. A violação dos Direitos Autorais é crime estabelecido na Lei nº 9.610/98 e com punição de acordo com o artigo 184 do Código Penal.

A editora não se responsabiliza pelo conteúdo da obra, formulada exclusivamente pelo(s) autor(es).

Marcas Registradas: Todos os termos mencionados e reconhecidos como Marca Registrada e/ou Comercial são de responsabilidade de seus proprietários. A editora informa não estar associada a nenhum produto e/ou fornecedor apresentado no livro.

Erratas e arquivos de apoio: No site da editora relatamos, com a devida correção, qualquer erro encontrado em nossos livros, bem como disponibilizamos arquivos de apoio se aplicáveis à obra em questão.

Acesse o site www.altabooks.com.br e procure pelo título do livro desejado para ter acesso às erratas, aos arquivos de apoio e/ou a outros conteúdos aplicáveis à obra.

Suporte Técnico: A obra é comercializada na forma em que está, sem direito a suporte técnico ou orientação pessoal/exclusiva ao leitor.

A editora não se responsabiliza pela manutenção, atualização e idioma dos sites referidos pelos autores nesta obra.

Produção Editorial Editora Alta Books	**Coordenação Comercial** Thiago Biaggi	**Produtor Editorial** Thiê Alves	**Equipe Editorial** Andreza Moraes Beatriz de Assis
Diretor Editorial Anderson Vieira anderson.vieira@altabooks.com.br	**Coordenação de Eventos** Viviane Paiva comercial@altabooks.com.br	**Produtores Editoriais** Illysabelle Trajano Maria de Lourdes Borges Paulo Gomes Thales Silva	Betânia Santos Brenda Rodrigues Caroline David Gabriela Paiva Henrique Waldez Kelry Oliveira
Editor José Rugeri j.rugeri@altabooks.com.br	**Coordenação ADM/Finc.** Solange Souza	**Equipe Comercial** Adenir Gomes	Marcelli Ferreira Mariana Portugal
Gerência Comercial Claudio Lima claudio@altabooks.com.br	**Coordenação Logística** Waldir Rodrigues logistica@altabooks.com.br	Ana Carolina Marinho Ana Claudia Lima Daiana Costa Everson Sete	Matheus Mello Milena Soares **Marketing Editorial** Amanda Mucci
Gerência Marketing Andréa Guatiello marketing@altabooks.com.br	**Direitos Autorais** Raquel Porto rights@altabooks.com.br	Kaique Luiz Luana Santos Maira Conceição Natasha Sales	Guilherme Nunes Livia Carvalho Pedro Guimarães Thiago Brito

Atuaram na edição desta obra:

Tradução
Alberto Streicher

Diagramação
Joyce Matos

Copidesque
Vanessa Schreiner

Capa
Marcelli Ferreira

Revisão Gramatical
Fernanda Lutfi
Vivian Sbravatti

Editora afiliada à: ASSOCIADO

ALTA BOOKS
GRUPO EDITORIAL

Rua Viúva Cláudio, 291 – Bairro Industrial do Jacaré
CEP: 20.970-031 – Rio de Janeiro (RJ)
Tels.: (21) 3278-8069 / 3278-8419
www.altabooks.com.br — altabooks@altabooks.com.br
Ouvidoria: ouvidoria@altabooks.com.br

Em memória de:

Eva-Ruth
Sally
Jonathan
'Kurt Pequeno'
'Kurt Alto'
'Gert Loiro'
'Gert Atrevido'
Ello, um menino da Eslováquia
Mendel, um menino de Bialystok
Jendroe, um menino da Boêmia
Maurice, um menino da Tessalônica
Leo, um holandês
Poldi, um suíço
Sr. Pollack, um tcheco
Médico do bloco 7a, um belga
Sigi, líder do quarto, bloco 7a, um alemão
Líder do bloco 7a, um alemão
Cabeleireiro do campo, um alemão

SUMÁRIO

PREFÁCIO   8

INTRODUÇÃO   12

PRÓLOGO – UM FUTURO
DESCONHECIDO, Berlim 1939   14

PARTE 1

Capítulo 1
Stettin e Beuthen 1929-39   19

Capítulo 2
Berlim 1939-41   29

Capítulo 3
Berlim 1941-42   37

Capítulo 4
Dissolução 1943   43

PARTE 2

Capítulo 5
Auschwitz-Birkenau   59

Capítulo 6
Quarentena   81

Capítulo 7
A escola de pedreiros   93

Capítulo 8
Sobrevivendo   113

Capítulo 9
Exaustão   131

Capítulo 10
Desespero   149

PARTE 3

Capítulo 11
Bondade em meio ao caos   159

Capítulo 12
Tornei-me um veterano   175

Capítulo 13
Ventos de mudança   185

PARTE 4

Capítulo 14
Um passo atrás rumo à
liberdade   215

Capítulo 15
Campo de Gross-Rosen   227

Capítulo 16
Evacuação   237

Capítulo 17
Campo de Buchenwald   241

Capítulo 18
Por fim, livre   265

EPÍLOGO   287

NOTA DE
CHARLES INGLEFIELD   293

NOTAS BIOGRÁFICAS   297

AGRADECIMENTOS   299

ÍNDICE   301

PREFÁCIO

Costumava-se dizer que os sobreviventes do Holocausto ficaram silentes após a Segunda Guerra Mundial. Verdade. Para muitos, foi um sofrimento doloroso demais para ser recontado e, para outros, ainda o é até hoje. Porém, muitos quiseram falar. Eles prometeram a seus colegas de cela, a maioria dos quais não sobreviveu, que seriam testemunhas e contariam ao mundo. E foi o que tentaram, apenas para encontrarem um mundo incapaz de ouvi-los e, muitas vezes, indisposto a tal. Os sobreviventes do Holocausto não ficaram silentes. Foram silenciados.

Thomas Geve estava entre aqueles que tentaram explicar em detalhes, imediatamente após o Holocausto, o que acabara de acontecer. Primeiramente, apenas queria contar ao seu pai, por meio de um álbum de desenhos. Seu pai estivera na Inglaterra durante a Segunda Guerra Mundial e nunca poderia imaginar pelo que seu filho passara. Então, Thomas escreveu suas experiências para que fossem publicadas, mas acabou recebendo um balde de água fria. Porém, não desistiu. Durante mais de 75 anos ele contou a história que você está prestes a ler. História essa que o levará às profundezas do mundo tenebroso do sistema nazista de campos de concentração, no qual crianças, como ele, eram suas presas.

Thomas Geve é um documentarista extraordinário. Sua determinação para detalhar o que aconteceu nos campos de morte e de trabalho do mundo dos campos de concentração nazistas remonta à própria Auschwitz, onde encontrou carvão e retalhos de sacos de cimento — ele fazia parte do comando de pedreiros — e esboçou o que acontecia lá em tempo real. Os desenhos originais não sobreviveram, mas a memória que repousava naqueles pedaços de papel permaneceu em sua mente e, imediatamente após a guerra, ele começou a desenhar novamente. Ele viu que outros ex-companheiros de cela estavam documentando o que acontecera, e tinha os próprios fatos para compartilhar. De alguma forma, o garoto de 13 anos de idade em Auschwitz teve a presença de espírito para prestar atenção aos detalhes — conferir, medir, contar e memorizar. Ele registrou cada hora da rotina diária, cada grama das porções de ração. Até mesmo as cores dos distintivos que os prisioneiros usavam ficaram guardadas em sua memória.

O MENINO QUE DESENHOU AUSCHWITZ

Parece que Geve percebia algo em sua tenra idade que levou muito mais tempo até que os adultos percebessem: os detalhes minuciosos de como o sistema do campo de concentração funcionava são essenciais para compreendermos a natureza do próprio crime. Por meio de sua curiosidade inata, ele entendeu que a maleficência era tão inacreditável que, de fato, poderia não ser acreditada, ou que os detalhes poderiam um dia ser apagados. Ele estava certo, é claro: o papel de Auschwitz-Birkenau no coração do genocídio industrializado sancionado pelo Estado resultou em mais de 1 milhão de judeus mortos nas câmaras de gás cuidadosamente projetadas. Isso foi, e ainda permanece, sem precedentes, por isso merece nossa atenção; mas não foi tudo o que ocorreu lá. Envolto naquelas fábricas de mortes, estava todo um maquinário de tortura e depravação sádicas e diárias. Os nazistas não apenas assassinavam suas vítimas; eles criaram todo um sistema para fazê-las sofrer. Foi isso o que Geve documentou primeiramente em seus desenhos, depois em seus textos.

Observei que há uma rigidez quanto aos testemunhos. Os fatos recontados pelos sobreviventes em seus testemunhos não variam muito, como poderia se imaginar, ao longo do tempo. Observei também que, quanto antes os relatos foram documentados, mais chances têm de revelar as nuances precisas da própria experiência direta do indivíduo, sem as posteriores camadas de tropos e expectativas de leitores. O testemunho de Geve é um bom exemplo disso. Seus primeiros desenhos foram feitos em Auschwitz em 1944, seguidos, em 1945, pelo conjunto total de mais de 80, muitos dos quais você encontrará neste livro. Depois, ele escreveu uma narrativa complementar em 1947, quando as memórias ainda estavam vívidas, sem interpolações pelas reflexões posteriores, publicada em 1958 com o título *Youth in Chains* [Juventude Acorrentada, em tradução livre]. Por meio do imediatismo do relato de Geve, obtemos detalhes próximos e pessoais sobre a personalidade de outros colegas de cela, incluindo amigos que ele fez e perdeu. Aprendemos a respeito da ambiguidade moral dentro da hierarquia dos prisioneiros e da disseminação da violência sexual entre a população prisioneira, ambas geralmente deixadas de lado nos relatos dados posteriormente por sobreviventes. Aprendemos, também, sobre o poder da amizade e os sacrifícios feitos para ajudarem uns aos outros a sobreviver. Embora seja bem sabido que alguns prisioneiros cooperaram para sobreviver, especialmente nas seções femininas, nunca tinha ouvido a respeito de um pacto quadripartido por comida como o que ele e outros três amigos criaram. Há aspectos de sua história que são positivos de maneiras novas e cheias de insight.

O MENINO QUE DESENHOU AUSCHWITZ

A chegada de Geve a Auschwitz é recontada de forma assustadora e precisa. "Durante quilômetros não consegui ver árvores, apenas campos vazios. Uma névoa ergueu-se à distância, indubitavelmente escondendo o que quer que lá espreitava nos aguardando." Ele descreve com precisão sua chegada a Auschwitz na pouco conhecida *Alte-Juden Rampe* — a antiga plataforma dos judeus, um desvio ferroviário em uma paisagem desértica fora das vistas das estruturas do campo. Mais de 600 mil judeus chegaram lá, porém o local é raramente descrito nos relatos posteriores, pois a imagem dos trens chegando diretamente a Birkenau, circundados por soldados e com a presença de Josef Mengele usando luvas brancas, tornou-se a versão oficial da chegada à cidade. No entanto, Geve não sabia disso na época. Sendo assim, contou a única versão que conhecia — aquela que experienciou.

Setenta e cinco anos depois, as descrições de Geve têm um sabor natural e autêntico, algo apenas possível no rescaldo imediato. Ele fala sobre os grupos de vítimas, tais quais os prisioneiros políticos e de Roma, com uma clareza encantadora. Sua descrição da Marcha da Morte e de como ajudou os mais necessitados enquanto caminhava com os pés doloridos e cheios de bolhas demonstra seu senso de comunidade e generosidade, mesmo perante as circunstâncias mais terríveis. O mais importante, seu relato lança luz sobre exatamente quantos prisioneiros realmente sabiam o que estava acontecendo ao seu redor e precisamente sobre *como* isso tudo aconteceu. Ele também mostra que os próprios prisioneiros não conseguiam compreender a magnitude do que se desdobrava perante seus olhos. Em um desenho, Geve estima o número total de mortos nas câmaras de gás em centenas de milhares. Não é que ele estava sendo impreciso; na época em que estava lá, a contagem não era feita em benefício dos prisioneiros. Como ele poderia imaginar que o número de judeus, ciganos e outros era muito maior?

Sou grato a Charles Inglefield por reter muito do testemunho original. Embora esta edição do testemunho de Geve esteja agora sob camadas de revisões e adições feitas em quase 8 décadas, a essência do texto permanece fiel ao manuscrito de 1947, à publicação de *Youth in Chains* em 1958 e à edição de *Guns and Barbed Wire* [Armas e Arame Farpado, em tradução livre] de 1987 (ambas revisadas por mim). Um testemunho não fornece o tipo de documento probatório que, digamos, uma fotografia original ou uma lista de transporte o faz. Mas é um tipo de documento histórico; tipo esse que apresenta a história humana. O testemunho é uma extensão das experiências vividas pelo autor, vistas sob o prisma em constante mudança de vida ao longo do tempo. O que baliza Geve é sua escolha consistente em ser fiel ao texto original e em refletir seu testemunho por meio das impressões documentadas por ele na época. Até hoje, ele nos leva de volta a quando contou sua história pela primeira vez; é isso que torna seu livro tão singular e autêntico.

Enquanto você lê este livro, insisto para que reserve um tempo, de modo a demorar-se nos desenhos de Geve. É raro que um testemunho venha tanto em palavras como em imagens. Ambos são seu testamento. A estilização simples e infantil esconde as complexas verdades que testificam. Imagino-o como um garoto de 15 anos, desenhando intensamente em fichas minúsculas de arquivo com suásticas no verso, a guerra ainda em andamento, conforme punha-se a trabalhar. Mesmo assim, ele sabia que era os olhos e os ouvidos do mundo.

Ele ainda é.

Doutor Stephen D. Smith

Diretor-executivo da cadeira Finci-Viterbi na USC Shoah Foundation

Diretor de Educação sobre Genocídio na UNESCO

INTRODUÇÃO

Em novembro de 1945, cheguei a Londres carregando em minha mala um álbum de desenhos, meu testemunho silente dos 22 meses de vida e sobrevivência em 3 campos de concentração. O álbum destinava-se ao meu querido pai, Erich, a quem não via há seis longos anos de guerra.

Um ano depois, fui contatado por um jornalista jovem e entusiasmado. Ele ficou sabendo de mim e de meus desenhos e acreditava na importância de revelá-los ao mundo. Então, instigou-me a colocar meus desenhos em palavras, e foi o que fiz. A escrita me permitiu acrescentar outra camada de expressão aos fatos e às cenas que desenhara. As palavras suscitaram memórias, experiências, pensamentos, medos, consolações e vitórias, todas partícipes de uma vida durante difíceis anos de guerra. Também permitiram que eu falasse sobre as diversas pessoas que vim a conhecer. A variedade de interação e reação humanas — do desespero à esperança, do derrotismo à coragem, da crueldade à bondade — estava toda lá, e todos foram afetados. Acima de tudo, essas histórias deram voz aos meus camaradas que não conseguiram ver o dia de sua libertação. Meu mundo também foi o deles. Minhas palavras deram vida eterna a suas personalidades e seus sonhos, que pereceram de modo tão injusto e antecipado.

Lá em 1946, o mundo não estava pronto para ouvir. Embora os editores londrinos compartilhassem do interesse do jornalista em minha história, não tiveram o entusiasmo para publicá-la. "O menino não é um Picasso", disseram. "E os públicos estão querendo temas mais alegres atualmente." A impressão colorida também estava além da maioria dos orçamentos de edição na Europa naqueles anos pós-guerra.

No entanto, meu chamado interior para contar ao mundo o que realmente aconteceu na Europa durante a Segunda Guerra Mundial não esvanecera. Anos depois, em 1958, uma pequena versão de bolso do meu testemunho escrito foi publicada pela primeira vez. O desejo de proteger minha privacidade, assim como a crença de que esta história não era apenas minha, mas também dos meus camaradas de campo e de toda nossa geração, me fizeram decidir usar um pseudônimo.

Thomas Geve tornou-se meu nome testemunhal e permanece sendo uma parte de minha identidade até hoje.

Ao longo dos anos, meus testemunhos escritos e desenhados foram publicados em versões e idiomas diferentes, assim como por meio de diversos canais. Tornei-me uma testemunha ativa, dando palestras para alunos e adultos em toda a Europa.

No verão de 2019, mais um jornalista entrou em contato comigo. Era Charles Inglefield. Ele ficou cativado por meu testemunho e acreditava que deveria ser republicado em uma versão mais ampla e atualizada. O interesse e a dedicação desse jovem, mais de 70 anos depois, aqueceram meu coração. Dessa vez, Londres não apenas compartilhava do interesse, mas a HarperCollins também tinha o entusiasmo. É uma honra que tenha se tornado nossa editora.

Setenta e cinco anos atrás, meramente dei início ao registro da verdade. Tornou-se a missão de minha vida passar adiante tais fatos, detalhes e histórias, de modo que sejam eternamente acreditados e relembrados. Tenho o privilégio de compartilhar com você, prezado leitor, esta nova edição do meu testemunho escrito e desenhado. Espero de verdade que seja uma recordação eterna de nosso chamado humano para fazermos do nosso mundo um lugar mais bondoso para todos.

Este capítulo sinistro de nosso passado foi criado por pessoas, e são as pessoas que podem criar um futuro melhor...

Thomas Geve, 2020

PRÓLOGO –
UM FUTURO DESCONHECIDO
BERLIM
1939

Era um dia quente e abafado de verão. Compradores, viajantes e turistas enchiam a Potsdamer Platz (Praça). Delicatéssens exibiam tentações, lindamente embrulhadas e rotuladas. Os floristas ostentavam rosas em plena floração, enquanto as pessoas admiravam o bonde elétrico que acabara de chegar ao coração da cidade sem fazer qualquer ruído. Berlim estava agitada em meio a atividades e invenções. Havia muito que se admirar, uma nova estação de metrô, um triunfo da engenharia moderna, e filas formando-se do lado de fora do estúdio de televisão experimental do governo.

No grande terminal ferroviário coberto de vidro e aço, um poste de semáforo foi erguido. A luz verde brilhou, e mais um trem soltou fumaça enquanto rumava ao Oeste. Levava uma das últimas cargas de homens que, ameaçados de prisão, não tinham lugar naquela nova Alemanha: judeus, livres pensadores, democratas e socialistas. Seu destino era a Inglaterra. Mas o trem já estava lotado. Outros também batiam à porta: austríacos, tchecos, italianos e espanhóis, todos buscando refúgio. Dentre aqueles homens no trem, havia um médico judeu. Teve a sorte de ser um dos poucos admitidos.

Um garoto de 9 anos cuidadosamente vestido, alto para sua idade e com os cabelos encharcados de brilhantina, meticulosamente penteados, permanecia de pé perante a vitrine de um florista. Estava entediado de tanto esperar e passava o tempo observando as gotículas de água escorrendo dentro da vidraça da loja. Em meio à condensação, reconheceu rosas, tulipas e orquídeas. Como eram bem cuidadas.

Uma jovem atraente de cabelos escuros e usando sua melhor roupa de domingo surgiu da multidão de transeuntes. Parou em frente à loja do florista. Estava chorando. O menino foi abruptamente sacudido de seu paraíso onírico de flores gotejantes com orvalho. Ele pensou: *por que as pessoas precisam estar nervosas e chorando? Afinal, é um lindo dia.*

Aquele garoto era eu, a mulher era minha mãe, Berta,[1] e o médico judeu no trem era meu pai, Erich.[2]

A Potsdamer Platz estava movimentada, mas agora nos sentíamos sozinhos. Retornamos à casa dos meus avós, nosso lar temporário. Meu avô, Julius, e minha avó, Hulda,[3] moravam no endereço 19 Winterfeld Strasse (Rua), uma calma rua de classe média em Schöneberg, o sétimo distrito de Berlim.

"Vou estar ocupada fazendo preparativos para me juntar ao seu pai", suspirou minha mãe, "e seus avós têm as próprias preocupações, então você terá que ser um bom garoto de agora em diante, sem alguém para discipliná-lo."

Naquele dia, foi a primeira vez que pensei no que as pessoas chamam de "futuro". Debati-me com meus pensamentos e tentei imaginar o que aconteceria em seguida. Tudo ocorreu de forma abrupta, inesperada e rápida demais para que eu pudesse compreender.

PARTE 1

CAPÍTULO 1
STETTIN E BEUTHEN
1929-39

Nasci no outono de 1929, em Stettin, no Báltico, perto do rio Oder, na Alemanha.* Minha mãe também tinha nascido lá, enquanto meu pai viera de Beuthen, na Alta Silésia. Ele estudou medicina e tinha servido brevemente durante a Primeira Guerra Mundial antes de assumir a clínica do Dr. Julius Goetze, em Stettin. Agora estabelecido como clínico geral, com a própria clínica, apaixonou-se e casou-se com minha mãe, Berta, a filha do médico.

Quando eu era bem pequeno, minha aparência era como se rostos estranhos tivessem me assustado. Como a maioria dos bebês, meu passatempo era chorar. O gemido noturno da sirene que chamava os voluntários da brigada de incêndio me aterrorizava. Parecia o uivo de um monstro que espreitava na escuridão, pronto para me agarrar na primeira oportunidade.

Colhendo os melhores tomates — Stettin, 1933.

O tempo passou e minha primeira infância ficou mais animada. A tia Ruth,[4] irmã da minha mãe, me levava em passeios de barco a remo pelo Oder para nossa horta. Estar na natureza e sentar em um barco no meio de um largo rio me deixou boas lembranças. Ainda mais do que poder colher e devorar os melhores tomates. Também havia excursões divertidas a resorts à beira-mar. Adorava estar perto de animais e plantas, rodeado pela natureza. Mas minha ocupação favorita era caçar caracóis: pegar e colecionar rolinhos gosmentos que escalavam os muros dos parques. Quando Hitler chegou ao poder, em 1933,

---

* Atualmente é a Polônia.

Este mapa mostra a posição da fronteira entre Alemanha e Polônia na década de 1930.

Minha feliz primeira infância — Stettin, 1933.

esses momentos de lazer despreocupado desapareceram.

Meu pai fora médico e cirurgião em Stettin, mas perdeu a licença devido às leis discriminatórias, e tivemos que retornar à sua terra natal, Beuthen, algumas centenas de quilômetros a Sudoeste de Berlim. A família de minha mãe, incluindo a tia Ruth e meus avós, tinham se mudado para Berlim. E, embora eu tivesse apenas 3 anos de idade na época, sentia que estava sendo constantemente deixado aos cuidados dos outros, entre eles minha tia Irma[5] e nossa governanta, Magda.[6]

Beuthen era uma cidade de mineração com cerca de 100 mil habitantes, havendo uma forte comunidade polonesa por lá. As fronteiras alemãs/polonesas cruzavam subúrbios, parques e até túneis das minas. Em algumas ruas da cidade, era possível ver bondes tanto alemães como poloneses atravessando-as. As pessoas falavam polonês no que era a Alemanha e alemão no que era a Polônia. Quando voltava das caminhadas pelos subúrbios à Krakauer Strasse, 1, um grande prédio de quatro andares onde morávamos, eu nunca tinha certeza de em que país pisara.

A praça principal era ainda mais confusa. Para a gente comum, era "A Boulevard". Para os mais pedantes, era a "Kaiser Franz Joseph Platz". Mas, agora, o novo poder em Beuthen decidiu que se tornaria "Adolf Hitler Platz". E foi nessa praça que os alemães puros e leais juraram fidelidade a seu novo deus.

Caso eu não tivesse sido repreendido, talvez estivesse alegremente entre eles. Porque de fato gostava daquele novo culto. Eram bandeiras, cavalos brilhosos da polícia, uniformes coloridos, lanternas e música. Também era de acesso fácil e gratuito, o que significava que não tinha que ficar no pé do meu pai para que me levasse a uma apresentação do Punch & Judy ou para que eu ganhasse uma hora ao lado do rádio da minha tia. Porém, fui repreendido por causa do meu entusiasmo impróprio com relação àquela nova presença na cidade. Recebi mais uns trocados e, para evitar mais constrangimentos à família, uma instrução para que acertasse o passo na linha antinazista da família — seja lá o que isso significasse para um menino de 4 anos.

Assim, obedeci. Enquanto os outros jovens da praça aprendiam sobre sua origem e destino superiores, meu papel seria o do azarão.

Curtindo a beleza da natureza — Beuthen, 1936.

Rapidamente, minha vida tornou-se mais isolada. Pela manhã, era acompanhado até o jardim de infância judaico do bairro. As tardes eram preenchidas com jogos solitários ou com aulas de piano sob a tutela da irmã do meu pai, tia Irma, professora de música que agora morava conosco.

Supostamente, deveria ter herdado muito da habilidade musical da tia Irma, mas meu temperamento rebelde logo excluiu as chances de me tornar um escravo do gigante piano de cauda preto "Bechstein". Pelo contrário, meus talentos estavam limitados a devorar as fragrantes maçãs que serviam de adereços e que me ajudavam a aprender como as notas musicais se dividiam em frações. Meu interesse em tocar um instrumento musical desapareceu, mas meu amor à música, às canções e à recordação das letras tinha acabado de se acender.

Em 1936, aos 6 anos, fui matriculado na escola judaica de Beuthen. Meu pai também já tinha sentido os castigos de vara, o porão das punições e a estrita disciplina prussiana do local. Ele, da mesma forma, tinha se vingado, rabiscando e talhando os bancos escolares.

Os professores do meu pai, já bem acima da idade de aposentadoria, ainda lecionavam lá, todavia não conseguiam bancar nada além dos sanduíches de queijo branco, o que os tornava alvo de ridicularização geral. Ciente das tradições da minha família, tentei ser um aluno agradável, mas nunca fazia nada além do absolutamente necessário.

Usávamos os livros didáticos antigos e também os nazistas. Lembro-me do dia 20 de abril, aniversário de Hitler, comemorado como feriado. Nesse dia, de acordo com algum parágrafo nas novas leis educacionais, juntávamo-nos para ouvir recitações à glória da pátria. Os mais perspicazes dos nossos professores, no entanto, sugeriram que nós não teríamos parte em tal glória.

Aprendemos que não deveria haver igualdade. Nossa única arma era o orgulho. Queríamos competir com os novos movimentos juvenis que brotavam em toda a Alemanha. As saídas escolares transformaram-se em ocasiões para exibirmos nossa marcha disciplinada, nosso canto impressionante e nossa destreza esportiva.

Porém, uma a uma, tais demonstrações foram proibidas. Logo, não podíamos nem mesmo retaliar as pedras que eram jogadas contra nós no pátio da escola pelos meninos "arianos" do lado de fora. Isso seria considerado crime. Agora, éramos os desprezados "meninos judeus". O único parquinho que continuava seguro para nós era o do cemitério judaico na Piekarska Strasse. Ficávamos realmente felizes por termos um lugar seguro onde brincar.

Meu primeiro dia na escola — Beuthen, 1936.

Sob insistência do meu pai, entrei para um clube sionista de esportes, "Bar Kochba".* O treinamento acontecia estritamente a portas fechadas, mas a autoconfiança que isso nos dava não ficava tão confinada. Lá, aprendíamos sobre os princípios de força e de heroísmo. Nossa coragem recém-adquirida nos acompanhava em todos os lugares.

Certa noite, um amigo e eu estávamos indo para o clube e passamos pela gélida praça da sinagoga. Fomos cumprimentados com uma chuva de bolas de neve. Daí vieram os insultos abusivos. Atrás das colunas da arcada da sinagoga, vimos de relance os casacos pretos do uniforme da Juventude Hitlerista, vestidos por garotos que pareciam ter nossa idade.

O orgulho momentaneamente venceu nossas obrigações de sermos subalternos dóceis e saímos atrás deles. Nossos oponentes perplexos não tinham levado em conta a fúria repentina que nos dominou. Agarrei um deles, empurrei-o na neve e bati nele repetidas vezes. Quando ele começou a gritar, tive que recuar. Seus

---

* Bar Kochba foi um líder judeu que ficou conhecido por sua aptidão e força física e, acima de tudo, por sua coragem. Ele liderou uma revolta heroica contra o Império Romano (132–5 CE) e seu caráter serviu de inspiração aos rapazes judeus.

amigos haviam desaparecido, e a escuridão envolveu em segredo nossa pequena aventura. Essa foi a minha primeira e última chance de revidar abertamente.

Logo fiquei mais questionador a respeito do mundo que habitava. Nós, os garotos, dávamos umas escapulidas para visitar minas de carvão, fábricas e instalações ferroviárias ali perto. Nossas jovens mentes estavam sedentas por conhecimento.

As brilhantes fornalhas brancas, as rodas dos cabeçotes girando incessantemente, os enormes depósitos de escória, os bondinhos carregados de minério, deslizando por cabos de aço superiores que formavam caminhos serpentinosos — tudo fervilhava com atividades. Os trens em especial me fascinavam. Os trilhos industriais rangiam, e as enormes locomotivas pretas chegavam de longe e liberavam a exaustão, soprando nuvens de vapor fedido. Tudo isso aguardava a análise de nossas mentes juvenis, inspirando-nos com um desejo de entender a vida. O mundo ainda deveria ser descoberto por nós.

Havia muita coisa para explorarmos, apesar das restrições a nós impostas.

Enquanto vagávamos pela cidade, ávidos pelas descobertas, a Juventude Hitlerista de Beuthen treinava, marchava e aprendia a cantar louvores em glória de seu Führer. Nem todos tinham força mental para esse treinamento. Alguns, ao perceberem seu futuro predestinado por regras autoritárias, afastaram-se rumo a um estado miserável. Outros, com a mente menos delicada, preocupavam-se com pés chatos, calos e bolhas, pois eram obstáculos muito mais realistas para a inclusão na "raça superior".

Algumas vezes por ano, as ruas de Beuthen ganhavam vida com as procissões. No dia da Ascensão e na Páscoa, os clérigos católicos — mestres da pompa e da cerimônia — balançavam os incensos em desfiles decorados elaboradamente e carregavam sua atração principal, o bispo, sob um dossel bordado a ouro. E na festa de maio, que Hitler usou para substituir o feriado de 1º de maio, feiras e coretos decoravam Beuthen, e trajes festivos nacionais que celebravam as realizações industriais e agriculturais ficavam em plena exposição.

Em contraste com os sons alegres e as cores brilhantes das cenas festivas nas ruas, cada vez mais os coturnos pretos podiam ser ouvidos marchando ao tom das sóbrias músicas marciais. Os Camisas Marrom* bolaram um novo tipo de procissão: o desfile noturno das lanternas. Alguns acabavam com não fiéis, judeus ou outros igualmente oprimidos sendo espancados.

Minha liberdade foi restringida. Recebi ordens de ficar em casa. Lá, assistia a esses "shows" detrás das cortinas, e minha mãe explicava que tais eventos "não estavam a nosso favor" e que eu deveria "evitar as ruas e me concentrar em brincadeiras a portas fechadas".

Sem poder vagar livremente, fiquei mais amigo dos meus colegas da escola e convidava os mais interessantes para irem à minha casa brincar com meu Meccano de miniatura de ferrovia. Rapidamente, a família protestou com relação à minha escolha de amigos.

Aproveitando a beleza da natureza – Beuthen, 1936.

"Por que você precisa trazer todos esses meninos mal-educados e desleixados aqui em casa?", fui admoestado. "Já não tem conhecidos nossos respeitáveis o suficiente — médicos, advogados e empresários —, cujos filhos você pode chamar para brincar?"

Mas eu não dava bola para idoneidade ou influência. Minha noção de diversão demandava apenas ideias novas, vivacidade, respeito mútuo e liberdade. Daí, os colegas escolhidos para mim, vindos de boas famílias, nunca se tornaram bons amigos. Seu conhecimento "da rua" era escasso, seu temperamento era afetado pelos humores dos pais e eles precisavam obter permissão das governantas para toda e qualquer coisinha.

Anualmente, o festival de "Júbilo da Torá"† era celebrado em nossa sinagoga. Acompanhadas pelo som do órgão, as crianças (usando suas melhores roupas e ba-

---

* Os Sturmabteilung, também conhecidos como os SA, compunham a ala paramilitar original do partido nazista. Também eram chamados de 'Camisas Marrom', em virtude da cor de seus uniformes.
† Júbilo da Torá, ou Simchat Torá, é um feriado judaico que celebra e marca o término do ciclo anual das leituras públicas da Torá e o início de um novo ciclo.

lançando bandeirinhas coloridas) seguiam lentamente os rolos da Torá conforme eram carregados ao redor do templo. Éramos recompensados com a tradicional distribuição de doces e chocolates.

Posteriormente, comparávamos nossos tesouros. Meus bolsos ficavam cheios, mas podia ver a decepção nos rostos das outras crianças. Eu ficava nervoso, pois todos deveríamos ter sido recompensados.

Depois, perguntei ao meu pai a respeito disso, e sua resposta hesitante concedeu um insight desagradável à minha jovem mente, o que estragou minha diversão. Embora a maioria das pessoas desse generosamente a todas as crianças, alguns davam um tratamento especial a você e lhe entregavam seus "cartões de visita", caso sua família tivesse influência ou posição social. Doces. Parecia que meu pai sabia muito bem quem distribuía as barras de chocolate e os pirulitos. Portanto, se viesse de uma família sem posses, até mesmo uma cerimônia na sinagoga poderia relembrá-lo desse fato.

Certa manhã, a rua que passava sob minha janela estava barulhenta, com o som de vidros quebrados, passos urgentes e vozes agitadas. Acordei com aquele barulho. Achando que estava na hora de me preparar para ir à escola, levantei-me e puxei a cordinha da cortina para abri-la. Porém, para minha surpresa, ainda era alvorecer. Dei uma espiada na calçada do outro lado da rua.

Um dos carros Daimler pretos de que os meninos tanto gostavam estava estacionado em frente à sapataria. Nossa rua estava coberta de botas, sandálias, sapatos de salto alto femininos brilhosos, pretos, marrons e brancos, além de cacos de vidro. Um grupo de Camisas Marrom estava ocupado, enchendo o carro com todos os tipos de tesouros. Obviamente, era um roubo.

Sentindo-me "o" detetive, corri para o quarto dos meus pais para lhes contar a novidade. Visivelmente menos feliz quanto à minha descoberta, meu pai ligou para os vizinhos. Parecia haver uma confusão geral e apenas uma certeza: não haveria aula na escola naquele dia.

Olhei meu calendário de parede. Era dia 9 de novembro de 1938[*] — e o mundo como nossa comunidade o conhecia estava prestes a mudar drasticamente.

---

[*] Data conhecida hoje como *Kristallnacht*, ou a Noite dos Cristais. No dia 9 de novembro de 1938, ocorreu o pogrom de novembro, realizado contra os judeus pelas forças paramilitares da SA e por civis em toda a Alemanha nazista.

Mais notícias chegaram ao longo do dia. A sinagoga de Beuthen estava em chamas. As brigadas de incêndio se recusaram a ajudar, pois estavam "ocupadas protegendo prédios adjacentes". Pilhas de livros estavam sendo lançadas às fogueiras nas ruas. As lojas de judeus estavam sendo saqueadas em toda a cidade. E centenas de judeus de Beuthen estavam sendo presos.

Consternação e ansiedade tomaram nosso prédio. Entramos todos em um quarto, totalmente vestidos e prontos para uma emergência, temendo a batida na porta da frente. Por fim, ela aconteceu. Abrimos a porta e ficamos face a face com um Camisa Marrom. Seu rosto era severo e seus olhos cerrados nos encaravam, duros e frios. Seu dedo percorria ominosamente uma comprida lista datilografada da Gestapo. Quando seu dedo parou, ele rosnou o nome de um judeu idoso, ex-inquilino que havia se mudado para outro lugar. Por sorte, o Camisa Marrom não estava interessado em levar algum de nós como substituto.

Mais tarde, ficamos sabendo que a sinagoga tinha sido totalmente consumida pelas chamas e que nossa escola fora fechada para sempre.

Os pais que podiam bancar enviaram seus filhos para o interior, para um refúgio seguro e temporário. Fui enviado para um orfanato judeu em Obernick, perto de Breslau, 220 quilômetros ao noroeste de Beuthen, para passar 1 mês. Em meio aos seus jardins e às suas matas, tivemos a chance de explorar a natureza. Foi maravilhoso para mim, e parecia o paraíso.

A maioria dos judeus de Beuthen que puderam emigrar o fizeram. Meu pai, veterano da Primeira Guerra Mundial e sionista bastante conhecido, planejou nos levar para a Inglaterra. De lá, poderíamos ir até a Palestina, a terra de Israel. Mas o progresso foi lento, apesar de nosso desespero crescente. Foi tomada uma decisão para que eu me mudasse para Berlim no início de 1939, para ficar com meus avós.

O mundo não era bondoso com os refugiados. As pessoas falavam muito sobre Birobizhan* como sendo um possível santuário para os judeus europeus perseguidos, mas poucas chegaram a levar o caso a sério. Os judeus poloneses na Alemanha estavam sendo deportados à força de volta para a Polônia. Lá, não queriam mais

---

* Birobizhan era uma região judaica autônoma na União Soviética, criada em 1931 na fronteira sino-soviética. Visto que era uma terra inóspita e que os judeus que viviam lá ainda estavam sendo perseguidos durante os expurgos stalinistas da década de 1930, o local não fornecia um refúgio plausível para escapar dos nazistas.

recebê-los também. "Isso não pode acontecer com a gente" era o consenso entre judeus alemães: "Somos alemães."

Os rumores, uma consequência inevitável da censura em um regime totalitário, abundavam e continuavam circulando, como se fossem um jornal tendencioso e clandestino. Conhecíamos um "ariano"* que era membro do exército nazista de trabalhadores, a O.T.[†] O desemprego o forçara a juntar-se à organização que pagava muito pouco para trabalhar em projetos de construção de estradas locais e de canais.

Considerando-se versado, ele nos instou a sairmos da Alemanha o mais rápido possível. Suas previsões sobre o futuro — nosso futuro — pareciam enfaticamente sombrias, possivelmente até mesmo prenunciadas com certo toque de malícia.

No verão de 1939, minha família saiu para sempre de Beuthen. Meu pai foi para a Inglaterra; minha mãe e eu, para o apartamento dos meus avós em Berlim. Planejávamos nos encontrar com ele logo depois. Tentava imaginar como seria nossa vida quando nos reuníssemos com ele na Inglaterra. Porém, a história tinha planos próprios.

---

* "Ariano" era a definição nazista da linhagem germânica pura.
† Organização Todt (O.T.) — Fritz Todt foi um nazista proeminente.

CAPÍTULO 2
BERLIM
1939-41

Mudando para Berlim, 1939.

Minha mãe estava ocupada arrumando as coisas para nossa emigração, então fiquei novamente aos cuidados de sua irmã Ruth, professora de Artes e de Inglês. A tia Ruth tinha todas as qualidades de uma verdadeira amiga. Abundando novas ideias e pensamentos progressistas, era uma ídola para seus alunos.

Ela me levou junto para a escola judaica na Ryke Strasse, ao norte de Berlim, onde lecionava. Lá meus colegas de classe eram crianças da cidade que falavam a gíria local com ostentação e arrogância. No início, eu era desprezado, considerado o caipira do interior, mas logo passaram a gostar da minha personalidade pés-no-chão e não demorou até que eu me tornasse um berlinense de corpo e alma. Conforme isso ocorria, minha impressão inicial de temor da vida urbana de Berlim abriu espaço para uma compreensão de sua composição.

A rotina da cidade começava com o padeiro, o leiteiro e o menino do jornal fazendo seus turnos. Mais tarde pela manhã, os vendedores ambulantes de escovas, engraxates, floristas e o catador de sucata aparecem. Todos trabalhavam nas ruas cheias de prédios de apartamentos próximos uns dos outros, que se abraçavam em busca do calor metropolitano. Atrás deles, prédios menores povoavam ao redor dos quintais. Suas paredes de tijolo sujas reverberavam com os sons da vida urbana: aparelhos de rádio estridentes, escadas rangendo, canários cantando e casais brigando.

Fosse sob um Kaiser ou sob Hitler, a vida em Berlim seguia seu próprio ritmo e regras. Não era de se esperar que o morador de um prédio de apartamentos de clas-

O MENINO QUE DESENHOU AUSCHWITZ

Crianças na escola Ryke Strasse em 1939, que frequentei por apenas alguns meses naquele mesmo ano.

se trabalhadora se preocupasse profundamente com questões de raça. Ele não se importava se os insetos que invadiam sua casa em busca de novos terrenos de caça tinham previamente consumido o sangue de um ariano ou de seres supostamente menos humanos, como os judeus.

Então, chegou setembro e a guerra estourou. As fronteiras foram fechadas, e minha mãe e eu não tivemos escolha a não ser ficarmos em Berlim. A Alemanha estava bem preparada.

A propaganda pró-guerra não fora derrotada em 1918. Pelo contrário, o fato de que a paz se tornara possível tinha lhe conferido um novo ímpeto. O racionamento começara em 1938, então agora alguns outros itens ficaram escassos. Comida, especialmente carne e vegetais, era mais difícil de conseguir. Simulações de ataques aéreos e de blecautes tornaram-se tão incômodas que a coisa real, que esperava-se que seria menos frequente, foi recebida com certo alívio.

Porém, a sra. Krause, uma dona de casa berlinense arquetípica, não tinha tanta certeza.

"É um mau vento que não traz coisas boas a ninguém", suspirou ela. "Meu velho instinto está me dizendo."

O uivo ocasional da sirene de ataque aéreo levava-a ao porão improvisado e úmido. Lá, tinha a companhia dos vizinhos setentões com seus cobertores, rações de emergência, malas pesadas, cães e canários.

A sra. Krause conhecia meus avós há muitos anos, e não os ofenderia. "Meu velho instinto", balbuciava, "não gosta de judeus, mas esses não parecem tão maus".

Passamos a ter *ersatz* (substitutos de qualidade inferior) como comida. As maiores lojas de departamento de Berlim, como a KaDeWe, preocupadas com uma falta de provisões, foram orientadas a atrair clientes com apresentações elaboradas, explorando todas as vantagens e ideias de uma Europa conquistada.

Grandes vitrines foram preenchidas com reconstruções de cenas de filmes nazistas, incluindo *Jud Süss*, uma história perversa e violentamente antissemita sobre um cortesão rico; *Ohm Krüger*, um relato antibritânico sobre a Guerra dos Bôeres; e um longa biográfico sobre Robert Koch glorificando a medicina alemã.

A experiência foi diferente para os judeus. Havia cartões especiais de ração com pequenos Js rabiscados em toda sua superfície. Esses cartões nos impediam de comprar vegetais, carne, leite, chocolate e qualquer guloseima especial dos feriados que pudesse ter sido permitida anteriormente. Eles também significavam que não podíamos comprar roupas. Tínhamos a permissão de comprar em "lojas aprovadas" apenas durante o "horário não ariano de compras", prescrito entre 16h e 17h. Leis antijudaicas continuavam chegando a cada 15 dias, incluindo uma estipulando que os judeus não poderiam sentar-se nos bondes. Se a pessoa fosse rica, o problema da comida era resolvido pelo mercado ilegal. Se fosse tanto abastada como germânica, poderia contar com os restaurantes de alta classe para obter uma dieta razoável. Não sendo nenhum dos dois, poderíamos apenas ter esperanças de alguma ajuda de amigos mais bem qualificados.

Chegara o momento para eu começar o ginásio. Agora éramos uma família pobre sem poder pagar as mensalidades, então eu dependia de bolsas. Uma escola mista na Grosse Hamburger Strasse foi escolhida para mim.

A escola também enfrentava seus problemas. Primeiro, foi transferida para a Kaiser Strasse e, depois, para a Linden Strasse. As autoridades não estavam nem aí quanto ao local de aprendizado dos judeus, muito menos quanto aos seus sentimentos. Até mesmo a sinagoga na Linden Strasse era agora um celeiro repleto de ratos famintos.

Um colega de classe, meio-judeu, tinha uma irmã em uma escola ariana ali perto. Alguma decisão ridícula do tribunal declarou-o judeu, mas sua irmã, cristã. Quando se encontravam na rua, tinham que se ignorar para o caso de alguém os vir.

Meus amigos e eu nos divertíamos com diversos hobbies.

Colecionávamos os objetos vendidos para ajudar a financiar a guerra. Incluíam miniaturas de bonecos de madeira esculpidas e réplicas de aviões, armas e projéteis, que eram vendidos e afixados nas lapelas das pessoas. Eram brinquedos muito atraentes. A cada dois meses havia novos modelos para escolhermos. Para consegui-los, meus amigos e eu seguíamos o exemplo dado pelas crianças de rua do norte de Berlim. Quem ainda estivesse usando tais adornos na lapela após a semana de coleta recebia um pedido educado para que os entregasse a nós. Isso se tornou

O MENINO QUE DESENHOU AUSCHWITZ

tão popular que os transeuntes até achavam que estavam participando de um novo esquema de reciclagem.

Também colecionávamos revistas infantis. Curiosamente, não tinham propaganda nazista e eram distribuídas em grandes papelarias. Conseguíamos elas causando uma impressão favorável na vendedora ou, como último recurso, comprando um pacote de alfinetes.

Meu deleite mais estranho, porém, era compilar listas. Prédios bombardeados me fascinavam grandemente. Todos os seus interiores íntimos poderiam ser vistos, e cada casa tinha os próprios detalhes característicos. Minha paixão era anotar em um livro o local, a data e a extensão da destruição.

Quando minha mãe descobriu isso, sua repreensão austera causou grande impressão em mim. "E se você fosse pego? Como poderia provar que não é um espião dos Aliados?"

Com uma guerra animada em andamento, a escola parecia chata e inútil. Consequentemente, passei a explorar as ruas de Berlim. A escola ficava a uma hora de distância, então minha ausência em casa poderia ser facilmente justificada pelo congestionamento — uma das consequências dos ataques aéreos — ou por aulas extras. Além disso, a família me concedia uma ampla liberdade, então poucas perguntas me eram feitas. Agora, era um garoto da rua, e a Berlim em blecaute se tornou familiar para mim.

Livros, cinemas e shows não deveriam ser apreciados por não arianos, então não adiantava pedir dinheiro para isso. Assim, eu visitava exposições de espólios capturados em guerra — algo obrigatório para jovens com uma mente técnica como eu. Estudava os aviões, inspecionava os assentos do piloto e as hélices, ignorando os avisos para que não arianos permanecessem à distância.

Tampouco deixava de ir a feiras que buscavam elevar o moral, onde era possível atirar em um boneco da cabeça de Churchill e onde marionetes, bonecas e soldadinhos, todos controlados por meio de cordinhas, dançavam ao som de "Lily Marlene" ou de *Wir fahren gegen Engelland*" ("Vamos tomar a Inglaterra"). E eu ainda passava despercebido pela Friedrich Strasse, onde a companhia de "bonecas" corpulentas em tamanho real, vestindo casacos de pele e a moda mais recente de Paris, poderia ser desfrutada por cinco marcos.

Minhas explorações extensivas eram possibilitadas pelas passagens mensais de metrô fornecidas pela escola e por um uniforme da Juventude Hitleriana sem a insígnia, como disfarce. Obviamente era perigoso para mim, judeu, usar esse uniforme, mas havia poucas opções. Perdendo cada vez mais roupas conforme eu crescia, e sem dinheiro para comprar novas, as únicas peças que eu tinha eram aquelas doadas por um amigo não judeu.

Certa vez, saí de uma estação de metrô na Unter den Linden e fui empurrado diretamente para um grande desfile. Caso tivesse me afastado, teria atraído a atenção, então me deixei levar como sendo um admirador entusiasmado. Espiando por meio das fileiras de guardas cuidadosamente alinhados, eu tinha uma boa visão.

Passando lentamente pela larga via pública, acompanhados pelo ruidoso júbilo da multidão, estavam os Daimlers pretos conversíveis. O primeiro carro passou a meros 10 metros de distância. Centenas de mãos se posicionaram para conferir a saudação nazista.

A adulação era para um homem vestido de preto, de aparência rígida e com um bigode estranho, que contemplava à frente com emoção. Era Adolf Hitler. Atrás dele, seguia o enorme Göring e outros membros seniores do Alto Comando alemão, todos aparentemente com o mesmo sentimento ingrato pelo grande aplauso.

Os redutos tradicionais do exército alemão e de seus superiores localizavam-se na área entre Tiergarten, Potsdamer Platz e a Shell-Haus. Tive o acesso mais inesperado a esse labirinto nazista graças a um amigo, cuja mãe era amante de um oficial de alto escalão. Fui considerado uma companhia bem-educada e de boas maneiras, então ele me escolheu como o único colega de classe que poderia ser honrado com um convite para a visita.

Era um mundo perigoso no qual colocar meus pés, mas eu estava fascinado. Havia carros cinza-chumbo alinhados perfeitamente entre as inúmeras vilas. Dentro desses prédios, teletipos batiam incansavelmente, máquinas de escrever faziam barulho e os prussianos batiam os calcanhares. Estações móveis de rádio murmuravam palavras de guerra, e lá estava eu — um "menino judeu" — caminhando livremente e desimpedido.

O MENINO QUE DESENHOU AUSCHWITZ

Aqui tive meu primeiro vislumbre adequado do exército de Hitler, e foi inegavelmente intimidador e impressionante. Pares de policiais militares, usando coturnos e placas de metal polido ao estilo romano em seus peitos, marchavam pelas ruas. Eles não se importavam com crianças como eu. Tampouco fazia caso o coronel, que nos observava jogando xadrez em seu jardim.

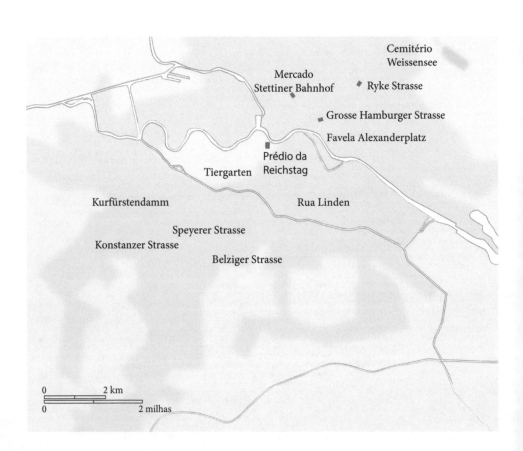

Morei em Berlim de 1939 até 1943.

CAPÍTULO 3
BERLIM
1941-42

Chegando ao fim de 1941, o governo nazista demonstrou um formidável uso da força. Em setembro daquele ano, os judeus foram ordenados a usar a Estrela de Davi, amarela e com seis pontas.

As estrelas tinham que ser costuradas na altura do peito esquerdo em todas as peças de roupa. Precisavam estar sempre livremente visíveis em qualquer lugar que os judeus pudessem encontrar um não judeu. Senhoras bem-educadas nos garantiam, enquanto tomávamos café *ersatz,* que "a honra da Alemanha nunca permitirá tal ultraje. Somos uma nação civilizada e não podemos voltar à Idade Média. As pessoas vão protestar nas ruas!" Porém, infelizmente, essa profecia não se realizou.

Quando as primeiras Estrelas de Davi apareceram, alguns ridicularizaram a ideia, enquanto outros tiravam sarro dos que as usavam. Seguiu-se um período de indiferença que abriu espaço para sentimentos de irritação por sermos constantemente lembrados pelo trapo amarelo da vergonha. Não a usávamos sempre que havia a possibilidade de não sermos reconhecidos por informantes.* Sob a luz neon violeta que iluminava as ruas de Berlim, as estrelas amarelas ficavam azuis. Ainda melhor para escondê-las eram as ruas em blecaute e, como último recurso, dava para carregar um jornal ou uma sacola pressionados sob o braço esquerdo e sobre o coração. Um toque de recolher noturno para os judeus também foi sancionado, mas sua imposição parecia praticamente impossível. Geralmente o ignorávamos, apesar dos riscos.

Logo surgiram outros rótulos, além da Estrela de Davi. Havia o P para os poloneses e OST para os ucranianos. As placas existentes há décadas, que proibiam a entrada apenas de "judeus", tiveram que ser retiradas e revisadas. Surgiram outras, corrigidas. Todos os lugares públicos, de um solitário banco a parques espaçosos,

---

* A ameaça dos informantes em Berlim aumentava a cada dia. Poderia vir de qualquer lugar: vizinhos, colegas de classe, antigos amigos, chantageadores, policiais e outros tipos de questionadores.

da cabine telefônica ao cinema, agora exibiam avisos para que os "não arianos" ficassem longe. Alguns estabelecimentos que buscavam aderir estritamente à lei nazista dispunham avisos mais diretos: "É estritamente proibida a entrada de cães, poloneses, russos e judeus!"

Em 1942, as escolas judaicas fecharam. De qualquer modo, cada vez menos alunos as frequentavam. Não é que estavam necessariamente matando aula; o fato é que podem ter sido presos ou foram se esconder. O decreto para fechar as escolas me trouxe certo alívio. Agora eu não tinha mais medo de apanhar voltando para casa por ser um "menino judeu". Além disso, não acreditava nos livros didáticos; acreditava, sim, na tecnologia e no que poderia ver ao meu redor. Conseguia explorar livremente Berlim, o que abriu meus olhos e minha mente para as maravilhas da tecnologia e da invenção industrial.

Quatro opções foram oferecidas a nós, jovens, pela comunidade judaica: trabalhar na enfermaria do hospital, cozinhar nos restaurantes dos abrigos, organizar arquivos nos escritórios da comunidade ou cuidar da jardinagem no cemitério. Decidi dedicar um ano à conservação dos túmulos de judeus no cemitério Weissensee. Não havia pagamento, apenas o privilégio de ter uma permissão especial de viagem e de respirar ar fresco. A vasta e murada cidade dos mortos, com seus mausoléus de mármore e suas lápides em ruínas, era um lugar pacífico. Apenas o ruído reconfortante do farfalhar das árvores interrompia o que considerávamos nosso refúgio.

Éramos organizados em grupos de trabalho. Na primavera e no verão, limpávamos os caminhos dominados pelas ervas daninhas, plantávamos heras e cuidávamos das flores. Chegando o outono, varríamos as folhas. E no inverno removíamos a neve. O cemitério era o lugar ideal para brincar de "esconde-esconde" e de "polícia e ladrão". Wolfgang[7] e Werner[8] eram colegas coveiros. Os momentos desordeiros quando corríamos atrás uns dos outros na vastidão do cemitério foram alguns dos meus dias mais felizes.

Além da jardinagem, naquele ano também fui iniciado aos prazeres diversos de dirigir um trator, jogar cartas e provocar as meninas. Fumei meu primeiro cigarro e, pela primeira vez, uma garota, Eva-Ruth,[9] se apaixonou por mim.

Minha mãe tinha feito um curso de costureira e conseguiu um trabalho remendando uniformes do exército. Ocasionalmente, cartas eram achadas costuradas aos forros das calças manchadas de sangue, fornecidas pela Wehrmacht.* Suas mensagens, avisos ignorados dos filhos da Alemanha, contavam sobre as condições desesperadoras no Fronte Oriental. Diziam que Leningrado e Moscou estavam fora de alcance e que apenas a morte os esperava nos campos inclementes e cobertos de neve da Rússia.

Mudei-me do apartamento dos meus avós e, junto com minha mãe, fomos à Speyerer Strasse perto da Bayrischer Platz, outrora um prominente bairro judeu. Era um distrito elegante, e o aluguel para um quarto e meio era tão alto que ficava difícil pagar as contas. Nossos vizinhos, colegas judeus, convidavam-me com frequência para que visse seus valiosos quadros e coleções de selos — às vezes, até mesmo para o chá. Nenhum deles, porém, demonstrou qualquer compreensão ou se importou com nossos problemas financeiros.

Nessa época, a última carta que chegamos a receber do meu pai veio da Inglaterra via Cruz Vermelha. Ele nos instava a sermos corajosos. Realmente precisávamos ser.

As leis cruéis de Hitler invadiam tudo, com apenas um objetivo: a vitória. Ordens de confisco foram estendidas a roupas quentes, aparelhos de rádio e animais de estimação dos não arianos. Nosso aquário e os periquitos já tinham sido abandonados, então a atenção de Hitler voltou-se ao estimado conjunto de cristais do meu avô.

Meu avô Julius ficou cego por estresse pós-traumático enquanto servia como oficial no exército do Keiser durante a Primeira Guerra Mundial. Quando estava de humor jovial, cantava para mim uma canção sentimental chamada *Ich hatt'einen Kameraden* ("Certa vez, tive um camarada") sobre os camaradas que caíram. Eu costumava ler o jornal para ele, mas agora seu único prazer era ouvir em seus fones o aparelho de rádio com mais de 15 anos de idade.

Enviamos uma carta à Federação dos Veteranos de Guerra, implorando sua intervenção para que meu avô pudesse continuar com o aparelho. A resposta foi

---

* A Wehrmacht eram as forças armadas do Terceiro Reich.

simpática, mas não ajudou em nada. Os judeus não podiam ter um rádio. Não era possível haver apelos contra as ordens do novo Reich.

Meu avô morreu no dia 19 de março de 1942, aos 71 anos de idade, sem conseguir compreender os novos rumos da sua pátria.

Os verdadeiros antissemitas evitavam totalmente o contato com judeus. Embora nos causassem muito sofrimento, pessoalmente permaneceram desconhecidos a nós. No entanto, foram os muitos alemães prestativos que me impressionaram. Sua solidariedade conosco não provinha de qualquer admiração por nossa judaicidade, mas pela adesão que tinham aos seus antigos ideais e valores. Certamente, a coragem era necessária para seguir as crenças que vinham sendo implacavelmente banidas por quase uma década.

Minha mãe e eu, sem podermos comprar qualquer influência, contactamos todos que talvez pudessem nos ajudar, mas as autoridades nazistas pegavam pesado com qualquer um que escondesse judeus. Qualquer auxílio seria um risco potencial não apenas para eles mesmos, mas para as próprias famílias também.

Certa vez, quando novamente nos escondíamos de outra onda de prisões, visitamos o lar de um pastor protestante da Apostel-Paulus-Kirche, na Akazien Strasse, Berlim Ocidental. Mas acabamos deixando passar o fato de que seu novo genro era um nazista devoto. A ajuda do religioso reduziu-se a nada além de manter em segredo nossa súplica por ajuda.

Desesperados, por fim conseguimos refúgio, concedido por uma costureira viúva, Clara Bernhard, colega de trabalho da minha mãe. Clara nos colocou em uma cama de acampamento na estreita cozinha de seu apartamento na Belziger Strasse. Muitos anos antes, quando o Destino levara seu marido judeu, ela nem suspeitava que algum dia teria que reafirmar sua lealdade.

Podíamos contar com os amigos esquerdistas que a tia Ruth fizera quando fora estudante — que tinham os próprios motivos para temer a prisão — para ouvirmos rádio à noite. Eles, às vezes, também me levavam para que eu aprendesse sobre um mundo que nunca vira.

Tais sessões eram um agrado especial, pois não podíamos ter rádios. Para começar, a Rádio Londres falava das ações dos Aliados e dos ataques aéreos bem-su-

O MENINO QUE DESENHOU AUSCHWITZ

cedidos. Depois, vinha o ritual secreto que nossos amigos esquerdistas vinham praticando há quase uma década: fazer conchas com as mãos atrás das orelhas para captar a transmissão abafada de *Hier spricht Moskau* ("Aqui fala Moscou"). Com uma euforia estampada em seus rostos, eles ouviam as longas listas de posições russas recapturadas. Sua esperança radiante era contagiosa.

Outro ato de rebeldia veio quando o tradicional distrito Wedding Vermelho, ao norte de Berlim, começou a pichar os prédios bombardeados com slogans antinazistas. Uma grande parte das frases fora escrita por jovens hitlerianos desiludidos que não viam outra maneira de expressar seu ressentimento. Amigos meus do norte de Berlim já tinham contatado alguns que faziam parte desse novo tipo de rebeldes. Seus slogans pareciam universalmente apropriados: "Fora os professores — eles ensinam a ruína."

Destacando-se entre os atos de rebeldia, estava a bomba plantada em uma exibição antissoviética muito proclamada. Porém, as prisões que se seguiram ao incidente foram muito difundidas, a ponto de os rumores sugerirem que havia sido realizado por alguém de dentro, como fora o fogo de Reichstag em 1933, que os nazistas usaram para justificar suas duras ofensivas.

No fim de 1942, a deportação de judeus de Berlim estava crescendo em uma escala intensificada. Os rumores na época diziam que eram levados principalmente para Lublin, na Polônia. Amigos e vizinhos foram ficando cada vez mais escassos, e minha mãe e eu ficávamos com um medo constante da temida batida na porta.

Eu ajudava na padaria da Grenadier Strasse ocasionalmente. Assim, sempre que eles recebiam instruções para fornecer grandes quantidades de pães, éramos alertados ao fato de que outra deportação estava prestes a ocorrer.

Enquanto trabalhava na padaria, conheci as favelas da Alexanderplatz. Os inquilinos ciganos e judeus pareciam viver juntos em harmonia, apesar das brigas de bêbados, comuns naquele distrito. Viviam em abjeta pobreza e em superpopulação, mas, mesmo assim, os filhos mais velhos dos ciganos eram recrutados pela Wehrmacht para defender a pátria.

Agora vivíamos sozinhos em um apartamento na Speyerer Strasse. Os quartos dos outros inquilinos foram lacrados pela Gestapo. Todos os valiosos quadros e coleções de selos que pertenciam aos nossos vizinhos caíram nas mãos dos nazistas.

Um casal de idosos de outro andar tentou negociar suas propriedades no exterior, para que não fossem deportados. Não conseguiram.

As instruções dadas eram para que tirassem toda a comida dos apartamentos antes de os lacrarem. Em uma das escadas de trás, um pedação de queijo obtido no mercado ilegal fora abandonado. Seu dono tinha agarrado-se a tudo o que era seu até o último segundo.

Minha mãe foi convocada a uma fábrica que montava bobinas em miniatura para velocímetros. Havia vaga apenas nos turnos noturnos, então tive que me acostumar a passar as noites sozinho em um apartamento vazio. Ataques aéreos pesados e quase diários exacerbavam a situação ainda mais. Mas eu não tinha aonde ir. Os judeus não eram mais permitidos nos abrigos antibomba. Mesmo quando uma bomba incendiária veio zumbindo e arrebentou-se no nosso quintal, eu fiquei onde estava, tremendo e aterrorizado.

Houve muitos outros momentos menos memoráveis, no entanto, que caracterizaram meu confinamento. Ler, preparar meu jantar frugal e limpar. Brincava frequentemente com a ideia de invadir os apartamentos dos vizinhos, agora desérticos. A venda de um quadro ou de um tapete de um apartamento lacrado teria aliviado consideravelmente nossos problemas financeiros. Teria significado menos horas extras para minha mãe, refeições decentes e, talvez, algum tipo de entretenimento.

CAPÍTULO 4
DISSOLUÇÃO
1943

O último amanhecer de fevereiro de 1943 foi testemunha do início da total dissolução das comunidades judaicas remanescentes em Berlim. Como todos os outros distritos urbanos e rurais já tinham sido concentrados na capital ou deportados, isso representava o fim dos judeus alemães.

Todos os outros judeus já estavam oficialmente listados com alteração de seu lugar de residência para Lublin, Riga ou Theresienstadt.

Agora, a operação final de captura significava o isolamento das ruas bem como riscar os últimos nomes escritos nas listas da Gestapo. Deixaram um gato pingado de pessoas trabalhando no hospital, no centro de provisões e no cemitério, de modo a liquidar todas as operações. Reforços e caminhonetas especiais da SS convergiam para Berlim para a derradeira batida policial. O planejamento e a supervisão do plano estavam a cargo do abominável comando austríaco da SS, cujos oficiais já tinham ensaiado uma ação similar contra os judeus de Viena.

Uma batida forte e repentina em nossa porta sacudiu nossa atenção. Não havia dúvidas quanto às intenções agourentas. Esperamos até as batidas pararem, implorando silenciosamente para que isso acontecesse. Mas elas continuaram e agora eram acompanhadas de insultos desagradáveis. Escapar pelas escadas de trás teria sido inútil. Enquanto eu batia ruidosamente as tampas das latas de lixo para dar apoio à nossa farsa de que estávamos lá embaixo colocando o lixo, minha mãe, por fim, abriu a porta.

Os punhos de um homem passaram voando pela porta e acertaram minha mandíbula. Os minutos seguintes foram de agonia. Não conseguia ver o rosto dele, mas podia ouvi-lo grunhindo e rosnando conforme me atacava. Por não obedecer à ordem de fechar todas as janelas, fui espancado sem parar pelo oficial da SS. Foi meu primeiro contato de perto com a SS e saí com minhas orelhas e meu rosto mais machucados do que nunca.

O MENINO QUE DESENHOU AUSCHWITZ

Tendo entregado nossas chaves e com os cômodos interditados, minha mãe e eu fomos tropeçando em direção ao caminhão que nos esperava, cada um de nós carregando uma única e pesada mala.

"Heraus, schnell, schnell!" ("Fora, rápido, rápido!"), ouvíamos os gritos ferozes atrás de nós.

Uma rota longa, estressante e cansativa em busca de novas vítimas nos aguardava. Idosos, que mal conseguiam caminhar, muito menos carregar as malas, foram arrastados pelo pavimento e empurrados bruscamente para dentro do caminhão. Crianças nas ruas cuspiam neles. Outros espectadores, silenciados por um misto de surpresa, vergonha e malícia, apenas nos encaravam.

Por meio de uma fresta na lona do caminhão, espiei as imediações que passavam. Havia restos do ataque aéreo da noite anterior, com barricadas isolando a destruída Prager Platz. Quarteirões demolidos ainda ardiam em chamas. O bombardeio por fim alcançara um estágio que deveria ser levado a sério. Apesar disso, não houve atrasos em nossas prisões. A Besta Fascista ainda estava forte e intacta. Apenas suas presas ao Leste estavam sangrando.

Já ao anoitecer, nosso caminhão entrou na fila com vários outros que se alinhavam perante um campo de detenção improvisado.

O nosso era um dos seis na Grosse Hamburger Strasse.* Ironicamente, eu estava sendo levado ao local da minha antiga escola que, juntamente com um asilo e o antigo cemitério, tinham sido demolidos, de modo a abrir espaço para nossa chegada. Já dentro, éramos agora prisioneiros encarcerados. Fomos processados de acordo com inúmeras listas sobre as quais não sabíamos nada. Todos estávamos sendo preparados para os transportes finais rumo ao Leste. Havia, talvez, entre 500 a 1.000 pessoas no campo, os últimos remanescentes da comunidade judaica de Berlim.

Os guardas eram policiais berlinenses impérvios. Não havia nada para fazermos além de passar o tempo perambulando pelo cemitério, forçando o cérebro a pensar em todas as possibilidades de escapar. Escalar o muro parecia uma ideia plausível para mim, mas não para minha mãe. Não conseguia imaginar deixá-la para trás. E, de qualquer modo, as repercussões para ela, sem dizer para mim,

---

* A Grosse Hamburger Strasse, em Berlim, tornou-se um ponto de encontro a partir do qual os judeus eram transportados.

caso fosse pego, seriam inimaginavelmente severas. Além disso, como um judeu, considerado "inimigo do Estado" declarado e o "pior tipo de ser", poderia ter sobrevivido do lado de fora?

Um túmulo remanescente no cemitério, emprisionado por uma gaiola de arame própria, atraía muitos olhares contemplativos. Era o local de descanso de Moisés Mendelssohn, o famoso filósofo judeu. Muitos se inspiravam nessa recordação de glórias passadas; será que os ensinamentos do grande homem prevaleceriam?

Um comitê dentro do campo foi montado para ouvir as súplicas de membros familiares que tentavam se reunir. Poucas chegaram a passar pelo oficial no comando e, dessas, a maioria era rejeitada, mas os prisioneiros sabiam que era sua última esperança.

Meio-judeus e nativos de países neutros tinham as melhores chances de serem soltos. Qualquer outra tentativa de ludibriar os talentos sádicos da polícia e da Gestapo era inútil e perigosa. Uma prisão abarrotada no porão fornecia a intimidação necessária.

A tentativa de forjar evidências trazia punições severas. Eu analisava minhas cartas: não tinha sangue "ariano" na família, sem chances de conseguir a intervenção de um governo estrangeiro e sem dinheiro para as propinas. Agarrei-me desesperadamente a um último trunfo. Poderia enterrar os mortos. Primeiro, teria que convencer minha mãe. Ela concordou, então abordei o único judeu deixado no Comitê de Apelações, o rabino Martin Riesenburger, que ocasionalmente oficiara alguns funerais.

"Sim", exclamou ele cansadamente, "já vi seu rosto antes. Você é um daqueles meninos das flores. Não me venha com essa de que é essencial; nem sonhando que consegue cavar uma cova".

Juntando toda minha determinação e coragem, prometi fazer qualquer coisa que fosse chamado a fazer. Nunca soube o que o fez mudar de ideia. Talvez tenha sido minha aparência saudável e bronzeada — eu não era como os meninos judeus que ficavam imersos nos livros, vistos pelo rabino em suas passagens diárias pela sinagoga. Mas ele mudou seu tom.

"Vou verificar o número de trabalhadores restantes nos cemitérios. Talvez precisem de alguma reposição. E sua família?"

"Só minha mãe", respondi.

O MENINO QUE DESENHOU AUSCHWITZ

Seu olhar prescrutador prendeu-se em mim. Nossos olhares fixos se encontraram. Foram segundos longos. "Tudo bem, se são só vocês dois, vou tentar."

As horas que se seguiram foram uma tortura mental. A luz esperançosa da imaginação lutava com a escuridão mais óbvia de nosso destino comum. O desespero estava vencendo a esperança. Por fim, o comandante me concedeu uma audiência.

Bati os calcanhares, tentando replicar a saudação militar alemã, e me estiquei todo para sugerir que era mais velho. Um adjunto recitou minha utilidade ao Terceiro Reich, que foi, então, atestada pelo rechonchudo rabino que usava óculos.

"Os trabalhadores do cemitério são essenciais para a continuidade dos enterros."

"Sim, sim", sorriu um dos oficiais alemães presentes. "Este pirralho vai ter trabalho de sobra."

Um movimento casual da mão do comandante foi minha deixa para fazer uma elegante meia-volta e marchar apressadamente para longe.

Minha mãe e eu pegamos nossas malas, agarramos os papéis de soltura e fomos correndo até os portões da frente, antes que a Gestapo mudasse de ideia. Antes de podermos sair do campo, o guarda comparou nossos rostos com as fotos de nossas identidades. Comentou, em tom de desculpa: "Foi algum erro; não percebemos que são irmãos."

A rua cinza estava tentadoramente perto, e a liberdade nos chamava. Não ousamos nos atrasar. "Não tem problema", respondi, "vamos dar um jeito sem as correções".

Os portões de aço foram abertos e apressamos nossos passos rumo à próxima esquina. Tínhamos escapado de uma deportação certa, assim, estarmos livres novamente era um sentimento incrível. No entanto, não significava que estávamos seguros, longe disso. Tínhamos uma ficha dizendo que fôramos soltos, mas somente isso não nos protegia de sermos presos novamente. Meu trabalho era buscar documentos reais de imunidade.

Ao ligar para o único escritório remanescente da comunidade judaica na Oranienburger Strasse, implorei por meus direitos. Inicialmente, não certificaram minhas credenciais como sendo um trabalhador essencial, visto que eu não estava na lista deles. Após discussões acaloradas com a equipe, finalmente concordaram em me registrar como um trabalhador comum, empregado no cemitério Weissensee.

Com tal status, vieram todos os privilégios originalmente dedicados aos informantes que ajudavam a Gestapo a realizar as prisões. Em troca de uma promessa solene de comparecer regularmente ao trabalho, independentemente dos ataques

O cemitério Weissensee.

aéreos ou de quaisquer problemas particulares, recebi um distintivo especial e diversos certificados carimbados e assinados. Além da Estrela de Davi amarela em meu peito, agora carregava uma braçadeira vermelha na qual se lia *Ordner* (empregado) e um número. Toda minha preocupação, no entanto, era despistar a Gestapo.

Ignorando todas as regras, caminhamos com dificuldade em meio a uma Berlim totalmente sem luz até nosso distante lar na Speyerer Strasse. Chegamos na madrugada e acordamos o porteiro. Seu rosto era uma mistura de surpresa e decepção, achando que já não veria mais judeus.

"Como assim? Vocês... livres? E a esta hora? Eles vão voltar?"

Após verificar cuidadosamente nossos papéis, ele devolveu nossas chaves de má vontade. Estava claro que teria preferido que fossem judeus ricos e que dessem gorjeta, e não os destituídos como minha mãe e eu.

Arrancamos os lacres da Gestapo de nossa porta e pudemos, por fim, deitar e dormir um sono profundamente merecido e pacífico. Nossa nova máxima era sermos totalmente imperceptíveis.

Na manhã seguinte, acordado pelo soar do alarme às 5h da manhã, descartei todos os meus distintivos e peguei o bonde para o distante cemitério. Quando trabalhei no cemitério Weissensee pela primeira vez, havia 400 adolescentes. Agora havia apenas seis trabalhadores que tinham sido poupados da deportação. Meu dever era dedicar todas as forças ao trabalho.

Posteriormente, alguns meio-judeus* se juntaram a nós; alguns outros jovens estavam entre eles. Embora de modo algum eu fosse o menor, ainda era o mais jovem. O trabalho era pesado, mas não poderíamos deixar os outros na mão com nossa ausência.

Cavar as covas de 3m de profundidade tornara-se nossa rotina diária, normalmente fazendo até 3 por dia. De vez em quando, os montes íngremes de terra caíam, quase enterrando alguns de nós vivos. Então tirávamos a vítima, completamente coberta de uma terra escura e imunda. Era a parte divertida do nosso dia.

Eu tinha grandes tamancos de madeira, uma picareta e uma pá, um volume mínimo de produção e um pacote semanal de pagamento. Com frequência, havia hora extra para esse tipo de trabalho.

---

* Os alemães os chamavam de *Mischling* — alguém com ascendência ariana e judaica.

O MENINO QUE DESENHOU AUSCHWITZ

Corpos de suicidas chegavam numa taxa de até 10 por dia. Tínhamos que ser gratos pela lei que proibia a participação de menores de 21 nos enterros. Isso limitava nossa ajuda esporádica a levar o caixão e a assumir o lugar dos enlutados. Quase todos os familiares das vítimas estavam agora ausentes e, muito provavelmente, tinham seguido o caminho de seus amados recentemente enterrados.

Quando tínhamos tempo, ajudávamos a enterrar os rolos da Torá, conforme exigia-se pela lei religiosa. Esses rolos eram enviados ao cemitério Weissensee vindos de sinagogas em toda a Alemanha. Não sobrara ninguém para cuidar daqueles rolos ricamente ornamentados, por mais sagrados que possam ter sido. Centenas deles eram carregados a uma vala comum, para que recebessem um funeral apropriado. Isso marcou o fim de uma era.

Outros visitantes desagradáveis apareceram na forma de bombas lançadas em ataques noturnos, que erravam os alvos industriais de Weissensee ali perto, atingindo o que, para nós, parecia o alvo mais inútil possível: a cidade dos mortos.

Algumas garotas, a maioria delas meio-judias, voltaram para revitalizar os jardins e as flores do cemitério. Isso, por sua vez, aprovisionou o mercado daqueles que podiam se dar ao luxo de ter flores e aliviou o fardo financeiro na gestão do cemitério. Trabalhando com elas, havia um prisioneiro de guerra polonês que se tornou nosso amigo rapidamente. Nós lhe ensinamos alemão e o alimentamos com todas as migalhas que conseguimos juntar entre nós. Era uma alma simples, mas sincera, e devolvia nossos favores com relatos ousados sobre sua terra natal.

Longe da labuta diária no cemitério, manter-me ocupado durante as horas noturnas era por si só uma tarefa difícil. Tudo bem que era apenas uma criança, mas sabia quão desesperadora era nossa situação. Não fazíamos ideia do paradeiro de parentes e amigos. Temíamos o pior. Eu não podia viajar para ver os amigos, pois eles moravam longe demais e não era seguro visitá-los. Enquanto isso, minha mãe estava ocupada, negociando nossas últimas roupas de cama em troca da imprescindível margarina.

Minha solidão era compensada, em parte, por um aparelho de rádio sem fio que eu mesmo montara. Funcionava sem eletricidade, e suas peças — fone de ouvido, cristal, condensador e bobinas — foram adquiridas furtivamente uma a uma. Um fio que eu esticara ao longo do cômodo servia de antena. Fiquei muito orgulhoso quando ouvi o chiado e pude distinguir algumas palavras.

Deitar na cama com os fones, escaneando as ondas aéreas do meu novo rádio sem fio, tornou-se meu passatempo favorito. Certa noite, fiquei assustado ao ouvir uma estação de fala inglesa, mas, embora tivesse exibido meu melhor inglês escolar, fiquei logo decepcionado, visto que só consegui distinguir expressões nazistas. Deve ter sido de Berlim.

Lentamente, passei a perceber que o nazismo não era um monopólio exclusivamente alemão, como eu tinha sido levado a crer, mas um ideal exportável que ganhara ritmo. Para meu espanto, descobri que os nazistas tinham muitos simpatizantes nos próprios países contra os quais faziam guerra.

O simples fato de viver diariamente tornou-se cada vez mais difícil. Nossos cartões especiais de ração precisavam de renovação, um procedimento que a maioria dos judeus evitava, pois significava relembrar as autoridades de sua presença.

Sem podermos viver dependendo apenas da comida obtida no mercado ilegal, fizemos a temida jornada ao escritório de alimentos na Wartburg Platz. Os nazistas eram eficientes, e cada suástica carimbada significava a lei. Portanto, tivemos que levar conosco uma ampla seleção de documentos para uma análise detalhada.

"Achávamos que não havia mais judeus no distrito, portanto, não foram mais entregues cartões para eles", gritou a voz nada amistosa de uma oficial menos importante.

Porém, após muitas súplicas, a gerência por fim cedeu e telefonou para o escritório central para perguntar se os não arianos cujas presenças, aparentemente, tinham a aprovação do Terceiro Reich deveriam receber novos cartões de ração.

Mais ligações se seguiram, para verificar a acuracidade das nossas afirmações. Era bem cedinho e a burocracia nazista ainda bocejava, tentando se livrar da monotonia do dia anterior. Sem querer obstruir ordens oficiais, entregaram-nos os preciosos livretos com os cartões coloridos de ração. Isso representava mais alguns meses de suprimentos vitais, como pão, farinha, batatas, geleia, açúcar e margarina.

Ficamos sabendo depois que, logo após a nossa saída, chegaram instruções para interromper completamente a emissão de cartões de ração para os judeus e para prender os solicitantes. O destino começava a brilhar sobre nós. Agora minha mãe e eu tínhamos suprimentos valiosos, e isso nos dava tempo.

Apesar desse alívio, os problemas nunca se afastavam. Dessa vez, a questão era nosso cômodo e meio no apartamento.

O MENINO QUE DESENHOU AUSCHWITZ

"Porque", justificou o proprietário, "não tenho culpa que a Gestapo deportou todos os outros moradores e lacrou as portas. São vocês dois que moram aqui agora, então terão que pagar o aluguel do apartamento completo de cinco cômodos".

Mal poderíamos pagar o aluguel de qualquer modo, então não tivemos escolha a não ser sair. Eva-Ruth, uma colega do trabalho, e sua mãe Lotte[10] ofereceram à minha mãe e a mim um quarto em sua casa, na Konstanzer Strasse. Pegamos duas malas cada e nos mudamos.

O novo distrito, perto da moderna Kurfürstendamm, estava repleto de arrogantes elegantes e bem-nutridos. Era o ponto de encontro dos abastados alemães e fascistas estrangeiros. Carros de luxo polidos faziam o percurso entre sorveterias, restaurantes exclusivos, tabacarias especializadas, salões de beleza e vendedores de flores raras. A zona oeste de Berlim, já no início do verão de 1943, praticamente nos fazia esquecer que havia uma guerra em andamento.

Certo dia no cemitério, algo se moveu debaixo de uma pilha de lixo. Parecia ser maior do que um cachorro. As meninas da loja de flores do cemitério nos imploraram para darmos uma olhada.

Equipados com pedaços de pau, avançamos numa formação ao estilo militar rumo ao alto muro de tijolos, o local onde os refugos da cozinha eram depositados. Um uniforme rasgado verde-oliva levantou-se da montanha fedida e podre. Continha um ser humano nele. Sua cabeça cabeluda estava coberta por um casquete, seus pés descalços estavam abrigados em tamancos de madeira. Ele segurava firmemente um nabo mofado em suas mãos trementes.

Em resposta aos comandos que gritávamos, voltou-se rapidamente ao abrigo na pilha de lixo de onde viera. De repente, um do nosso grupo gritou: "Vejam as costas dele; têm as letras US pretas enormes. O que significam?"

"Sim, significam União Soviética", nos disse um garoto inteligente, conhecido por conseguir distinguir todas as marcas de carro e de avião mais recentes. "É o lugar de onde os sub-humanos vêm."

Mas a Rússia era aliada dos britânicos contra Hitler, então decidimos chamar o investigado para um interrogatório mais amigável.

Com o auxílio de um colega de trabalho convocado rapidamente e que sabia um pouco de polonês, aceitamos, de certo modo e hesitantemente, a explicação do intruso. Era um soldado russo. Usando um inglês quebrado, ele explicou o quanto pôde.

"Soldado kaput, ele trabalhar duro, comer pouco, ele escapar, escapou tiros russos, alemão mau, judeu amigo, ele não comido em dois dias, ele fome."

Conseguíamos imaginar bem aquela figura robusta, seu uniforme brilhando em toda sua glória antiga, marchando no desfile em algum lugar distante na Rússia, prestes a entrar no campo de batalha contra nosso inimigo em comum. O soldado merecia nossa compaixão. Ele comeu os nabos crus e lhe demos mais alguns. Desejamos-lhe boa sorte e, depois, ele se apressou para longe.

Nossas circunstâncias desesperadoras não poderiam mudar o fato de que eu era um garoto. E foi Eva-Ruth, a menina com quem eu trabalhava e vivia, quem primeiro despertou meu interesse pelo sexo.

Moça de seios fartos, cabelos loiros avermelhados e com 14 anos de idade, ela começou a gostar de mim. "Não entre agora", gritava ela, "estou vestindo apenas meu quimono. Só estamos eu e você no apartamento, não seja safado".

Após alguns minutos, ela continuava flertando comigo, anunciando que estava seminua. Eu continuava esperando ingenuamente do lado de fora de seu quarto. Jovem demais para entender suas insinuações, minha única recompensa era sua reprovação por minha inépcia. Provocávamos um ao outro e deitávamos no mesmo sofá lado a lado, mas não íamos além disso.

Quanto mais eu adorava seu corpo, mais odiava sua mente. Sua arrogância e seu preconceito eram nojentos. Gostar de colegas de trabalho provenientes de uma herança não alemã estava além da sua dignidade. Ocasionalmente, quando eu era o objeto de suas querelas acaloradas, ela denunciava até a mim como um "judeuzinho oriental sujo".

Sua educação, assim como a de muitos judeus alemães, fora a da *Deutschland über alles* ("Alemanha acima de todos"). Conformar-se com o padrão social aceito era tudo o que importava para Eva-Ruth. A atitude superior de uma pessoa educada talvez oferecesse um ambiente mais seguro e confortável, mas agora isso estava desesperadoramente fora de lugar. A forma ordeira de vida alemã estava desmoronando. Não havia motivos para agarrar-se às suas memórias.

Certa tarde de domingo, em junho de 1943, chegou um convidado à casa de Eva--Ruth para tomar chá. Ele tinha uma personalidade amigável, estava vestido de forma elegante e gentilmente sentiu-se em casa.

Aquele senhor misterioso nos disse que era judeu e que tinha sido recrutado pela Gestapo para procurar candidatos para a deportação. Estranhamente, não explicou como a Gestapo o convencera a realizar essa tarefa tão traiçoeira. Ele disse a Lotte que os poucos judeus remanescentes em Berlim tornaram-se mais esquivos e não mereciam qualquer ação em grande escala da Gestapo. Assim, foi decidido um novo estratagema, "prisões por persuasão", a ser colocado em prática por judeus como ele, tomando uma xícara de chá.

Tendo sucumbido pela gripe, não fui ao cemitério por alguns dias. Ouvi, então, por meio do nosso visitante sedutor, porém traidor, sobre uma batida policial que fora realizada lá. Apenas alguns colegas de trabalho conseguiram escapar pelo portão de trás do cemitério.

As ordens de prisão de Eva-Ruth e Lotte já estavam sobre a mesa. Meu nome não estava na lista marcada a lápis do visitante, mas ele nos garantiu que logo estaria. Já tinham decidido realizar uma fiscalização final dos poucos judeus e meio--judeus remanescentes em Berlim, estivessem ou não se escondendo. "Entregar-se voluntariamente seria melhor do que enfrentar dias desesperadores, esperando a inevitável batida na porta", disse ele.

Não convencidos, decidimos deixar os eventos seguirem seu curso.

Lotte e sua filha, Eva-Ruth, foram presas logo em seguida. Minha mãe e eu passamos mais dois dias no apartamento desértico, ponderando sobre nosso futuro.

Deliberamos sobre nossa situação cada vez mais desesperadora. Parecia que a guerra continuaria por muitos anos mais e não conseguíamos encontrar um lugar confiável para nos escondermos. Nossos recursos e nossas posses mal podiam financiar ilegalmente um mês de sobrevivência. A percepção aterrorizante de que nossas opções estavam reduzidas a nada significava que precisávamos tomar uma decisão. Argumentei que estava acostumado ao trabalho pesado e que os campos de trabalho ao Leste, sobre os quais tínhamos ouvido falar, talvez não fossem tão ruins. Um bom trabalhador pode até conseguir um sustento digno. Por fim, havia a insaciável esperança de que eu pudesse conseguir outra liberação para mim e para minha mãe. Decidimos nos entregar.

Mais uma vez, cruzamos Berlim sobrecarregados com as inevitáveis quatro malas. Três meses antes, naquela esquina ao norte de Berlim, tínhamos arrancado nossas Estrelas de Davi amarelas. Agora tivemos que recolocá-las. Famintos, exaustos e com medo, entramos novamente no centro de detenção da Grosse Hamburger Strasse.

Dessa vez, havia tipos diferentes de prisioneiros no abarrotado campo de trânsito — o último desse tipo em Berlim. A população carcerária heterogênea, mas exuberante, era composta de meio-judeus, "ilegais" capturados, estrangeiros, trabalhadores comunitários e idosos. Embora estivéssemos apertadíssimos, havendo 12 por quarto e quase sem alimento e água, de algum modo uma atmosfera de esperança desafiadora prevalecia.

Um grupo de sionistas chegara de uma fazenda alemã que fora transformada em prisão. Todas as noites, eles organizavam grupos de discussão, cantavam músicas sentimentais e até dançavam a Horah.* De onde surgia seu entusiasmo é algo que foge à minha compreensão; o mesmo quanto à técnica de seus felizes passos de dança.

Eva-Ruth, também, por fim encontrou um parceiro lá. Era alguém menos ingênuo do que eu e, para o desagrado geral do campo, ela foi viver com ele em sua cela. Fiquei com inveja e me senti perdido.

Os poucos judeus poloneses que escaparam dos denominados "campos de concentração" atraíam a compaixão geral. Esses homens do Leste contavam suas histórias com um fervor tão repetido que apenas alguns de nós achavam que eles estavam exagerando.

Um homem destacava-se da multidão. Era um jovem depressivo, nervoso e deplorável que dizia ter fugido de um campo chamado "Auschwitz". Era um dos supostos campos de trabalho na região da Silésia. Sua inquietação constante e a falta de autocontrole ao falar dificultavam a compreensão de seus relatos. Do pouco que conseguíamos entender, esses pareciam ser exagerados também. Ele gritava de forma delirante sobre os horrores da civilização ocidental, sem oferecer qualquer evidência. Nunca tínhamos ouvido falar de Auschwitz. Nossos nervos já estavam à flor da pele quanto ao que nos aguardava no futuro, o que apenas nos fez sentir mais raiva dele.

---

* É uma dança circular judaica.

O MENINO QUE DESENHOU AUSCHWITZ

A divisão para os transportes iminentes começara para valer. Os velhos e donos de medalhas de guerra eram enviados a Theresienstadt, e o restante, ao Leste. Aonde? Não sabíamos. Instruções sobre como nos comportar durante a jornada eram seguidas pelas distribuições de números de identificação e rações básicas. Na manhã seguinte, subimos nos caminhões que nos levaram à estação de produtos Stettiner Bahnhof de Berlim.

Minha mãe e eu, fazendo o possível para permanecermos juntos, fomos empurrados para dentro de um vagão, juntamente com cerca de outros 20 passageiros. Ela tinha me dito para levar meu casaco de inverno, pois esfriaria no Leste. Saímos de Berlim em um dos 12 vagões fechados que aguardavam a partida.*

Forrado com palha, nosso vagão tinha quatro aberturas de ventilação gradeadas, sem janelas e com apenas um balde sanitário que deveria ser compartilhado por todos nós durante a jornada ao Leste. Fizemos nosso melhor para encontrar espaço entre todos nós e as malas. Meus olhos ávidos tinham acabado de observar uma inscrição que fora deixada em nosso vagão na França, nos dias anteriores à guerra. Pedi a um dos nossos vizinhos que traduzisse a placa parafusada ali dentro. Dizia: "40 homens ou 8 cavalos."† O ponto central de nossas preocupações — a fiscalização oficial do conteúdo presente, ou seja, nós — permaneceu um mistério.

Então o trem começou a andar. Num gesto desafiador com relação à sua Berlim de origem, as almas preocupadas em nosso vagão, que incluíam todos nós, juntaram forças para cantar uma última música de despedida. As altas chaminés das fábricas e as placas de sinalização indicando os subúrbios da zona leste, que estavam em silhueta contra o crepúsculo, retrocediam ao longo de cada lado dos trilhos conforme fazíamos nossa última jornada para fora da cidade. Houve um silêncio sinistro à medida que o trem andava; a cidade escurecida aparentemente sem conseguir perceber seus últimos e poucos filhos que partiam. Naquele vagão abarrotado e malcheiroso, quem poderia dizer quantos de nós chegaria a ver Berlim novamente? Talvez a cidade esteja, agora, envergonhada de si mesma e de nosso drama?

Conforme o trem nos levava para longe da Alemanha, o ritmo regular das rodas, contando cada trilho que passava, nos embalou em pensamentos desconfortáveis. Partíamos de um mundo que estava perdido para nós — o próprio mundo que havia se perdido.

---

* A pesquisa revelou que Thomas e sua mãe foram enviados no Transporte 39, um dos últimos a sair de Berlim.

† Em questões de espaço, Thomas e sua mãe tiveram sorte. Em seu transporte, cerca de 400 pessoas compartilhavam os 12 vagões. No auge dos transportes ao leste e, em particular, a Auschwitz-Birkenau, alguns desses trens de 12 vagões amontoaram até 2 mil pessoas.

PARTE 2

CAPÍTULO 5
AUSCHWITZ-BIRKENAU

A grade de ventilação era a única fonte de ar fresco, então nos revezávamos para obter nossa dose. Quando chegava minha vez, eu tentava me erguer para dar uma olhadinha em Beuthen, minha cidade natal. Mas não conseguia.

O trem passava por locais familiares, como as minas de carvão da Alta Silésia. Ele parava com frequência; muito tempo era gasto esperando a liberação dos trilhos, de modo que os reforços militares alemães pudessem continuar sua passagem adiante, rumo ao fronte oriental. Isso acontecia principalmente à noite e prejudicava bastante qualquer cronograma que pudéssemos ter imaginado. Mesmo os mais falantes em nosso grupo pararam de especular onde e quando chegaríamos. As pessoas ficaram irritadas e frustradas, talvez com medo do que o futuro desconhecido reservava para todos nós.

Em raras ocasiões, tínhamos a permissão de esvaziar o balde-banheiro e pegar água, muito necessitada. Discussões acaloradas aconteciam com certa frequência com relação a quem devia limpar o que e quem poderia usar os preciosos penicos. A cortesia e a compaixão comuns foram substituídas pelo desesperado instinto humano de sobrevivência. Uma mera jornada de dois dias convivendo com o medo, o desconforto e o desconhecido conseguiram quebrar as barreiras da decência humana existentes nas antigas maneiras educadas do povo berlinense.

O único local onde todos nós tivemos permissão para dar uma breve caminhada para esticar as pernas doloridas foi em um solitário ponto do interior. A chance de captar ar fresco em nossos pulmões ofegantes foi bem-vinda, e encontrar uma latrina de chão era uma necessidade. A placa polonesa *"Ustempo"* nos alertou ao fato de que deixáramos a Alemanha para trás e estávamos agora na Polônia.

Nosso trem guinou seus vagões rumo ao Leste. Naquele fim de tarde de verão, a paisagem rural deu lugar a cenas diferentes de tudo o que eu já vira antes. Havia torres de madeira com quase cinco metros de altura e com escadas anexadas a elas. Seriam pontos de observação de aeronaves? Mas por que tantas? Depois, construções de madeira que pareciam barracões apareceram alinhadas em fileiras, com pessoas vestindo uniformes listrados de azul e branco ao redor delas. Seriam condenados? Aparentemente, o suprimento polonês de criminosos batia recordes. Eu tinha visto aquelas pessoas em Berlim, empurrando carrinhos de lixo, mas aqui elas trabalhavam em depósitos com cercas ao redor.

A dimensão do local onde chegáramos era impressionante. Quase não dava para acreditar. Soltei meu braço para verificar o relógio. Cinco minutos, sete minutos, dez minutos; a malha de arame farpado não tinha fim. Estiquei meu pescoço até a grade do vagão e procurei uma prisão — sem sucesso.

O trem parou abruptamente. Tentamos recuperar o equilíbrio, uma reação humana natural. Em uma manobra chacoalhante, o trem passou para outro trilho. Fizemos nosso melhor para não batermos uns nos outros. Um apito estridente quebrou o silêncio ensurdecedor dentro do nosso vagão. A porta foi escancarada. De todas as direções vinham gritos guturais e severos de *"Raus! Raus!"* ("Fora! Fora!"). Perante nós estavam os homens armados da SS em uniformes verdes de combate.

Era a noite de 29 de junho de 1943. O local era Brzezinka–Birkenau, perto da cidade de Oświęcim.* Os guardas a nós familiares, que tinham nos acompanhado durante a jornada, tinham sido liberados há muito tempo, pois esse era um mundo isolado que não deveria ser visto pelos de fora.

"Para fora, bastardos! *Raus, Raus!* Mais rápido, *Schweinehunde!*" ("Corram, seus porcos de caça!"), gritavam nossos novos mestres, os super-homens da super-raça. Chocados e tremendo, desembarcamos e fomos violentamente ajuntados em uma rampa ao lado do nosso trem.

Um destacamento completo da SS alinhou-se ao longo da plataforma. Estavam fortemente armados e, se era para nos intimidar, conseguiram. Gritos contínuos explodiram em nossa direção. Metralhadoras estavam a postos em ambos os lados da rampa. Os cães farejadores latiam ferozmente para nós com as mandíbulas espumantes, conforme forçavam as coleiras. Seus condutores mal conseguiam contê-los.

---

* Brzezinka e Oświęcim foram denominadas Birkenau e Auschwitz pelos alemães. Birkenau (um ano depois veio a ser Auschwitz II) era o maior dos cerca de 40 campos e subcampos que compunham o complexo de campos de concentração de Auschwitz.

O MENINO QUE DESENHOU AUSCHWITZ

NA RAMPA
A seleção — conseguindo trabalhar ou não, éramos sentenciados à vida ou à morte na chegada.

O MENINO QUE DESENHOU AUSCHWITZ

Tive uma rápida chance de olhar ao redor. A paisagem imediata não oferecia nenhum tipo de conforto ou alívio. Por quilômetros, não vi nenhuma árvore, só campos vazios. Uma névoa subiu à distância, sem dúvida escondendo o que quer que fosse que estava à espreita, esperando por nós. Os soldados da SS asperamente mandaram nos dividirmos em grupos; uns apontavam, outros empurravam e alguns gritavam.

"*Schnell, Schnell*" ("Rápido, Rápido!") "Deixem tudo para trás! Homens saudáveis para a direita, mulheres que podem trabalhar para a esquerda, o restante fica no meio da plataforma."

A SS soltou o chicote sobre nós, para reforçar suas ordens conforme tentávamos compreender o que estava acontecendo.

Abracei rápido minha mãe para me despedir e fui para a direita.

Esticando-me e fazendo o possível para parecer impressionante, enchi o peito.

Passei pelo escrutínio do oficial da SS que supervisionava e me perdi na multidão de homens.

Com o anoitecer, chegaram mais caminhões. Pude ver os idosos e os fracos sendo jogados para dentro e levados para longe. Mães e crianças esperavam à medida que nós, homens, cercados pelos guardas da SS, éramos organizados em fileiras de cinco e marchávamos dali.

Após cerca de meia hora, nossa coluna de 117[*] homens, todos ainda perplexos pela chegada em Birkenau e pela nefasta recepção que tivemos, alcançou uma guarita. Charcos sujos circundados por um solo lamacento e seco sugeriam que a natureza não tinha interesse pelo lugar. Fomos contados, recontados, e permitiram nossa passagem. Continuamos marchando.

Não demorou para sermos interrompidos novamente. Mais adiante havia um prédio de tijolos vermelhos, semelhante às típicas casas de campo, só que maior, mas à sua frente havia estruturas que não eram vistas em nenhuma fazenda. Irradiavam-se cercas elétricas de arame farpado com 2,5 metros de altura e cercadas por outras menores. Postes pretos separados por espaços regulares mostravam placas com uma caveira branca e ossos cruzados, com o dizer "perigo".

---

[*] Conforme registros nos arquivos tchecos Danuta, o 39º transporte de Berlim chegou no dia 29 de junho de 1943 e incluía 346 judeus. Desses, 136 foram mortos na chegada e 210 foram admitidos no campo, dos quais 117 eram homens e 93, mulheres.

O MENINO QUE DESENHOU AUSCHWITZ

CAMPO DE CONCENTRAÇÃO DE BIRKENAU
Auschwitz-Birkenau — uma fábrica de morte, onde milhões de homens, mulheres e crianças foram massacrados.

O MENINO QUE DESENHOU AUSCHWITZ

DESINFECÇÃO
Em poucas horas, homens e mulheres livres se tornaram prisioneiros, e nomes se transformaram em números.

O elemento central era a torre, flanqueada em ambos os lados por alas de dois andares, criando um arco sobre a ferrovia. No topo de seu telhado piramidal, havia uma sirene em formato de cogumelo, seu lamento agudo anunciando nossa passagem abaixo dela.

Ao passar pelo arco, tudo o que pude ver foi um padrão infindável de barracos simples de madeira, organizados em fileiras e iluminados por um mar de luzes.

Houve outra contagem e continuamos a marchar, dirigindo-nos para aquela monstruosa cidade de prisioneiros, ao mesmo tempo que o zumbido maçante da cerca elétrica enchia nossos ouvidos.

Não havia árvores nem arbustos, nada de verde podia ser visto. Era outro mundo, singular em sua escuridão deprimente. Meus olhos buscavam constantemente aprender mais sobre os arredores. Viramo-nos rumo a um dos muitos campos, com um grupo de cabanas dentre as centenas. Paramos em um prédio cinza desinteressante, do qual subia uma enorme chaminé. Esperamos e, por fim, chegou nossa vez de entrar.

Dentro, prisioneiros que aparentavam estar saudáveis (embora parecessem assassinos e ladrões para mim) nos guiaram silenciosamente. Ignoravam nossas perguntas e suas únicas interações eram gestos para que seguíssemos em frente ou o balançar de suas cabeças. Entrei em um cômodo repleto de pilhas e mais pilhas de roupas descartadas. Vieram as ordens.

"Dispam-se! Roupas à direita — roupas íntimas à esquerda —, objetos de valor e documentos na cesta — levem os sapatos; nada mais. Todo o restante nas cestas: dinheiro, fotos, anéis e assim por diante."

Despi-me rapidamente e minhas roupas foram levadas. Nu, entreguei meu relógio relutantemente. Em seguida, minha identidade foi lançada sobre um monte de outras; outro nome deixava de existir.

Na sequência, vinha o cabelo. Barbeiros sobrecarregados tentavam dar conta dos novos recrutas na velocidade em que suas mãos os permitiam. Após o corte, vinham as lâminas, para garantir que não ficasse um único fio de cabelo perdido em qualquer parte de nosso corpo.

Eu só tinha cabelo na cabeça, mas logo meus pelos se juntaram à massa de cabelos escuros, loiros e ruivos que crescia rapidamente no chão. Uma checagem final foi feita em mim e revelou dois sanduíches de queijo cottage, agora murchos e rançosos, que eu tinha guardado desde Berlim. Tentei escondê-los nos meus sapatos. De qualquer forma, não tinha apetite para eles agora.

Mais deprimido do que antes, entrei na "sauna". Lá havia pessoas que estiveram ao meu lado na plataforma apenas algumas horas antes. Fileira por fileira, sentavam-se no chão coberto por sarrafos, que se erguiam em degraus em direção às poucas aberturas de ventilação. Encontrei um lugar para me sentar. Amontoados como se estivéssemos em algum tipo de teatro enigmático, esperávamos uma apresentação de outro mundo. Ninguém me notou, e ninguém falava. Não fazíamos ideia do que estava prestes a acontecer. Tudo o que tínhamos como companhia eram nossas preocupações e nossos medos particulares.

Aguardamos e esperamos. Deixado por conta própria, pensamentos terríveis e quase inacreditáveis começaram a me dominar. Ouvira rumores sobre as mortes em massa de judeus durante nossos últimos dias em Berlim. *E se fosse verdade? Alguém não tinha mencionado gás?*

Recusando-me permitir ser absorvido por pensamentos tão perturbadores ou resignar-me ao Destino, escaneei e estudei o cômodo da sauna onde estávamos. As paredes eram sólidas e a porta revestida de metal era segura, presa por parafusos pesados. Apenas as janelas altas, porém pequenas, pareciam penetráveis, mas escapar era impossível.

Presos e sem ter para onde ir, esperamos até que, finalmente, a grande porta de metal foi aberta. Um grupo de carcereiros vestindo uniforme azul e branco entrou. Conversavam entre si em polonês, e um deles deu um passo à frente para falar conosco.

"Agora vocês são prisioneiros do campo de concentração. A vida fácil acabou. Hábitos antigos terão que ser mudados. Se não forem, vamos mudá-los para vocês. É obrigatório ter uma obediência total aos seus prisioneiros superiores e, é claro, à SS. Não se iludam com ideias de conseguir escapar daqui. Muito trabalho tomará o lugar de vossos pensamentos. Este campo é chamado Birkenau e exige a mais estrita obediência. Agora vocês serão desinfectados."

Fomos apressados a passar por um tanque cheio de detergente e, depois, por um cômodo de chuveiros com água fria. Tentei evitar, mas nossos novos chefes foram eficientes em nos forçar a obedecer. Seus gritos frenéticos de "Rápido! Anda!" garantiram que seguíssemos seus comandos.

Roupas íntimas, casacos, calças e boinas foram lançados a nós. Rapidamente, apanhei as remendadas roupas carcerárias e as vesti sobre minha pele ainda molhada. Não havia tempo para considerar quem havia usado aquele uniforme antes de mim e se a pessoa estava viva ou morta.

Apesar dos meus cadarços desamarrados e dos trapos completamente enormes que me envolviam, já estávamos sendo levados para fora, rumo ao campo dormitório principal. Os gritos continuaram: "Corram! Mais rápido, seus porcos preguiçosos!"

Corri. A cada passo, lutava contra a lama do campo que se agarrava aos meus calçados preciosos, mas soltos, à medida que o lodo pegajoso submergia meus calcanhares. Agarrei a cintura da minha calça ridiculamente grande, que ficava caindo nos charcos profundos e frios. Agora, gotas de suor escorriam de todas as partes do meu corpo.

Vitorioso, porém exausto, cheguei ao barracão de recepção de Birkenau. Na entrada, surgiu da escuridão uma figura vestindo o uniforme da prisão.

"Tem algo de valor? Anéis, ouro?", perguntou confiante. "Não os esconda; a SS vai achar. Melhor deixar comigo agora, sob os cuidados de um amigo prisioneiro."

Seguiu-se uma pausa desconfortável.

"Vamos lá, não hesite! Você deve ter algo precioso que precisa ser confiado a mãos amigas!"

Alguns dos meus novos colegas prisioneiros responderam à sua modesta e gentil persuasão. Fiquei apenas pensando se ele teria aceitado os dois sanduíches secos de queijo cottage deixados para trás na sauna.

Estávamos agora na ala de registro. Diversas mesas estavam repletas de caixas com cartões em ordem alfabética, com colegas prisioneiros e a SS sentados atrás de cada uma. Os soldados deram instruções para que nos organizássemos alfabeticamente em fileiras de cinco. Primeiramente, isso mostrou-se ser um procedimento complicado para pessoas totalmente desacostumadas a exercícios militares e a seguir comandos. Mas logo a coisa mudou, quando os chicotes da SS estralaram e os guardas se lançaram contra nós, golpeando-nos.

"Muito bem, onde estão os mercadores gordos de Berlim?", zombou um valentão da SS.

Dois prisioneiros bem corpulentos, que pareciam corresponder à descrição dos ricos comerciantes, foram ordenados a correr ao redor dos barracões.

"Tem rabinos aqui também?"

Ninguém respondeu. As barbas que poderiam tê-los entregado imediatamente haviam desaparecido, sendo essa a única e irônica vantagem da tosquia pela qual passáramos anteriormente. Nosso silêncio não caiu bem ao oficial da SS que, sentindo-se traído, começou sua busca por novas vítimas.

"Ouvi que entre vocês há bastardos cujos pais estupraram garotas arianas. Vamos ver aqui quem é loiro com narigão torto!"

Houve silêncio novamente. Visto que a maioria de nós tinha cabelo claro, a ideia teve que ser abandonada. Exasperado e possivelmente constrangido, ele recorreu às ameaças.

"Esta é sua última chance de se livrarem de itens de valor escondidos. Vamos encontrá-los de qualquer modo. Soltem-nos ao chão. Se, após saírem desta caserna, encontrarmos qualquer coisa com vocês, vão tomar bala."

Mais tarde, passamos, ainda, por outro cômodo repleto de mesas. Lá, um jovem prisioneiro russo pegou meu braço esquerdo e começou a me tatuar com uma caneta de ponta dupla mergulhada em tinta azul. Ele fez os primeiros três dígitos, tendo o cuidado para não misturar meu sangue com a tinta. Então completou os outros três.

O tatuador foi o mais gentil possível, mas foi agoniante. Parecia que eu estava sendo picado por milhares de alfinetes. Ele me analisou e pôde ver claramente que eu era jovem. Quando terminou, para minha surpresa, murmurou baixinho: "Boa sorte para você."

Olhei para baixo e analisei seu trabalho. O número 127003, habilmente inscrito em meu braço, estava muito grande para o meu gosto. Percebi que os dígitos somados davam 13 — seria boa sorte?[*]

Por mais significativo que esse número se tornaria para mim, em termos dos planos do Reich para eliminar nossa identidade, era um nome insignificante que se transformava em um número sem valor.

Assim como os mais de 100 mil outros homens antes de mim, eu me tornara agora apenas outro *Schutzhäftlingen*, um suposto "prisioneiro de custódia protetora". Cada um de nós foi documentado em duplicata, com uma cópia para o campo e outra para a Gestapo.

---

[*] No judaísmo, o 13 é um número significativo e também é a idade que marca o início da vida adulta — a idade de Thomas quando chegou ao campo.

O MENINO QUE DESENHOU AUSCHWITZ

"Seu idiota, aqui você não é mais Israel!", gritou o escrivão prisioneiro quando eu estava prestes a escrever o nome adicional que, por um decreto de 1938, era compulsório para todos os judeus homens. Continuei a preencher o formulário: "13 anos — Beuthen — Berlim — Aprendiz de Jardinagem — Emigrado — Deportado — Não — Sarampo, Escarlatina, Caxumba — Não — Não — Não." A parte final da ficha era a assinatura de uma declaração, confirmando ser apátrida e não ter propriedades.

Por fim, tivemos um tipo de intervalo, no qual um líquido que aparentava ser chá quente foi despejado em tigelas de metal e distribuído entre os prisioneiros. Novamente houve gritos — sempre havia. Dessa vez, era para médicos e outros especialistas. Cerca de 12 prisioneiros deram um passo à frente.

Minha mente desafiadora despertou, ávida para tentar encontrar outra escapatória da Gestapo. Era agora ou nunca. O plano era desesperador, mas o primeiro estágio parecia tangível. Dirigi-me ao oficial da SS, bati os calcanhares e tentei ser o mais inteligente que minha aparência deplorável permitisse. "Imploro gentilmente que considere minha transferência. Não tenho 14 anos ainda e me sinto deslocado aqui."

Um sorriso zombeteiro apareceu sob seu quepe pontudo com a caveira e os ossos cruzados. Ele me olhou de cima para baixo. "E aonde gostaria de ir?"

"Ao campo das crianças", respondi confiantemente, orgulhoso pelo êxito do meu truque.

"Não temos complexos infantis", ele respondeu rispidamente, um pouco incomodado.

Persisti. "Pelo menos me coloque com outros jovens, por favor."

Claramente irritado, parecia me advertir: "Um dia, ficará feliz porque não o enviei. Está aqui agora. É isso. Sai!"

Finalmente, o processo de registro terminou. Esgotados, fomos levados pela noite escura como breu rumo aos alojamentos.

Fomos introduzidos em uma das inúmeras cabanas no complexo do campo. O interior era escasso e sem graça. Em cada lado, paredes particionadas limitavam

---

* Uma lei de 17 de agosto de 1938 dizia que os homens que não tinham um nome hebraico eram forçados a receber o nome adicional *Israel* e, para as mulheres, *Sara*.

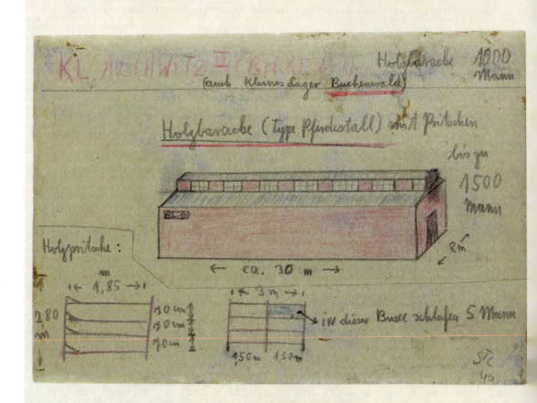

BARRACÕES DE MADEIRA
Os barracões superlotados de Birkenau abrigavam até 1.500 homens cada. Dez compartilhavam cubículos com três metros de largura.

o espaço das caixas. Cada caixa tinha cerca de 1,80m de comprimento por 1,80m de largura, com 75cm de altura e eram empilhadas em triliche. Nelas, havia sacos preenchidos com palha. E cada uma abrigava seis prisioneiros, não importava seu tamanho e sua altura. No centro do alojamento, havia um duto quadrado de tijolo que tinha um forno de um lado e uma chaminé do outro.

Nós, os recém-chegados, nos amontoamos lá dentro e fomos deixados a cargo do "Blokovi" (o líder do bloco), um prisioneiro veterano que era encarregado de manter os prisioneiros do barracão sob controle. Ele e diversos dos líderes de quarto procederam ativamente para nos acomodar em nossos cantos. Tivemos que aprender a arte desafiadora de nos deitarmos de lado, como sardinhas, esticados, com a cabeça encerrada entre os pés do vizinho. Uma necessidade para dormir nos beliches. Um apito ensurdecedor perfurou a cabana justamente quando eu estava contemplando o sono. O Blokovi começou um discurso bem ensaiado em alemão.

"Este é o campo para homens em Birkenau — ninguém deve sair do bloco. Vocês podem sair dos beliches para se aliviarem, mas um de cada vez. Há um lavatório improvisado no meio do barracão. Vocês devem fazer silêncio absoluto. Ordens do pessoal do bloco devem ser obedecidas sem questionamentos. Nós somos seus superiores e podemos mandá-los fazer o que quisermos. A obediência deve ser completa. Se acordarem amanhã e não encontrarem os calçados, não ousem reclamar. Ai de quem me incomodar com reclamações — pode nunca mais sair deste bloco com vida.

"Quando virem um homem da SS, devem ficar em posição de sentido, com a boina junto à costura das calças. Caso um deles entre em um bloco ou se aproxime de um grupo de prisioneiros, vocês devem gritar 'Achtung' ('Atenção'). Se ouvirem essa palavra, coloquem-se em posição de sentido sem hesitar. Quando ele sair, vocês dizem 'Weitermachen' ('Continue'). Então continuem com seu trabalho. Se decidirem não cumprimentar um soldado ou oficial da SS, sofrerão as consequências. Estou avisando. Agora desliguem as luzes, e silêncio!"

Essa foi minha primeira noite preso em Birkenau. Estava exausto e, mesmo assim, não conseguia dormir. Durante seus conturbados sonos, as pessoas gemiam, arranhavam-se e não paravam de se mexer. O teto do barracão tinha uma atividade intensa de ratos. Minha mente repassou vez após vez o dia extraordinário. Por fim, a tigela de chá tomada anteriormente me fez precisar fazer xixi. Contorci-me para fora do meu beliche, tentando desesperadamente não acordar alguém. Quando cheguei ao lavatório, todas as cubas malcheirosas estavas cheias até a boca.

Apenas duas horas depois, minha primeira noite em Birkenau terminou com outro apito ensurdecedor. Esse seria nosso despertador. Obviamente, não encontrei meus lindos calçados em lugar nenhum. No lugar, havia um par de botas de trabalho grandes demais para mim e um par de sapatinhos marrons minúsculos, ornamentados com franjas de couro, que eram pequenos demais. Consciente do aviso que o Blokovi fizera apenas algumas horas antes, engoli minha raiva e me aprontei rapidamente. Um grito de "ladrões" somou-se à atmosfera frenética da cabana. Golpes abafados foram ouvidos logo em seguida. Não ousei olhar para trás.

Ordens duras foram vociferadas e passos distantes foram ouvidos vindos do campo ainda escuro lá fora. Mais uma vez, fomos alinhados em fileiras de cinco, dessa vez mais rapidamente do que na noite anterior. De pé na última fileira do nosso barracão, peguei no sono apoiado em uma viga. O punho pesado do líder do quarto me acordou.

"Sorte a sua que não sou um homem da SS."

Minha exaustão desapareceu momentaneamente e postei-me ereto e em posição de sentido rapidinho.

Conforme continuamos em pé, meus olhos se fecharam novamente, desesperados para dormir. De repente, outra coisa atrapalhou meu cochilo, mas, dessa vez, a origem foi menos pronunciada. Sacudi-me para acordar e ouvi atentamente. De algum outro lugar, de forma inesperada e grotescamente fora de lugar, considerando onde estávamos: música. Uma orquestra tocava músicas de marcha.

Algumas horas depois, ainda estávamos de pé nas fileiras, esperando por uma ordem. Por fim, chegou uma delegação da SS, incluindo oficiais de alto escalão. Inspecionaram nosso grupo, apontando para os indivíduos que pareciam ser mais fortes, que foram levados. Mais tarde, descobrimos que tinham sido transferidos para Monowitz, um dos subcampos em Auschwitz III.

"Onde está o meio-judeu que estava no exército?", gritou um oficial sênior da SS, que tinha ombreiras com cordinhas cuidadosamente organizadas em seus ombros. Um jovem loiro deu um passo à frente. Reconheci-o do campo de confinamento antes de sermos transportados. Era impossível dizer que não era alemão. Seus inúmeros e emotivos apelos para ser solto não deram em nada. "Você permanecerá neste campo", disseram-lhe, "e será alocado para um trabalho mais leve".

Quando os oficiais saíram, os guardas entraram, trazendo junto dois cães farejadores da raça bloodhound. Eu estava em uma das seis fileiras remanescentes

O MENINO QUE DESENHOU AUSCHWITZ

com cinco prisioneiros que recebeu ordens de virar à esquerda e começar a marchar. Conforme cruzávamos o campo, a névoa da manhã desapareceu e Birkenau começou a revelar sua essência desoladora, repleta de maus presságios. Até mesmo os piores pessimistas não poderiam ter imaginado condições mais chocantes.

Vimos um grupo de mulheres que lutavam para manter o equilíbrio naquele solo pantanoso e sob a ameaça constante de seus superiores gritando.

Elas tinham que empurrar grandes vagões de suprimentos enquanto, logo atrás, seguiam crianças carecas e malnutridas, que de vez em quando levantavam suas vestes rasgadas para se coçar. Foi uma visão lamentável. Havia um grupo de homens com círculos pretos e vermelhos costurados nas roupas, com as cabeças para baixo, quebrando pedras freneticamente para pavimentar uma nova estrada. Não ousavam olhar para cima com medo de apanhar. Em todos os cantos havia guardas da SS pesadamente armados, ostentando chicotes e vigiando, ávidos para infligirem punições por qualquer transgressão possível.

Fomos nos arrastando para fora de Birkenau rumo a uma região indiferente e desértica, deixando para trás uma selva de arames farpados e postos de checagem. O Sol do meio-dia brilhava sem clemência, causando uma suadeira geral. Todos, liderados e líderes, tínhamos que reconhecer nossa insignificância perante a natureza; diminuímos o ritmo. A curiosidade também não fazia distinção de pessoas. De vez em quando, um guarda se aproximava para fazer perguntas.

"De onde vocês são? Por que estão aqui? Sim, agora vão trabalhar! De agora em diante, vão descobrir o significado da labuta; vão se surpreender. Não façam perguntas, vocês verão com os próprios olhos. Quanto tempo acham que vão durar aqui? Deveriam ter perguntado sobre o lugar antes de vir. Por que vieram? Agora mexam-se! Primeira fileira, mais rápido!"

Uma hora depois, passamos por outra grande massa de arames farpados. Aqui, um trem carregado tinha parado ao lado de uma estrada.

Em ambos os lados dos vagões, surgiram pirâmides enormes de tijolos, carvão e madeira. Em todos os lugares, centenas de prisioneiros vestindo roupas azuis e brancas se esforçavam para carregar rochas, troncos de árvore e carvão, labutando sob o calor opressor como se fossem uma coorte de escravos egípcios. Eram acompanhados pelo som cruel de ordens e xingamentos gritados pelos guardas da SS.

Nossa passagem atraiu uma atenção indesejada. Gritos em vários idiomas nos saudaram, embora eu tenha entendido apenas alguns dos insultos.

"Vejam, aí vêm os *Vollgefressen* (barrigas gordas); eles querem empurrar os vagões!"

"Não vão aguentar muito, esses barrigas gordas!"

Após outros 20 minutos, chegamos aos portões do campo de Auschwitz.* A inscrição no portão frontal, em trabalho ornamentado de metal, dizia *"Arbeit Macht Frei"* ("O trabalho liberta").

Fizeram nosso registro de entrada e, depois, fomos levados ao barracão de desinfecção. Lá, fomos amontoados em um recinto de lavanderia cheio de vapor. Essa foi nossa primeira oportunidade de conversar livremente com os outros prisioneiros.

Com eles, apenas 24 horas após nossa chegada, começamos a descobrir a verdade amarga. Não havia campo para as crianças, para os idosos ou para os doentes e fracos. Havia apenas a floresta da morte atrás do campo Birkenau. Suas profundezas estavam repletas de gás e destruição.

Quando ouvi isso, senti que o chão sob meus pés começava a ruir. Minha confiança vaga, porém desesperada, na civilização despedaçou-se.

Não achava que qualquer pessoa, ou mesmo um grupo de pessoas, poderia ser responsável pela enormidade de tal crime. Nem o ocupado Hitler na distante Berlim, tampouco os guardas que estavam suando junto conosco na estrada empoeirada, pareciam o alvo certo da minha ira. Uma percepção aterrorizante me oprimiu. As refinadas maneiras urbanas, o estudo das realizações gregas e romanas, os esforços da democracia, a vontade das nações neutras para ajudar os oprimidos, as diversas e impressionantes igrejas que tinha visto, a beleza da arte e do progresso, a confiança no discernimento dos meus pais — tudo isso parecia ter sido uma farsa nojenta. Não tive tempo de absorver esses pensamentos terríveis ou de considerar nosso destino. Os prisioneiros veteranos estavam desesperados para ouvir as notícias do mundo exterior. Começaram a lançar todos os tipos de per-

---

* Auschwitz, o campo onde Thomas foi prisioneiro, viria a ser conhecido como Auschwitz I, Birkenau como Auschwitz II e Monowitz com suas filiais como Auschwitz III.

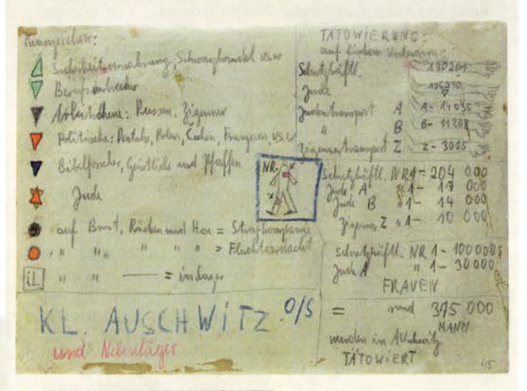

MARCAS
Para os supervisores, a identificação dos prisioneiros era uma tatuagem no braço e uma marca em suas roupas.

guntas sobre nós, os recém-chegados. Trocamos as descrições dos eventos mundiais que sabíamos por informações valiosas sobre a vida no campo.

Logo, o quebra-cabeça que vinha perturbando todos os prisioneiros estava se montando em nossas mentes. Pouco a pouco, passamos a compreender o mecanismo de um campo de concentração alemão. Tivemos que aprender rapidamente as regras do nosso processo de identificação. Cada prisioneiro devia usar um triângulo de pano colorido. Ao lado dele estava o número, que precisava ser costurado na roupa sobre o coração e na perna direita da calça, no canto direito superior. Cada categoria de prisioneiros tinha uma insígnia discreta. O sistema elaborado de cartões em ordem alfabética do departamento político da SS listava o motivo oficial pela captura de cada um. Esse motivo, então, determinava qual triângulo de pano o prisioneiro tinha que usar.

Um triângulo verde com o topo apontando para baixo significava que seu portador era um criminoso profissional. A ponta para cima era para os sem antecedentes criminais. Um triângulo preto sinalizava o indivíduo "preguiçoso" (russos, ucranianos e ciganos normalmente o usavam). Um triângulo vermelho significava oponentes políticos e era reservado a alemães, poloneses, tchecos e franceses. Um triângulo rosa era o usado para os prisioneiros homossexuais. O violeta marcava os membros de seitas religiosas pacifistas, como as testemunhas de Jeová.

Os judeus tinham que usar um triângulo vermelho ou, ocasionalmente, verde, que era, então, sobreposto em outro triângulo amarelo, para formar a Estrela de Davi. Os triângulos de não judeus eram inscritos com as iniciais da nacionalidade de quem os usava.

Um jovem judeu polonês-belga, que escutava atentamente à nossa história de chegada, parecia entretido.

"Então, ele lhe pregou a velha peça de trocar os calçados também, aquele patife." Sorriu. "Aquele desgraçado líder de bloco em Birkenau, um notório criminoso polonês, é judeu como a gente. Merece ser sangrado como um porco. Qualquer dia desses, vamos ter que nos livrar dele. Você tem sorte de ter saído daquele inferno; não teria aguentado muito. Aqui as condições são mais toleráveis: damos nosso melhor para remover gente como ele."

Outro ouvinte surgiu dentre as caldeiras ferventes e fumegantes da lavanderia. Em suas roupas elegantemente personalizadas, reconhecemos o triângulo verde, seguido por um número ainda nos milhares, o que significava que era veterano.

O MENINO QUE DESENHOU AUSCHWITZ

"Então esses são os recém-chegados." Analisou-nos com seus olhos velhos, azuis e penetrantes. "Alemanha, Alemanha", murmurou, "era meu lar também". O que disse a seguir nos arrasou. "Estamos todos presos na mesma teia de aranha agora. Não se enganem pelo meu triângulo verde; minha sentença foi cumprida há muito tempo. Estou aqui pelo mesmo motivo que vocês: extermínio! Não há escape daqui. Nos 16 quilômetros ao nosso redor, a SS controla tudo. Vocês viram apenas um campo até agora, mas há outros sete como esse em Birkenau. Homens, mulheres, judeus, ciganos e alemães, todos são separados. Um dos complexos é para os candidatos à morte. Birkenau só aguenta 100 mil prisioneiros; o restante é enviado aos crematórios. Não quero horrorizar vocês com mais detalhes."

Mas agora não parava de falar.

"Nosso campo, Auschwitz, é para ser o campo 'modelo'. É a vitrine para as delegações da Cruz Vermelha que vêm visitar, e vocês devem ficar felizes que estão entre os 18 mil privilegiados. Monowitz, para onde alguns da numeração de vocês foram enviados, é uma rotina exaustiva. Lá, os 11 mil prisioneiros trabalham como escravos na construção de uma fábrica de borracha sintética. Mesmo com as condições aceitáveis de vida e de alimentação, o trabalho acaba com você em semanas."

Nosso benfeitor parecia sentir prazer em exibir seu conhecimento exato sobre os arredores dos campos. Ele os listou com precisão alemã.

"Birkenau, Auschwitz e Monowitz são os três campos principais. Espalhados ao redor deles estão as filiais, cujo papel é sugar até a última gota de energia de cada um dos prisioneiros, enquanto estiverem vivos. Assim como Janina, Jaworzno, Jawischowitz, Myslowitz, Sosnowitz, Schwientochlowitz, Fürstengrube, Guenter-Grube e Eintrachthütte — a maioria desses lugares é de minas."

Continuou. "Há fábricas em Gleiwitz, Bobrek, Althammer e Blechhammer, pedreiras em Gollischau e em Trzebinia e estabelecimentos agrícolas em Babitz, Budy, Harmense e Rajsko. Alguns têm cerca de 200 prisioneiros cada e nada além de jaulas. Outros, com a mesma falta de estrutura, abrigam até 5 mil. O número total de escravos nesse império da SS chamado Auschwitz pode já ter atingido 150 mil, e está aumentando diariamente."

Como se isso não fosse o suficiente para absorver, nosso benquerente balançou a cabeça.

77

O MENINO QUE DESENHOU AUSCHWITZ

A TEIA DE ARANHA
O complexo de Auschwitz — mais de 40 campos
principais e subcampos: escravidão, fome e morte.

"Não, realmente não há como fugir. Mesmo se escapassem do campo, acham que conseguiriam passar pelos círculos de postos de checagem ao redor de toda a Alta Silésia oriental? Eu, astuto como uma raposa e privilegiado prisioneiro de longa data, tive que abandonar a ideia de escapar, muito embora minha amizade com os oficiais da SS possibilitasse isso. Vocês, tipos mais novos e inferiores de prisioneiros, nunca deveriam sonhar com isso. Durante os últimos dois anos, apenas quatro dos pouquíssimos que escaparam parecem ter conseguido. Não se iludam com o futuro; a única esperança está do lado de fora — intervenção dos Aliados. Porém, estamos esperando por isso desde 1938."

Com esse comentário final e perturbador, caminhou para longe.

Não pude deixar de admirar seu uniforme elegante. Suas calças estavam cuidadosamente passadas, cada perna balançando sobre sapatos chiques de couro brilhante. Talvez ele pudesse se dar ao luxo de ser um pessimista. Mesmo assim, de cócoras entre as caldeiras fumegantes da lavanderia, tentamos conhecer uns aos outros. Com o coração sobrecarregado, falamos sobre nosso passado e nossas famílias. Como sentíamos saudade delas. Como sentia falta da minha mãe.

Havia quatro jovens entre nós que ainda não tinham completado 18 anos: Sally, Jonathan, Gert e eu. Sally Klapper[11] era um conhecido meu de Berlim, mas eu não falava muito com ele. Tinha emigrado da Polônia com sua mãe. Era um pouco mais velho do que eu, e sempre o admirara por sua escolha por namoradas peitudas. Gert Beigel[12] e seu irmão mais velho nasceram em Berlim e, como eu, trabalharam em algum momento no cemitério Weissensee. Tinham conseguido se esconder, mas foram traídos e pegos. Naqueles momentos obscuros de nossa nova vida como prisioneiros, nós, os quatro jovens, nos juntamos. Fizemos um pacto solene de compartilhamento de nossas tristezas e alegrias, de nossa fome e de nossa comida. Um vínculo foi criado entre nós.

Aqueles breves momentos no salão da lavanderia, conversando e nos conhecendo, terminaram abruptamente. Nossos visitantes se dispersaram ou voltaram aos seus deveres no trabalho.

Um prisioneiro esquelético e usando óculos veio em nossa direção. Ele usava um triângulo verde em seu peito e uma faixa amarela ao redor do seu braço esquerdo, que dizia *Lager Friseur* (Cabeleireiro do Campo). Observou o grupo do qual fazíamos parte de modo condescendente e, então, voltou-se para nós, os jovens, e sorriu.

"Sou encarregado dos recém-chegados aqui. Juntamente com meus 17 assistentes, chamados *Blockfriseure*, sou responsável pela manutenção do campo e por mantê-los limpos. Não se deixem enganar pelas faixas em nossos braços; cortar cabelo não é com a gente. Somos responsáveis pelos arranjos sanitários, pelas desinfecções e pelo trabalho no barracão onde vocês estão agora. Em vez de ficar no comando, tentamos ajudá-los. Se as crianças aí tiverem qualquer problema, venham falar comigo.

"Me digam, seus sabe-tudo", o cabeleireiro continuou, com um sorriso em sua boca sem dentes, "como está a política do lado de fora?".

Logo em seguida, as portas se abriram e a correria para os chuveiros começou. Dessa vez, nossa recepção foi mais calorosa, em todos os sentidos da palavra, do que tínhamos experimentado em Birkenau. Largamos as roupas remendadas alegremente. Ganhamos até sabonete, demonstrando que a bondade pode fazer maravilhas. Em seguida, borrifos de água quente foram ligados e, por alguns momentos, estávamos livres e despreocupados como em qualquer outro banho normal.

Após nosso banho, borrifaram-nos novamente com o insuportável desinfetante, e recebemos roupas e tamancos de madeira limpos. Meu uniforme azul e branco era feito de um material fino, parecia papelão, mas estava limpo e era novo. Não muito tempo depois, fomos tagarelando para o andar superior do prédio, cuja placa na entrada dizia "Bloco 2A".

Uma vez dentro, tivemos que costurar habilmente nossos novos distintivos com os números. Depois, fizemos uma fileira com cerca de 100 prisioneiros russos. Mais uma vez, o líder do bloco veio repassar as regras para nós. Ele falou em seu polonês nativo, o que, para sua irritação óbvia, entrou por um ouvido e saiu por outro, pois não conseguíamos entendê-lo. Quando terminou, um prisioneiro voluntário traduziu as instruções para o russo. Provavelmente havia alguém ali que pudesse traduzir para o alemão, mas, visto que era o idioma da SS, ninguém queria usá-lo.

CAPÍTULO 6
QUARENTENA

Tivemos que passar quatro semanas em quarentena para nos prevenir da ameaça da doença que se espalhava pelo campo. Para nossa surpresa, descobrimos que, em nosso bloco, tudo era dito, mandado e anunciado em polonês, embora também ouvia-se e falava-se russo ocasionalmente. Na Alemanha, falar em uma língua estrangeira em público era uma ofensa punível. Em Auschwitz, todos que tinham semblante alemão deveriam falar o idioma. Contudo, raramente o alemão era ouvido. Tínhamos tanta dificuldade de entender nossos superiores que alguns dos obstinados alemães dentre nós deram voz à sua intenção de reclamar a respeito para a SS. Seu pedido foi recusado e tivemos que aprender algumas línguas eslavas. Era principalmente polonês, o idioma do país onde nos encontrávamos.

A maioria dos colegas prisioneiros do nosso bloco era de ucranianos e também havia um pequeno número de poloneses. Formavam um bando teimoso e chato. Eram fortões, do interior e sua hostilidade aberta tinha que ser evitada o tempo todo e de todas as maneiras — incluindo aceitarmos passivamente que roubassem nossas raras segundas rodadas de sopa no almoço. Apesar de nossa atitude subserviente, ou provavelmente por causa dela, eles nos consideravam dois males em um: éramos alemães e judeus.

As bênçãos diárias da civilização consistiam em um quarto de pão preto (350 gramas) e um litro de uma sopa ruim que era feita com mato e espinhos.

Quarenta gramas de margarina, que os alemães produziam com resíduos de alcatrão de carvão, eram dadas nas quartas e quintas-feiras. Aos sábados, eram 50 gramas.

Na segunda, na terça e na quinta-feira, havia 50 gramas de salsicha, e uma colher cheia de geleia na quinta e na sexta-feira.

O "agrado" de domingo eram 50 gramas de queijo, meio litro de sopa de goulash e algumas batatas com casca.

O MENINO QUE DESENHOU AUSCHWITZ

O QUE COMÍAMOS
A quantidade irrisória de comida significava a manutenção ostensiva do prisioneiro vivo por até seis meses. Quando morria de fome, era substituído por um recém-chegado.

O MENINO QUE DESENHOU AUSCHWITZ

Isso, juntamente com uma concha de chá de bolota de manhã e à noite, eram a base da subsistência dos escravos trabalhadores do império alemão.

Poucos prisioneiros guardavam comida para depois. As rações eram devoradas assim que as recebíamos. Como o pão era dado à noite, ficávamos com fome até meio-dia do dia seguinte. Se em virtude de algum engano na distribuição houvesse comida sobrando, a maioria ia para o contingente do bloco.

Para os prisioneiros comuns, sua única prioridade era se preocupar sobre quando entrar na fila da comida, a fim de conseguir encontrar o momento certo de apresentar suas tigelas esmaltadas.

Maneiras individuais de colocar a sopa com a concha se tornaram o motivo de nosso estudo. Havia sopas diferentes, e cada uma tinha suas características. A gordura, por exemplo, ficava boiando e as batatas afundavam. Cálculos hábeis e o momento certo significavam que ganharíamos uma sopa saborosa e espessa de vegetais, com pedaços de batata ou de carne, e chá doce. Algo do que se gabar! Algo com que sonhar!

Nos dias em que um grupo de prisioneiros saía, deixando, dessa forma, o bloco menos lotado, tínhamos a permissão de passar algumas horas no pátio entre os Blocos 13 e 14. Lá, sentávamo-nos ao sol, conversando e conhecendo outras pessoas.

Os poloneses podiam receber pacotes de comida, o que os deixava de olhos muito abertos: ficavam justificadamente com medo constante de serem roubados. Ver aqueles tesouros serem inspecionados criteriosamente por seus donos e, depois, vê-los sendo devorados pedacinho por pedacinho, fatia por fatia, nos irritava muito. Estávamos famintos.

A comida também representava poder, e os prisioneiros que guardavam o pátio estavam longe de ser incorruptíveis. A água era permutada por pedaços de salsicha polonesa, pão por bacon e tabaco por margarina. Nós, os famintos invejosos, virávamos nosso olhar triste e nos concentrávamos em nossos hobbies tradicionais da prisão.

Mantinham-nos muito ignorantes quanto ao campo e ao mundo exterior. Sentíamo-nos muito abandonados, pois os prisioneiros dos outros blocos não podiam nos ver. Os principais eventos do dia eram marcar a data com nossas unhas

O MENINO QUE DESENHOU AUSCHWITZ

nos postes de madeira de nossos beliches, devorar nossas míseras rações e desejar por mais. Relatos de pratos saborosos deixaram de nos fazer esquecer de nossa fome. Logo tínhamos ouvido o suficiente uns dos outros, e os detalhes íntimos quanto às atrações favoritas das namoradas se tornaram irritantes. Entediados e impacientes, esperávamos o que estava por vir.

A confecção de facas, embora proibida, era uma forma de passar o tempo. Eu encontrara alguns preciosos pregos enferrujados e os desentortara entre duas pedras. Eles se mostraram úteis para espalhar margarina, mas nunca conseguiram se tornar ativos vendíveis.

Outro passatempo envolvia as pulgas, que abundavam em Auschwitz. Elas apareciam pela manhã pretinhas e brilhantes, saídas do revestimento de feltro dos nossos tamancos, e começavam a saltar pelo pátio empoeirado e cheio de pedregulhos. Lá nós aguardávamos, ganhando nossa vingança ao espremê-las até que explodissem entre nossas unhas das mãos.

O que conseguíamos ver do campo parecia estranho e incompreensível. À direita do nosso bloco, 60 metros após a cerca, estava o crematório. À nossa esquerda, podíamos ouvir a banda tocando peças animadas de marcha para os grupos de trabalho que retornavam. Do lado de fora do arame farpado, o pessoal da SS andava ocupado, indo de um escritório para outro.

Era impossível não perceber a fina fumaça cinza que subia da agourenta chaminé à nossa direita. Demorava-se sobre nós, e sabíamos o que era. Um jogo sinistro em torno dela, de "adivinha o que estou vendo", desenvolveu-se a partir do nosso bloco. Aqueles com mentes macabras tentavam analisar o formato e o cheiro da nuvem.

"Olhe lá, não parece o velho Willie?"

"Não, não, seu burro, é uma virgem; não consegue ver o peitinho aparecendo?"

"Para com isso, é o nariz dele!"

Eu, contudo, mantinha os olhos no chão, à procura de mais pregos.

Certo dia, um russo baixinho e gordinho apareceu em nosso canto do quarto. Sua cabeça raspada e redonda acentuava as características mongóis de seu rosto com marcas de catapora. Segurando um pedaço quadrado de papelão sob seu braço, viera

O MENINO QUE DESENHOU AUSCHWITZ

A ORQUESTRA
A orquestra dos prisioneiros era obrigada a tocar músicas de marcha aos prisioneiros que marchavam para o trabalho — outra ironia da vida nos campos de concentração.

do quarto em frente ao nosso em busca de jogadores de xadrez. Tinha encontrado o lugar certo e, em pouco tempo, o russo tornou-se um visitante regular.

Aos poucos, ganhamos sua confiança, e o pequeno jogador de xadrez se tornou nosso amigo. Suas noções limitadas de alemão foram adquiridas na escola e com o avô alemão. Tinha pouco em comum com os ucranianos ao nosso redor.

O jogador de xadrez tinha sido um lutador, um aliado, do jeito que imaginávamos que fosse. Como piloto de 19 anos de idade, pilotara um dos pequenos aviões soviéticos que eu vira na exibição em Berlim. Ficamos hipnotizados conforme ele explicava o combate aéreo no qual fora derrubado. As mãos representavam os aviões, gorgolejos profundos imitavam os barulhos dos aviões e o teto baixo entre os beliches era o céu aberto. Sem dúvidas, aquele pequeno camarada lutara valentemente antes de ser capturado.

"Não pensem que seus colegas de quarto são representantes do Exército Vermelho", sussurrou ele. "Com eles, teríamos perdido a guerra muito tempo atrás. Não se preocupem, a União Soviética é um país enorme. Nossos adoráveis e modernos aviões podem facilmente dar conta da Luftwaffe. É só uma questão de tempo. Virei todos os dias agora para lhes contar os últimos rumores, mas nunca falem de mim para ninguém. Há muitos informantes por aqui, especialmente entre os ucranianos, meu próprio povo. Talvez tenham ouvido sobre o que os alemães fazem com os 'propagandistas comunistas'. Prefiro ser apenas um jogador de xadrez."

Cercados por duas fileiras de arame farpado eletrificado com 3 metros de altura e isolados do mundo exterior por um muro de concreto, agora já víramos o suficiente para entender quais eram os fundamentos da vida naquela nova versão de prisão.

Era apenas durante as duas chamadas diárias que víamos os homens da SS. As necessidades do campo eram atendidas pelos próprios prisioneiros. Do lado de dentro da cerca, a hierarquia — usar as faixas designadas nos braços — era formada pelo líder do campo, o cabeleireiro, o intérprete, o secretário e o distribuidor de trabalhos. Supervisores e líderes de bloco eram os peixes pequenos. Na equipe de trabalho, havia chefes principais, chefes, subchefes e encarregados.

O líder do campo era um antigo criminoso alemão escolhido pela SS dentre os chefes de um dos campos de concentração mais antigos. Seus superiores expe-

O MENINO QUE DESENHOU AUSCHWITZ

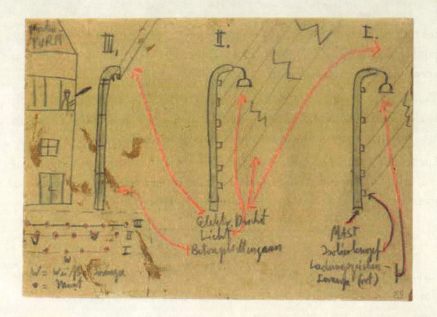

ACIMA: A CERCA DE ALTA VOLTAGEM EM AUSCHWITZ I
Enjaulados, nosso mundo era rodeado por cercas elétricas, arames farpados e guardas armados.

ABAIXO: FAIXAS DOS BRAÇOS
A hierarquia de supervisão dos prisioneiros em Auschwitz — sendo um garoto judeu alemão, eu estava na base dessa pirâmide de horror.

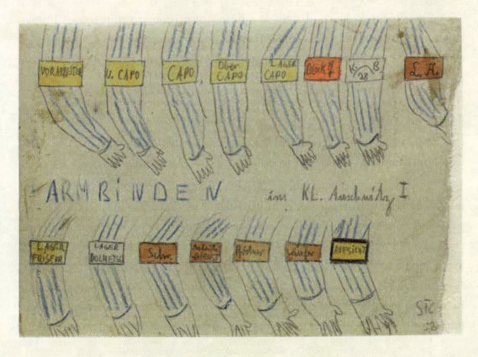

rientes tinham encontrado a pessoa certa para nos aterrorizar. Um de seus passatempos favoritos era pegar algum espectador inocente e desprevenido e espancá-lo selvagemente por motivo nenhum.

A maioria dos postos de supervisão em Auschwitz era preenchida pelos criminosos alemães que, como ele, também tinham tendências agressivas. Os russos, os judeus e os ciganos não eram elegíveis para nada além da subchefia.

Apenas em Birkenau, o inferno na Terra, não havia distinções de nacionalidades. Lá, os tipos criminosos de qualquer raça tinham permissão para demonstrar as crueldades bizarras das quais eram capazes.

Então, em certo dia de julho, aconteceu algo inesperado. Durante a chamada costumeira, pediram que eu desse um passo à frente. Meu nome, número e local de nascimento foram checados e, para a surpresa do quarto inteiro, fui levado.

Tremendo de medo e de incerteza, buscava motivos pelos quais, de todos os muitos prisioneiros, tinha que ser eu o escolhido, justo aquele que tentava de todas as formas possíveis permanecer insuspeito. Será que tinham descoberto sobre meu pai? Teria acontecido algo com minha mãe? Achavam que era jovem demais?

No escritório do bloco, dirigiu-se a mim um prisioneiro com roupas limpas, baixo e robusto, falando em alemão fluente. De forma contrária às estritas regras do campo, tinham permitido que seu cabelo crescesse e, agora, ele se parecia com os ferrões de um porco-espinho.

"Sou um dos prisioneiros que trabalha no escritório de registros da SS. Na verdade, sou o responsável aqui; uma função de muita responsabilidade", disse ele confiantemente. "Após ver seu cartão, gostaria de conhecer mais a seu respeito. Conte-me sobre sua família. O que aconteceu com ela após 1933?"

Conforme lhe contava vagamente sobre a história da minha família, ele me interrompia regularmente, pedindo mais detalhes. Queria saber mais sobre meu pai. Tentei ficar de bico fechado. "Deixe pra lá", rugiu triunfantemente, "não precisa me dizer. Sei que o deixou desamparado! Eu não me esqueci de você." Aquilo me pegou de surpresa. "Conheço você desde o dia de seu nascimento", continuou. "Costumava viver na frente da sua casa, perto de Stettin. Você não se lembra do Keding, aquele que levava os suprimentos? Era eu. Eles me trouxeram aqui por uma suposta fraude nos fundos do partido, mas agora se arrependeram e vão me soltar. Enquanto ainda estou por aqui, farei meu melhor para ajudá-lo, mas preciso ser discreto. Há muitos amigos meus, antigos colegas prisioneiros que também precisam da minha ajuda. Ficarão com inveja de você e podem até espalhar rumores maldosos. Então não diga a ninguém sobre mim. Vai ver que não abrir a boca será para seu próprio bem. Amanhã, neste mesmo horário, esteja na janela do meio, no lado sul. Quando me vir, abra-a, mas fique quieto. Até mais, e boa sorte. Preciso voltar ao trabalho agora."

Cumpri minha promessa e, no dia seguinte, escapei e fui até a janela combinada. Quando ele entrou no pátio, olhei para baixo. Um pequeno pacote foi lançado em minha direção. Continha pão e uma salsicha. A comida foi divida entre os quatro amigos — a primeira materialização do nosso acordo de compartilhamento mútuo. De repente, após apenas três semanas no campo, e unicamente por conta do meu novo conhecido, nós, os jovens, nos tornamos os favoritos de todos. Até mesmo os antigos intelectuais acharam adequado se rebaixarem ao darem a entender que deveríamos ajudá-los também.

Chegando ao final do nosso período de quarentena, os grupos de trabalho foram montados e enviados para outros campos do complexo Auschwitz.

Em Monowitz, a fábrica gigante I.G. Farben (que produzia Buna — uma borracha sintética) precisava de mais trabalhadores para atender à demanda crescente por pneus. Também precisava substituir constantemente aqueles trabalhadores que serviam de alimento ao faminto crematório de Birkenau, quando não conseguiam mais atingir suas quotas de produção. Tal necessidade crescente era suprida pelas vítimas recentes da quarentena. Até mesmo os que foram considerados fracos demais na última seleção eram agora enviados à notória fábrica escravizante de Monowitz.

A essa altura, apenas sete dos que vieram originalmente em nosso transporte permaneciam em Auschwitz. Entre eles, Sally, Jonathan, Gert e eu. Inexperientes que éramos, agora tínhamos que decidir quanto às impressões que queríamos dar aos nossos superiores. Reunimo-nos para decidir uma atitude em comum. Sally e Jonathan queriam se candidatar à escola de pedreiros. Isso, tinham ouvido, seria um tipo de refúgio para os jovens, onde poderíamos passar algumas semanas em segurança, aprendendo a profissão. Gert e eu, familiarizados com a jardinagem e imaginando sermos "caras durões", pensamos em pegar trabalho logo de cara, por mais pesado que pudesse ser.

Após ponderarmos bastante e por um longo tempo, decidimos que não desertaríamos uns aos outros. Mantendo-nos juntos, concentrando nossas forças e fraquezas, poderíamos ter uma chance de sobrevivência. Tentaríamos entrar na escola de pedreiros, por mais perigoso que fosse para nós dar a impressão de não estarmos qualificados para o trabalho ainda.

Saímos da quarentena e tivemos nossa primeira visão do campo. O centro de Auschwitz compreendia alguns prédios de tijolos com dois andares, que tinham sido erguidos certa vez para o exército polonês. Agora, havia fileiras deles, 28 blocos conectados por pavimentos de asfalto. Flores alegres nos recepcionaram em jardins cuidados que bordeavam as ruas e as caixas com cores vistosas nos peitoris das janelas. Um gramado bem-mantido separava o campo da cerca com arame farpado ao redor. Era impossível não ficar impressionado por esse modelo de campo de concentração — uma vitrine para qualquer delegação, fosse alemã ou neutra.

Os blocos estavam repletos de pequenos beliches de madeira, sendo que cada prisioneiro tinha o privilégio de ter um só para si, juntamente com um parco saco de palha e três cobertores cinza. Os beliches eram organizados com três partes empilhadas. A capacidade de um bloco era de 200 homens no subsolo, 400 no térreo com quatro quartos, 600 no primeiro andar com dois quartos e 300 no sótão: 1.500 homens no total. Sete blocos eram reservados para os doentes e três eram dedicados a atividades administrativas. Havia três barracões grandes de depósito e um complexo de cozinhas.

Fascinados por essa primeira visão do campo todo, marchamos rumo ao desconhecido. Apenas agora, conforme entrávamos no campo principal, o quadro completo da sina cruel dos prisioneiros, com todo seu sofrimento e sua brutalidade, começava a se revelar totalmente para nós.

O MENINO QUE DESENHOU AUSCHWITZ

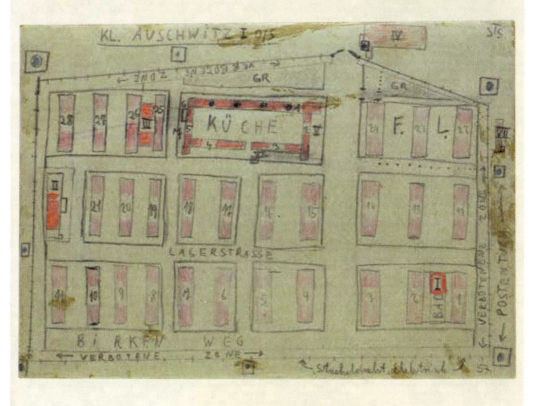

CAMPO I DE AUSCHWITZ
Hostil e perigoso — o Campo I de Auschwitz foi meu lar durante 19 longos meses.

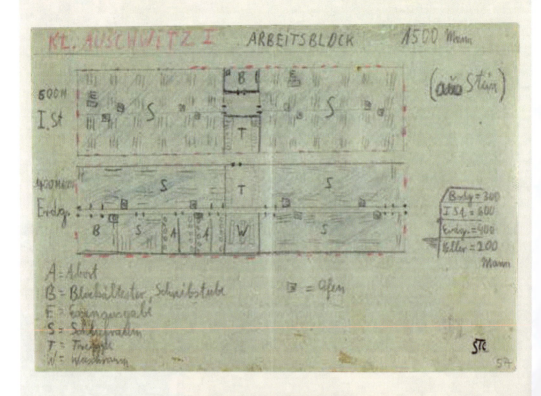

UM BLOCO DE TRABALHO
Bloco 7a — a escola de pedreiros ficava no andar de cima do Bloco 7.

CAPÍTULO 7
A ESCOLA DE PEDREIROS

No início de agosto de 1943, uma dúzia de jovens tímidos e corados pela expectativa subiu as escadas do Bloco 7. Liderando nosso grupo, subindo de dois em dois degraus, estavam Gert e eu. Fomos escolhidos como os representantes do grupo, visto que éramos os únicos que falavam alemão fluentemente e tinham maneiras urbanas suficientemente decentes. Depois de nós, vinham Sally e Jonathan. Os nervosos poloneses e russos seguiam lentamente e a certa distância de nós.

Entramos no sótão apreensivos e cientes de que causar uma boa impressão era a única arma a nosso favor. Grupos de prisioneiros jovens, alguns de pé e outros sentados, estavam circundados por pilhas de tijolos vermelhos úmidos e com cantos obtusos e por tanques com argamassa. Alguns assentavam fileiras de tijolos, construindo paredes móveis e derrubando-as novamente, onde a argamassa, então, era cuidadosamente raspada e colocada de volta nos tanques. Um instrutor explicou os segredos da construção de arcos, enquanto outro demonstrava as habilidades da aplicação de reboco. Essa era a *Maurerschule* — a escola de pedreiros de Auschwitz.

O pessoal do bloco e os professores nos recepcionaram de forma surpreendentemente bondosa e anotaram nossas descrições em detalhes. Suas nacionalidades não importavam. Eles, assim como nós, pareciam ávidos para demonstrar seu melhor. O líder do bloco, que decidiria nosso destino, ainda não tinha chegado.

"Tudo depende dele", fomos orientados, "então é melhor parecerem ser organizados e disciplinados. Ele é bastante peculiar e cheio de caprichos. Se não gostar de alguém, pode ser pavoroso e, aos que lhe ofendem, ele lança uma fúria de brutalidade cruel da qual não há como escapar. Sua determinação fria é como uma espada de dois gumes. Ela protege seu rebanho de jovens das fungadas inquisidoras dos guardas hostis da SS com o mesmo destemor que ceifa os oponentes. Tenham cuidado".

Quando sua chegada foi anunciada, nos alinhamos rapidamente em uma fileira e ficamos em posição de sentido, colocando nossas boinas pressionadas contra a costura das calças. Caminhando como um marinheiro de férias, veio um

O MENINO QUE DESENHOU AUSCHWITZ

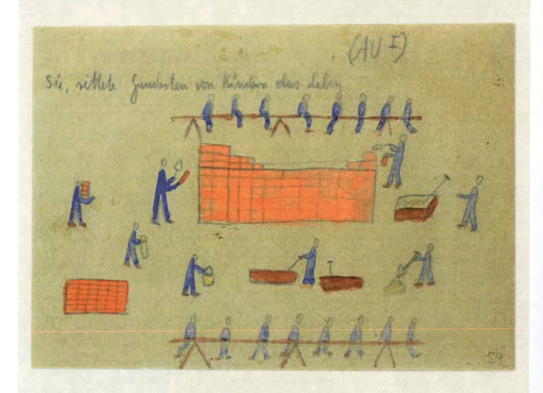

SALVADORA DE CENTENAS DE CRIANÇAS
A escola de pedreiros foi um refúgio para centenas de garotos de 15 a 18 anos de idade. Eu entrei quando tinha 13.

prisioneiro usando um uniforme azul e branco apagado, mas bem-passado, com as bocas das calças alargadas. Seu rosto, apresentando características angulares e severas, poderia ser o de um simples trabalhador alemão. O triângulo em seu peito era vermelho; tinha, ao lado, seu número pessoal, na casa dos milhares. Ficava óbvio que era um oponente político que passara muitos anos nos campos de concentração alemães antes de ser enviado a Auschwitz, dois invernos antes. Agora era o responsável por esse refúgio de jovens, a escola de pedreiros. Cerca de 40 anos antes, era o pai e ditador de 400 jovens, todos provenientes de localidades entre a Sibéria e a França.

Olhou para nós como um general inspecionando suas tropas. Aproximou-se de um ucraniano pequeno, inspecionou de perto sua cabeça raspada, coçou-a com a unha e resmungou: "Labrego sujo."

Fui seu próximo alvo. Eu estava de pé no começo da fileira e minhas orelhas, claramente expostas, eram muito proeminentes. Ele as puxou e as olhou de perto. Fiquei com medo de ele achar qualquer coisa nelas que o irritasse. Porém, fiquei lisonjeado pela forma com que teve que esticar seu pescoço para me olhar nos olhos. "Da próxima vez, vou pegar você para plantar cenouras nelas", grunhiu antes de prosseguir. Sentimo-nos como os piores dos piores.

Ele nos encarou, postando suas pernas separadas e os braços na cintura. "Podem ficar à vontade agora, seus percevejos", finalmente berrou. "Vocês agora fazem parte da escola de pedreiros." Então, balançando as largas bocas de suas calças, caminhou passando por toda a fileira, fixando seu olhar em cada um de nós. "Não pensem que podem viver aqui como o faziam no Bloco 2A", advertiu, parando em frente aos meninos poloneses, que tinham pacotes de comida sob seus braços. "Este é o Bloco 7a, onde eu determino as regras. Esqueçam-se do campo ao redor e permaneçam em seus quartos. Mesmo no Bloco 7, o térreo está além de vosso limite. Nunca permitam que eu lhes pegue dando trela onde não devem estar! Não haverá nenhum roubo ou luta em meu bloco. Ai daquele que ousar oferecer propinas. O Bloco 7a significa ordem, limpeza, disciplina e camaradagem. Aqueles que não se ajustarem podem ficar do lado de fora, com seus amiguinhos crescidos, e ver quanto sobreviverão sem ajuda. Não terei nenhum interesse em vocês quando voltarem moribundos, implorando para que os aceite de volta.

"Aquele que ousar desobedecer minhas ordens, ou as ordens do pessoal do bloco, será enviado a mim. Farei com que sofra as consequências", continuou, expandindo seu peitoral. "Se a ofensa for séria, terei a mesma falta de clemência para com ele, assim como ele o fez para com o restante de vocês. Não quero que a escola seja fechada por causa de alguns poucos irresponsáveis. Haverá checagens para ver se estão limpos, se fizeram a cama corretamente e se têm alguma comida escondida." Prosseguiu: "Suas cabeças devem estar limpas, o cabelo cortado adequadamente e não podem dormir de meias. Se cooperarem, farei meu melhor para organizar a comida e mantê-los vivos. Quando aprenderem alguma coisa, serão enviados ao trabalho em um grupo separado, mas ainda pertencerão a este bloco. Espero que vocês honrem isso, pois nosso futuro comum depende disso." "Lembrem-se", disse, "não devem haver panelinhas nacionais ou rixas por causa de seus passados. No meu bloco, nunca houve nada disso, e não quero ouvir reclamações de vocês." Com um olhar final de comando, gritou: "Líder do quarto, cuide deles!

Após a chamada, caminhamos sobre o piso de concreto vermelho recém-limpo do nosso novo lar. Nós quatro recebemos beliches na parte alemã do quarto, chamada de Pequena Berlim, pois todos os garotos eram judeus de Berlim.

Logo depois, os prisioneiros do bloco retornaram da obra. A maioria estava exausta após um dia extenuante de trabalho, mas, nessa rara ocasião, os questionadores recém-chegados justificaram o fato de abrirem mão de algumas preciosas horas de sono. Juntando-nos bem de perto, não demorou até estarmos envolvidos em conversas animadas. Contando nós quatro, a Pequena Berlim agora tinha um "Gert Loiro", um "Gert Moreno", um "Gert Atrevido", um "Kurt Pequeno" e um "Kurt Alto", nove integrantes ao todo.

Outros recém-chegados juntaram-se à Pequena Kiev, com seus inúmeros Waskas e Vankas, ou à Pequena Varsóvia, com seus Janneks e Taddeks. Os garotos da França, da Bélgica, da Tchecoslováquia e da Áustria ficavam observando. Como um primeiro sinal de entendimento, teríamos que aprender os nomes de todos eles e pronunciá-los corretamente. Depois, poderíamos até tentar aprender o idioma uns dos outros. Até então, os nomes esquisitos dos ciganos pareciam curtos demais para serem distinguidos. Os longos e elaborados da Pequena Salônica eram complicados demais para serem lembrados.

O campo principal de Auschwitz tinha um número comparativamente maior de prisioneiros jovens. De cada cem, cerca de dois tinham entre 15 e 18 anos. Em 1943, a maioria era de russos, poloneses, ciganos da Tchecoslováquia, da Alemanha, da Áustria e da Polônia e judeus da Grécia.

Era surpreendente quanto nós, os jovens, nos diferenciávamos dos nossos compatriotas adultos, pois ainda não tínhamos absorvido todos os preconceitos nacionais e as ilusões com base nos quais o ódio se prolifera. Não havia um modo particular de vida ao qual tínhamos nos acostumado, pois, ao longo de nossa adolescência, sempre tinha havido guerra. Então enfrentávamos nosso destino como uma unidade: os jovens.

No nosso bloco, portanto, as diferenças nacionais nunca causavam problemas sérios, pois eram elas que nos proporcionavam entretenimento. Os ucranianos tinham orgulho de seus músculos, então faziam acrobacias, convidando aqueles que ainda tinham energia suficiente para desafiá-los. Não importava de onde aqueles artistas orientais habilidosos tinham vindo, eles eram tão capazes de fazer amizade quanto os meninos com quais eu havia crescido.

Era mais difícil entender os ciganos, mas, ao demonstrarmos respeito como sendo iguais, eles até mesmo revelavam para nós os segredos do Romeno, o idioma que os mantinha unidos. Essa era uma das maiores honras possíveis para alguém de fora, concedida apenas aos poucos amigos verdadeiros que conseguiam ganhar sua confiança. Outros conhecidos deles ganhavam apenas sessões de clarividência.

Os judeus, demonstrando serem trabalhadores tão habilidosos quanto qualquer outro, foram os que mais bem se adaptaram às novas imediações. Tinham orgulho de demonstrar seu conhecimento, e alguns foram apelidados de "Professor".

Era impossível não ficarmos impressionados com essa atmosfera esperançosa que os jovens criaram para si mesmos em meio ao holocausto dos mais velhos. Talvez o líder do bloco estivesse certo em fazer aquelas duras ameaças contra qualquer um que pudesse atrapalhá-la.

Nossos instrutores foram escolhidos pelo conhecimento de idiomas. Com exceção de um, todos eram judeus e não tinham conhecimento prévio da profissão.

Entre eles, havia um judeu polonês da Bélgica que, por já saber falar polonês, russo, tcheco, iídiche, alemão e francês, agora embarcava no estudo do grego e do romeno.

Então havia o sr. Pollack, um sobrevivente idoso da Eslováquia, o único da escola com cabeça naturalmente careca (uma realização da qual parecia estar imensamente orgulhoso). Isso certamente lhe serviu bem como assunto de conversas divertidas com visitantes de fora que, por ser um tipo de relações públicas, ele deveria entreter.

Um dos clientes do sr. Pollack era um empreiteiro corpulento, o civil responsável por nossa escola, que vinha da distante Berlim. Sempre que esse visitante com ar jovial chegava para seu tour mensal de inspeção, passava por nós rapidamente e fechava-se no escritório com o sr. Pollack. Aquelas sessões, que duravam muito mais de uma hora, terminavam com o civil saindo rápido, dando uma impressão o mais profissional possível. Minutos depois, Pollack aparecia, com o dedo esticado esfregando seu nariz grosso e, depois, ajustando os óculos. No ritmo correto que um professor deveria ter, ele tentava esconder seu sorriso. Ao desistir disso, sentava-se e acendia um charuto, sua preciosa recompensa. "Sim", escutávamos dizer aos outros professores, "a coisa está feia para a Alemanha, mas não está muito melhor para nós".

Leopold Weil, 'Poldi', um judeu suíço que fora preso na França, era nosso instrutor mais jovem. Sua mãe havia solicitado sua soltura e, após muita espera, uma data foi determinada para seu retorno à Suíça. Alguns dias antes disso, no entanto, ele foi colocado em confinamento solitário. Foi acusado de "espiar para um poder estrangeiro", o que, caso tivesse sido solto, teria sido verdade. Eles o enviaram a uma equipe de punições, e nunca mais ouvimos a respeito dele.

O líder do nosso quarto, Sigi, era um frágil alemãozinho cujo passado de ofensas criminais significava muitos anos de campos de concentração em seu histórico. Em um dos campos antes da guerra, ele perdera um braço e teve severas mutilações no outro enquanto trabalhava na sala de máquinas. Todas as manhãs, com o alarme estridente das 5h da manhã ainda tocando, ele levantava-se e corria ao redor do quarto gritando: "Acorda, acorda!" Mexendo seu braço curtinho, conseguia puxar os cobertores e, às vezes, jogava água em nossos rostos sonolentos. Como admirávamos sua agilidade, colocávamos a culpa na preguiça que sentíamos desses banhos matutinos. Depois de um tempo, passamos até a gostar das bagunças dele.

Nós, os compatriotas de Sigi, tentávamos bastante obter favores dele, mas sem sucesso. Ele nunca se afastava um milímetro do compartilhamento justo entre todos.

O mais jovem dos nossos superiores era "Ello", o líder substituto do quarto. Rapaz robusto, gostava de nos brindar com episódios de suas explorações amorosas quando em seu país, encerrando cada um de seus contos com "Ah, deixe-me ir, Ello seu porco", cantando na melodia de sua música favorita, uma versão tcheca de *Rosamunde*.

Aos 19 anos, Ello, soldado eslovaco, fora escalado na estação de trem, pronto para ser transferido para o fronte oriental. Presentes, também, estavam os agentes da Gestapo. Eles leram os nomes dos judeus, os desarmaram e os enviaram diretamente para Auschwitz.

Conforme os dias passavam, fomos nos acostumando com a rotina diária do campo.

Às 5h em ponto, o sino do campo tocava, chacoalhando-nos de um esquecimento afetuoso e bem-aventurado. Milhares de beliches em toda parte de Auschwitz começavam a balançar, sujando os quartos com pedaços de palha e expulsando nuvens de poeira, como se fossem sonhos fúteis em demasia.

Milhares de prisioneiros iam, então, aos lotados banheiros para esvaziar os intestinos e molhar as mãos magras e suas cabeças raspadas. Já de volta aos quartos, faziam um chá de bolota, seja lá o que esse fruto tivesse a oferecer quando fervido. Parecia bom até para os vários que não tinham escondido uma fatia amassada da mísera ração de pão entregue na tarde anterior.

Depois, as camas eram feitas e os sacos de palha eram afofados para que ficassem desamassados e esticados, como condizente à cultura alemã. O Terceiro Reich era tão ávido por esse processo de "arrumação de cama" que frequentemente mandava um de seus agentes supervisioná-lo, o qual sabia muito bem que aqueles objetos teriam um tempo de vida muito superior ao dos prisioneiros que os utilizavam.

Às 6h, os blocos estavam vazios, seus prisioneiros agora reunidos em grupos de trabalho chamados Comandos. Quinze minutos depois, esses grupos (que podiam incluir de 200 a 2 mil prisioneiros) marchavam para fora do campo, passando pelo coreto. O pessoal do bloco e da escola de pedreiros permanecia atrás.

O MENINO QUE DESENHOU AUSCHWITZ

DIAS DA SEMANA
Um dia rotineiro de escravidão — pouca comida, pouco descanso, chamadas e muito trabalho pesado.

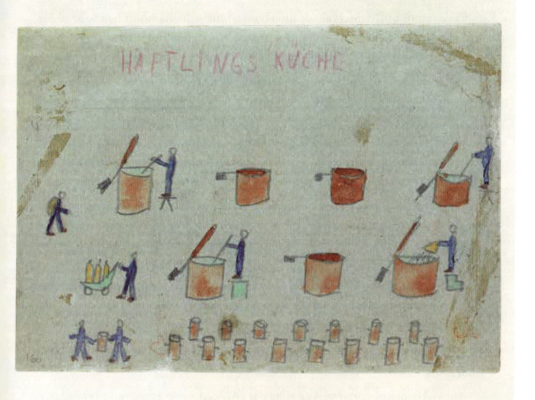

A COZINHA DO CAMPO
Os prisioneiros tinham que subir em banquinhos para mexer as sopas nas caldeiras, que tinham o tamanho deles.

Ao meio-dia, o sino tocava novamente para anunciar o almoço. Caldeiras enormes e pesadas de madeira com sopa eram carregadas para fora das cozinhas. O litro cuidadosamente medido de sopa era um mero estímulo, exceto quando uma segunda rodada nos enchia, uma ou duas vezes por semana.

Passávamos nosso intervalo de uma hora no meio do dia caminhando ao redor do campo, na esperança de "organizar" mais. "Organizar" significava obter mais coisas a qualquer custo — desde implorar até roubar. Se aparentasse miserável o suficiente, algum líder de quarto mais compassivo que tivesse recebido uma caldeira muito grande e cujos próprios protegidos estivessem fora do campo talvez o brindasse com uma tigela de sopa.

Todos os demais, encabeçados pelos garotos ucranianos, invadiam o depósito de lixo malcheiroso e podre da cozinha. Quando éramos expulsos, retornávamos e empurrávamos longas varas pontudas pelas grades de segurança para cutucar quaisquer tesouros dos quais pudéssemos ter sido privados: pão mofado, repolho estragado e cascas de batata. Eu pensava bastante naquele prisioneiro de guerra russo lá na Berlim da vida boa. Se você pescasse algo de valor, significava que seria admirado por seu sucesso e que lhe implorariam para compartilhar.

Às 13h, o sino tocava novamente e voltávamos a contar os tijolos que assentávamos, assim como as horas antes da próxima refeição.

Às 17h45, as colunas de trabalho sujas e exaustas começavam a retornar.

Às 18h30, a chamada começava. Durava normalmente entre 15 minutos e 1 hora.

Após a chamada, corríamos de volta para o bloco, onde as rações eram dadas, e todos os prisioneiros tinham, então, duas horas para "negócios pessoais".

A maioria dos jovens passava esse tempo procurando potenciais benfeitores e amigos adultos que pudessem organizar comida extra. Alguns aproveitavam os banheiros vazios ou costuravam suas roupas. Outros faziam fila do lado de fora da enfermaria ou se acalentavam na terra da fantasia ao ouvirem os ensaios da orquestra. Alguns procuravam amigos que os ensinassem sobre assuntos que iam de "organização" à política. Para outros, o dia árduo de trabalho tinha eliminado qualquer interesse que pudessem ter pelo mundo no qual se encontravam; após devorar a ração, iam direto para a cama.

FOME
Nossa fome extrema nos levou a considerar coisas inesperadas como sendo "comida".

ACIMA: ES STIMMT NICHT (A CONTAGEM NÃO BATE)
Quando os números não batiam, a chamada podia durar muitas horas.

ABAIXO: ES STIMMT (A CONTAGEM BATE)
Quando batiam, o líder do campo encaminhava seu relatório ao Comando da SS.

O MENINO QUE DESENHOU AUSCHWITZ

Nós, os integrantes da Pequena Berlim, com poucos amigos e ainda menos compatriotas, permanecíamos no bloco. O Gert Moreno e Jonathan, ambos rapazes quietos, apenas ficavam sentados nas camas, meditando. O Kurt Alto, cuja estrutura grande talvez o tornasse o mais faminto de todos nós, começou um negócio de costura de meias. Conforme sua preciosa agulha furava as meias em decomposição de seus clientes, ele elevava nosso moral, contando histórias de sua cidade, Königsberg. Para aqueles que queriam rir, como o Kurt Carinha de Bebê, cuja ingenuidade infantil nunca o deixou, também havia o Gert Atrevido, que nunca se cansava de desvendar seu estoque de piadas picantes.

Às 20h30, ou às vezes às 21h30, o sino do toque de recolher tocava. Alguns minutos depois, "luzes apagadas" era anunciado.

Os nazistas pintaram alguns dos quartos com slogans. Destacado na metade da parede branca que ficava de frente para os beliches mais altos do nosso quarto estava o inevitável: "Há apenas um caminho para a liberdade — seus marcos são diligência, obediência..."

Eram as mesmas frases que haviam iludido a juventude alemã para uma subserviência fatídica aos caprichos de seus professores. Agora, eram simplesmente ridículas e nos irritavam. Quando o quarto foi pintado novamente, elas desapareceram.

Para eliminar os problemas criados pela palha e pela poeira que caíam todas as manhãs sobre os beliches de baixo recém-arrumados, elaboramos um cronograma para a arrumação das camas. Os ocupantes dos beliches de cima (os prisioneiros veteranos e o pessoal do bloco) seriam os primeiros a esticar seus cobertores, dentro de determinado limite de tempo. Depois, seriam os beliches do meio e os de baixo, onde estávamos.

A turma dos beliches do meio aguentava o fardo das inspeções de quarto. Prisioneiros proeminentes escolhiam as camas de cima porque ter mais altura livre significava que poderiam aproveitá-la quando fosse necessário escapar. Os ocupantes do nível térreo ficavam fora de vista, mas sofriam mais com os descuidados pisões nos pés e os líquidos derramados — quentes ou frios.

Durante as chamadas diárias, ficamos em posição de sentido em dez fileiras e éramos contados pelo arrogante cabo da SS que usava luvas.

O MENINO QUE DESENHOU AUSCHWITZ

Quando o número total de prisioneiros presentes divergia do número registrado nos livros (ocorrência quase semanal), o suplício se arrastava por horas. Era um lembrete constante de nossa insignificância. Um campo inteiro de "sub-humanos" enfileirados era uma presa fácil para qualquer idealizador sádico, e os nazistas exploraram isso rapidamente.

O chefe do bloco 7a* gostava do "exercício da floreira", e o médico da escola era um candidato favorito. Ele tinha que sustentar uma das pesadas caixas verdes que se alinhavam nos peitorais das janelas e tentar manter o equilíbrio enquanto o cabo da SS, com o revólver sacado, construía uma pirâmide de vasos de flores sobre ela.

Não demorou até desenvolvermos um método para despistar potenciais vítimas colocando os prisioneiros mais fortes e com aparência mais saudável, que tivessem menos chances de serem escolhidos, para formar as partes da frente, de trás e dos lados das fileiras. Quando a SS descobriu isso, pararam de caminhar ao redor e simplesmente entravam nas fileiras, nos chutando e nos batendo, não importava nossa compleição, saúde ou força.

Ter uma aparência russa muito óbvia ou um nariz de judeu significava ser o bode expiatório contínuo. Mas passar a impressão de não ser a caricatura que se esperava que fosse era um pouco melhor. "Como você ousa ser loiro, seu pirralho cigano nojento?", rosnavam eles. "Sua mãe deve ter sido uma puta e tanto!"

Os domingos em Auschwitz eram relativamente tranquilos. As horas da manhã eram ocupadas pelas inúmeras tarefas para as quais não tínhamos tempo durante a semana exaustiva.

Nossa única muda de roupas sempre precisava de retoques. Havia números a serem costurados nas roupas, e meias, cada vez mais finas, a serem remendadas. Aqueles que achavam que a troca quinzenal de roupas íntimas não era o suficiente lavavam-nas. Fazíamos filas para irmos aos barbeiros e limpávamos o bloco. Então, ao meio-dia, engraxávamos nossas rugosas botas de couro — geralmente muito esquisitas — e descíamos para a chamada obrigatória.

---

* O chefe do bloco era um soldado da SS, enquanto o líder do bloco era um prisioneiro.

DOMINGOS
O dia de "descanso" em Auschwitz não significava tempo "livre" — tínhamos que realizar muitas atividades necessárias.

O MENINO QUE DESENHOU AUSCHWITZ

As chamadas de domingo significavam inspeções, e um bloco era escolhido como o mais sujo. Nós, da escola de pedreiros, em nossa posição precária, certamente não podíamos nos dar ao luxo de marcar bobeira.

A distribuição da sopa era seguida por um toque de recolher de duas horas, durante as quais o campo supostamente tirava uma soneca. Depois disso, com exceção dos poucos que dormiam até a manhã seguinte, acordávamos com os estômagos vazios nos instando a passar o restante do dia "organizando".

Nossas tardes, portanto, significavam vagar pelo campo em uma busca vã e deprimente por amigos e comida. Nosso sofrimento era ainda mais agravado pelo fato de que, embora a miséria e a fome tendessem a ser invisíveis, a riqueza e a abundância tinham formas de se mostrar. Não víamos os sentimentos de nossos colegas sofredores, apenas os pacotes de comida dos poucos privilegiados. O que também chamava nossa atenção, como se estivessem zombando do nosso desamparo, eram as famílias arrogantes da SS do lado de lá da cerca fazendo suas caminhadas de lazer aos domingos.

O único consolo trazido pelo domingo era um sono bom e longo.

Para aliviar a correria no hospital durante as movimentadas horas noturnas, quando muitos dos doentes tinham que ser rejeitados, as autoridades permitiram que nossa escola tivesse um "médico". Éramos gratos por isso, visto que as visitas à enfermaria do campo significavam arriscar a própria vida. Assim como outros, tínhamos ouvido rumores a respeito dos médicos da SS estarem usando os jovens como cobaias para seus experimentos. Daqueles que foram, pouquíssimos jamais retornaram.

Nosso médico, um judeu belga com coração mole demais para ser rigoroso, nos tratava como se fôssemos seus filhinhos. Ele tinha um consultório em um canto do sótão. De tempos em tempos, um a um, escapávamos das pilhas de tijolos úmidos e fazíamos fila para vê-lo. A maioria de nós o procurava semanalmente, fosse por enfermidades reais ou porque gostávamos de ouvi-lo dizer: "Ah, vá embora, seu salafrário, não há nada de errado com você, ainda vai viver até os 100 anos."

Seus equipamentos consistiam em uma bandeja com diversos unguentos coloridos, e ele nos deixava escolher de qual tínhamos gostado mais. "Jendrozinho", ele chamava bem-humorado a algum cigano que estava passando, "diga ao nosso

Janek, que está muito, mas muito doente, de qual cor você gostou mais para sua doença de pele."

Mantínhamos ele ocupado, pois, escondidas dos olhos da SS, nossas reclamações permaneciam um segredo entre nós. Sentíamo-nos em casa e podíamos confiar nele.

Quando tínhamos tempo sobrando, tentávamos organizar remédios. Às vezes, um de seus amigos do hospital lhe dava comprimidos de vitaminas; distribuí-los era um dos momentos mais felizes do nosso benfeitor. "Apenas para aqueles que não recebem pacotes de casa", anunciava, muito ciente de que, com exceção dos cinco poloneses, não recebíamos nenhum tipo de encomendas.

Sem recursos para lutar contra minha fome, decidi contactar o sr. Keding, amigo da família, cuja aparição repentina no bloco da quarentena causou tanto rebuliço.

Noite após noite, durante as horas de negócios particulares, eu vadiava em frente ao Bloco 3 na esperança de conseguir vê-lo. O Bloco 3 era dividido em pequenos quartos confortáveis e era o lar de proeminentes prisioneiros, chefes e antigos criminosos da Alemanha. Nenhum prisioneiro comum do campo — mesmo se convidado — ousaria entrar. Então, certo dia, o sr. Keding apareceu e me contou sua história.

"Como sabe, eu tinha uma loja, e talvez esteja se perguntando por que estou aqui. Bem, foi uma questão familiar. Havia dinheiro faltando no meu caixa e suspeitei da minha esposa. Falei com ela a respeito e brigamos. Ela afirmou que dera dinheiro para o Fundo Social Nazista, mas, devido ao meu temperamento, não fazia qualquer diferença, e devo ter xingado demais tanto ela quanto o Fundo. Então ela me deixou. Certamente disse às pessoas sobre o incidente, pois não demorou até que eu fosse acusado de atacar "violentamente" as instituições do partido. É por isso que estou aqui. Agora", disse com um tom de arrependimento em sua voz, "vão me enviar de volta. Minha antiga filiação ao partido deve tê-los impressionado, especialmente agora que a coisa ficou ruim para a Alemanha".

O sr. Keding me apresentou a um criminoso alemão de aparência agressiva que era seu amigo. "Meu colega aqui ficará do seu lado quando eu for embora. Lembre-se do nome dele e de seu bloco. Quando precisar de conselhos, vá falar com ele."

O sr. Keding perguntou se eu gostava de açúcar. Obviamente eu gostava, então combinamos de nos encontrar novamente no dia seguinte.

Mal podia esperar até vê-lo outra vez. Após a chamada noturna, fui correndo até o Bloco 3. O sr. Keding estava lá, esperando por mim, com um pacote de açúcar mascavo úmido.

"É a única coisa que posso fazer por você", desculpou-se, "mas é uma jogada minha muito inteligente. Uma vez por semana, quando volto do trabalho, posso trazer uma jarra grande de café para os prisioneiros alemães do Bloco 3. Na cozinha da SS, eles me permitem adoçá-lo também. No bloco, eu dreno o líquido, e eis o resultado".

Ao agarrar o presente generoso, senti-me como um mendigo recebendo uma moeda de ouro, mas preocupado em guardar tal tesouro. "Até mais, então", exclamou meu benfeitor ocupado, conforme voltava para seu quarto. "Vou para casa na semana que vem. Boa sorte, garoto."

Voltando ao nosso bloco, fui rodeado imediatamente por meus colegas de quarto. Nunca ouvíamos falar de açúcar no campo de concentração. Todos queriam experimentar. E não tinha como lhes negar, pois éramos todos mendigos.

O restante do pacote foi dividido entre os quatro integrantes do nosso pacto de compartilhamento. Devoramos o açúcar o mais rápido possível, mas, ainda assim, durou dois dias. Apesar dos estômagos mais felizes e da rara doçura em nossas línguas, as reclamações surgiram rapidamente.

"Você ficou popular com os outros à nossa custa", alguns me acusaram. "Não tinha o direito de ser generoso com a nossa parte do pacote."

Pouco tempo depois, alguém me contou outra versão sobre o passado de Keding. Antes de 1933, o passatempo do nosso amigo parecia ser o escotismo. Como chefe, ele costumava acomodar um pequeno grupo de meninos escoteiros em sua casa. Mas encerrou essas atividades quando foi levado ao tribunal, acusado de ter tido relações homossexuais com seus protegidos. Então Hitler entrou em cena, Keding passou a usar o uniforme marrom da SA, e tudo ficou bem novamente.

Por que, então, perguntei a mim mesmo, ele foi classificado como prisioneiro político? Apagado como estava, talvez seu triângulo não fosse vermelho, mas rosa, a cor dos homossexuais condenados. Isso, também, talvez explique seu desejo de não ser visto em minha companhia tão perto da sua soltura.

O MENINO QUE DESENHOU AUSCHWITZ

Uma enxurrada de prisioneiros recém-transportados continuava chegando. E novas chegadas significavam que alguns de nós seriam enviados a outros campos para abrir espaço.

Nessa ocasião, no entanto, o destino era Birkenau, com um "suposto" trabalho para pedreiros. Mas a viagem de lá até a floresta que escondia as câmaras de gás camufladas era de apenas cinco minutos. Sabíamos muito bem. Assim como nosso líder de bloco, aquele que faria a dolorosa escolha de quem iria.

Fomos alinhados. Havia centenas de nós sobrando. Primeiro, sem nem mesmo olhar para cima, o líder do bloco chamou os nomes dos causadores de problemas. O garoto polonês que fazia transações no mercado ilegal, os meninos ciganos que tinham bexiga fraca, as crianças com doenças contagiosas no couro cabeludo, os poucos nacionalistas extremos e aqueles que dormiam de meias. Então, ele caminhou ao longo da nossa fileira. Sem ter alternativas, escolheu aqueles que pensou que conseguiriam cuidar de si mesmos sem ele.

Naquela noite, ficamos em nossos quartos. O horror total do que acabáramos de passar nos atordoou a ponto de ficarmos em silêncio. Nosso moral fora severamente abalado. Tudo o que sobrou da Pequena Berlim foi o Gert Loiro, o Kurt Pequeno e o Kurt Alto, meu amigo Gert Atrevido e eu. Sally e Jonathan, os membros originais da nossa gangue, se foram. Tampouco estávamos certos de que tivéramos sorte. Apenas oito meses antes, quando todos os jovens sobreviventes tinham sido concentrados na escola de pedreiros, o bloco inteiro, incluindo os professores, fora transferido para Birkenau, sendo que nunca mais ouvimos falar deles novamente. Garotos e homens inocentes, todos com identidades próprias, desapareceram.

CAPÍTULO 8
SOBREVIVENDO

Kurt Pequeno era nossa criança problemática. Tendo vindo de uma família de intelectuais de boa reputação em Berlim, fora mimado em casa e era ignorante do mundo ao seu redor. Agora, tornara-se um incômodo tão grande que começamos a duvidar de sua sanidade. Demos nosso melhor para tentar cuidar dele como se fôssemos seus pais e o fizemos com seriedade.

Uma de suas loucuras era nos incomodar, e também aos professores e líderes de quarto, com uma música que acabara de aprender sobre garotas, que, de fato, tínhamos ensinado a ele. Em um dos blocos vizinhos, ouvimos ele cantando-a, dessa vez sendo recompensado com aplausos calorosos de seus ouvintes. Deve ter conseguido o que queria, visto que foi presenteado caridosamente com uma tigela de sopa.

Outro capricho do Kurt Pequeno, remediado com menos facilidade, era cuspir em quem o provocasse. Personagem cômico que era, tirar sarro dele era muito natural para nós. Ele mesmo admitiu que parecia um "cu com orelhas". Mas, quando o assunto era escolher seus oponentes, dos quais dependia de nós para resgatá-lo, infelizmente decidia escolher os ucranianos grandes e musculosos.

Alguns dos homens da SS que nos guardavam eram proveniente de países-satélites fascistas. Embora tivessem sido recrutados como representantes da "glória alemã", sabiam tão pouco da língua alemã quanto os prisioneiros que eram pegos nesses mesmos países. Talvez, como eles, passaram a odiar a língua de seus superiores.

Não era necessário ser um filósofo para encontrar a ironia da nossa civilização atual. Ela estava logo ali em nosso bloco; sua vítima, um garoto cigano eslovaco. Ele foi preso enquanto seu pai usava o uniforme da SS, pois havia se alistado antes da decisão de Hitler de exterminar os ciganos. Com o emblema prateado da caveira sobre os ossos cruzados preso com alfinete em seu quepe volumoso, dirigia os mesmos caminhões que levaram sua família às câmaras de gás. Às vezes, passava por nosso campo, mas seu filho não ousava falar com ele. Temendo ser denunciados, apenas acenavam um para o outro.

Era um mundo estranho no qual vivíamos, mas não conseguia entender quem estava causando isso. Eu implicava com os instrumentos obedientes do império da SS, mas a imagem do pai do menino cigano, governado por ordens e medo, dirigindo em sua cabine solitária, fez com que eu mudasse de ideia. Então quem deveria ser culpado por nosso sofrimento? Seria Hitler? Seriam os fomentadores da guerra? Ou os capitães das indústrias? E que tal Deus? Nosso objeto de pensamento mais próximo era o quarto onde vivíamos. A rotina diária o tinha transformado em nosso lar, um lugar do qual não tínhamos mais medo.

O prisioneiro mais jovem do campo era um judeu polonês de 12 anos com cara de bebê e aparência eslávica. Juntamente com seus quatro primos, um pouco mais velhos do que ele, mas também de aparência miúda, ele veio para Auschwitz em maio de 1943.

Na estação, os recém-chegados enfrentavam a seleção fatal. Esses cinco meninos foram escolhidos pela SS para servirem de mensageiros do campo. Três foram alocados ao nosso campo e viviam no Bloco 16.

Conhecidos como "corredores", passavam o atarefado dia correndo de um lugar para outro, de modo a manter a comunicação entre os chefes e a SS. Tentamos manter um bom relacionamento com essas crianças elegantemente vestidas e que tinham o tamanho de anões, pois, além de saberem todas as notícias mais recentes do campo, eram próximas de muitos mandachuvas influentes.

No entanto, alguns suspeitavam que os "corredores" mantinham suas funções invejadas e privilegiadas ao atuarem como as jovens "namoradas" do pessoal mais velho do campo. Acusações eram feitas com frequência aos garotos, e os rumores chegaram até a dizer que suas roupas íntimas eram de renda rosa.

"Bem", o Gert Loiro expôs para mim, "por que não deveriam? Lá no campo Monowitz, eu também tive relações homossexuais com meu chefe. Isso trazia satisfação para nós dois e não havia por que recusar. Que outra coisa poderia ter me salvado do trabalho pesado, da fome e das doenças? Veja o Kurt Pequeno, infantil e ingênuo", continuou Gert, "até ele também teve. É só perguntar a ele e ver quanto vai rir, aquele tonto".

Os jovens que por falta de autocontrole entregavam-se aos desejos de seus conhecidos que estavam passando por uma seca sexual eram desprezados e tinham que permanecer em silêncio quanto às suas experiências. Kurt, no entanto, não podia ser culpado por suas ações, pois era inocente demais para entender. Seu eu indefeso, fazendo caretas e recitando canções de ninar, conseguia evocar apenas dó.

Certo dia, Pole,[13] alto e amigável, veio me visitar; foi o primeiro visitante que tive desde a quarentena.

"Sei que o líder do seu bloco não gosta de estranhos aqui, mas tinha que vê-lo pessoalmente", disse em um alemão improvisado.

Sua autoconfiança me impressionou antes mesmo de saber o motivo de sua visita. Fomos até um canto mais silencioso e lá ele apresentou um pedacinho de papel cuidadosamente dobrado.

"Isto é para você. Preciso de uma resposta até amanhã; voltarei no mesmo horário. Tenho que sair daqui. Então até mais e boa sorte!"

Desdobrando parte por parte, a folha manchada revelou uma mensagem escrita a lápis. Vi as palavras ao final que a assinavam. Não havia dúvidas; elas diziam "Sua Mãe".

Eu me enchi de ânimo. Nunca desistira da crença de que minha mãe estava por perto. Ela estava viva! Notícias da minha sorte se espalharam rapidamente, e não demorou até que eu estivesse rodeado por dezenas de colegas de quarto, afirmando ser meus melhores amigos, querendo ouvir os detalhes. Acima de tudo, ver a palavra "Mãe".

Foi a experiência mais próxima de um milagre que tive naquele buraco dos infernos. Havia dois motivos para o regozijo. Alguém tinha encontrado minha mãe — que é certamente o ser humano mais querido para cada um de nós — e algum nobre estranho tinha arriscado sua vida para contrabandear uma mensagem vinda do campo das mulheres em Birkenau. Sabíamos que lá era um campo de assassinato em massa. A simples menção do nome causava um arrepio na espinha, e, se fôssemos pegos com qualquer tipo de mensagem, éramos mortos.

A mensagem dizia que, na semana seguinte, um grupo de mulheres, incluindo minha mãe, passaria pelo nosso campo. Quase todos os colegas de quarto que não saíam para trabalhar estavam ávidos para virem comigo e recepcioná-la. Mais do que ver minha mãe, era a ideia de ver "mulheres" que os atraía. No entanto, ficariam desesperadamente decepcionados, visto que o líder do bloco, temendo pro-

O MENINO QUE DESENHOU AUSCHWITZ

blemas com os guardas da SS, decidiu que apenas o líder do quarto e eu poderiam vê-la.

Foi uma semana de espera quase intolerável e de muitas perguntas. Ficava imaginando como ela estaria. Será que eu a reconheceria? Será que ela me reconheceria? O sonho se tornaria realidade e realmente nos encontraríamos? Uma ideia passou por minha cabeça de que talvez procurar o número do campo tatuado em minha mãe, 47542, seria uma boa ideia.

O líder do quarto e eu, carregando baldes em nossos braços com o suposto propósito de buscarmos rações, descemos a rua principal. O lugar estava desértico, pois ainda era de manhã. Vimos uma coluna de mulheres usando vestidos listrados e com lenços deprimentes na cabeça sendo lideradas por mulheres da SS armadas e com o uniforme cinza.

Esperávamos ver mulheres glamourosas, mas a real é que eram prisioneiras miseráveis como nós. Veteranas exaustas, em vez de mulheres. Seu sofrimento ficava evidente em todas elas. Fiquei chocado com o que vi e mal pude reconhecer minha mãe.

Ainda na casa dos 30, minha mãe parecia estar tão extenuada quanto suas companheiras. Sem diminuirmos o passo, nossas mãos se tocaram. Consegui roubar um beijo. Segurar sua mão novamente foi inimaginável e milagroso. Nunca me esqueci desse momento. Ela conseguiu expressar sua esperança de que meu trabalho não fosse muito pesado. Remexeu sob os trapos que a vestiam e tirou um pedaço de pão que tinha guardado. Mas, enquanto o recusava, a guarda veio atrás de mim e me mandou para longe. Nosso encontro durara meros 15 segundos.

Ver e falar com minha mãe, e sentir novamente o toque de sua mão, teve um efeito poderosíssimo sobre mim. Minha determinação para sobreviver, não importassem os perigos constantes, foi agora reforçada por três fatores. No campo vizinho, estava minha mãe, esperando pelas cartas que aliviariam seus medos. Do outro lado do oceano, estava meu pai, lutando ao lado dos Aliados para nos ajudar. No mundão afora, estava o futuro, chamando por nós, os meninos, para que nos tornássemos homens.

Descobri que a situação das mulheres não era moleza. Trabalhando 11 horas por dia, elas desempenhavam atividades como trabalhadoras de fábricas e de depósitos, lavradoras e costureiras. Apenas as jovens e atraentes podiam trabalhar nos escritórios.

TRABALHO FEMININO
O trabalho das mulheres era tão pesado quanto o dos homens, e as guardas da SS eram tão sádicas quanto seus colegas do sexo masculino.

Após o breve encontro com minha mãe, decidi ir ver o cabeleireiro do campo no Bloco 1 e contar-lhe a respeito. Talvez a vaga promessa de ajuda que me dera após nossa chegada se materializaria. Impressionado pelo fato de ele ser tão importante a ponto de ter seu próprio quarto, fui bater à sua porta.

"Que legal que veio", cumprimentou-me. "Mas, antes de conversarmos, pegue alguma coisa para comer; é por isso que a maioria vem aqui."

Quando olhei lá para baixo, pela janelinha que se abria para um quarto de chuveiros, um trio de ciganos com um violão entretinha um grupo de VIPs do campo, cantando melodias romenas sentimentais. Enquanto isso, o cabeleireiro trouxe comida do tipo que era escasso até mesmo na capital da riqueza, Berlim.

Quando limpei o prato, contei as novidades sobre minha mãe. Ele ficou bastante indiferente, explicando que não poderia demonstrar benevolência em relação a mim ou a qualquer outro jovem, exceto entre as quatro paredes que o escondiam de seus rivais. Consolando-me, disse: "Mas sempre tenho uns petiscos para os jovens. Venha à noite; talvez até seja uma boa companhia. Sabe", continuou, "sou um prisioneiro antigo e tenho certa experiência de 'organização'. Essa é minha vida há mais de dez anos agora. Com ou sem Hitler, não vou sair daqui — mas você, que pode conseguir sair, não vai sobreviver. Acha mesmo que as cercas, as câmaras de gás e o crematório em Birkenau foram construídos para sobrevivermos? Eles significam destruição. Esse é o mundo que quer mostrar a nós, criminosos, e a vocês, jovens, como sermos civilizados!".

Meu benfeitor recém-encontrado estava longe de ser um farol de esperança, mas era hospitaleiro e, como era um dos prisioneiros mais influentes do campo, decidi cultivar sua amizade. Como regra, visitava-o duas vezes por semana. Meu colega era careca, usava dentadura e seus atentos olhos azuis ficavam atrás de preciosos óculos de grau. Algo, no entanto, me remontou ao seu passado. Em seu peito e braços, havia tatuagens apagadas exibindo corações, adagas e iniciais.

Ele me contou histórias de suas aventuras como arrombador de cofres nos dias da gloriosa independência, de sua família que há tempos o esquecera e das dificuldades nos campos de concentração das terras pantanosas de Ems.* Por ser um veterano especialista sobre a vida na prisão, ele me perguntou: "Sabe por que me

---

* Os distritos alemães de Emsland e Bentheim abrigaram uma série de campos de concentração entre 1933 e 1945. Em grande parte, eram campos punitivos — começando com homossexuais e testemunhas de Jeová. De 1942 em diante, mais de 50% dos presos eram militares alemães que tinham desertado.

interesso tanto pelos recém-chegados nus logo antes de tomarem o banho? É meu dever entrevistar os novos prisioneiros. Se falam comigo, passo rapidamente para outro grupo. São os que ficam em silêncio que me interessam, pois podem estar escondendo algo em suas bocas. Minha tarefa, então, é descobrir o quê. Geralmente são itens de valor, que devo, então, entregar para a SS. Mas..." — ele abriu uma gaveta revelando joias brilhantes e moedas de ouro — "não sou tão idiota assim a ponto de entregar tudo para eles. Alguns dos meus amigos confiáveis trocam esses tesouros por qualquer coisa de que preciso, e posso garantir que nem os oficiais da SS ficam indiferentes a eles".

Então, certo dia, ele me surpreendeu. "Chegou o momento em que não posso mais me dar ao luxo de oferecer ajuda sem pedir nada em troca. Sabe que não apenas sentimos falta das mulheres, mas não conseguimos nos lembrar de seus prazeres."

Trancou a porta e começou a desabotoar a calça. Eu estava chocado. Meu único escape parecia ser atingi-lo forte o bastante para que conseguisse fugir. Não ousei, pois ele era um homem influente entre os prisioneiros. Apenas fiquei lá, inerte, não querendo dar o menor sinal de cooperação. Novamente me convidou, resmungando que estava ficando com frio. Desistiu. "Estou farto de ver você aí como se alguém quisesse matá-lo. Você não tem serventia para mim, e estou desperdiçando meu tempo."

Ele destravou a porta, mas me segurou quando eu estava prestes a sair correndo. "Deixe para lá, vou encontrar muitos outros. Mesmo assim, não o abandonarei completamente. Vá ao Bloco 1a agora e pegue a tigela de sopa que reservam para mim."

O Gert Atrevido e o Kurt Alto gargalharam quando lhes contei sobre meu suplício. "Sim, aquele desgraçado maldito é famoso por suas paixões", sorriram, "e, se alguém tenta denunciá-lo, o velho golpista o envia para Birkenau. Pode se considerar sortudo porque ele não o ameaçou. Não é uma má ideia fingir ser ingênuo e inocente. Após enganar a velha raposa todas essas semanas, no entanto, deve ser um baita especialista agora".

Quase todos nós tínhamos recebido propostas, apesar dos esforços de acabar com isso. A homossexualidade era um segredo aberto.

Alguns meses depois, descobrimos que o cabeleireiro do campo fora enviado para um campo subsidiário de Auschwitz. As observações do nosso líder de bloco sobre "amigos adultos" pareciam justificáveis. "Ficar se divertindo com as pessoas sob as luzes da ribalta se torna um esporte perigoso. Quando se ferram, arrastam junto seus associados."

O Bloco 7a, apesar de seu controle estrito e às vezes cruel, continuava sendo um refúgio contra os perigos e as intrigas diárias que assombravam Auschwitz. Era um abrigo no qual os altos e baixos da vida na prisão desapareciam perante o brilho de uma troca livre e honesta de pontos de vista, de amizades e da radiância impressionante da esperança jovial.

Não demorou muito até passarmos por outra das temidas seleções. A escolha de prisioneiros que não tinham mais serventia a seus mestres da SS significava que seriam enviados às fábricas de morte em Birkenau.

Após a chamada noturna, fizeram o campo inteiro marchar pela estrada que levava a "Birkenweg", a "Casa de Banhos". Com cercas elétricas de um lado e guardas armados da SS do outro, não havia escapatória.

Com nosso moral a ponto de desabar, esperamos durante horas enquanto a fila gigante se arrastava à frente para entrar nas salas de inspeção. O silêncio ensurdecedor era quebrado apenas por ruídos solitários que ecoavam da rua principal — os passos rápidos dos poucos sortudos que venceram o suplício de vida ou morte.

Controlando-nos estavam as torres de observação acima, onde havia quatro metralhadoras de prontidão, caso algum de nós estivesse contemplando uma tentativa de escape. Alguns de nós oravam. Poucos pensavam em casa. Outros, tendo desistido da esperança de sobrevivência, pareciam indiferentes a seu destino. Até mesmo os prisioneiros alemães veteranos, antes confiantes de seu status privilegiado, estavam com medo. Não importava quais eram nossos respectivos pensamentos, mantínhamos silêncio.

Chegou a nossa vez. Entramos na sala de banhos úmida e fria e nos despimos. Então, carregando nosso monte de roupas, passamos correndo pelos médicos da SS o mais rápido que nossas pernas podiam nos carregar.

O destino, sem dúvidas, estava sorrindo para mim e para os outros meninos naquela noite. Por quê? Porque o líder do bloco usou toda sua influência para nos salvar. Sussurrou ao ouvido do oficial da SS: "As crianças realmente trabalharam muito hoje; deixe-as passar correndo rapidamente, para que possam ir dormir."

O MENINO QUE DESENHOU AUSCHWITZ

SELEÇÃO PARA A MORTE
Durante a seleção, qualquer sinal de fraqueza — um machucado, uma irritação na pele ou estar mancando — significava sentença de morte.

O MENINO QUE DESENHOU AUSCHWITZ

Dessa vez, a aposta deu muito certo, e apenas poucos de nós foram selecionados. Os que passaram pela seleção saíram correndo de volta à segurança do bloco, mal se importando em se vestirem novamente. Era um procedimento simples para um processo tão desumano e brutal.

Foi difícil dormir naquela noite. Nós, que havíamos ganhado outro mês de expectativa de vida, dirigimos nossos pensamentos àqueles que estavam sendo levados pelos caminhões e logo sofreriam o terror das câmaras de gás de Birkenau, sobrecarregadas de atividade.

O mundo se esquecera deles, e não havia nada que pudéssemos fazer.

O medo constante e nosso sofrimento comum nos uniu ainda mais. Conhecidos passaram a ser companheiros, e companheiros se tornaram camaradas.

Entre meus novos amigos, estava Mendel Tabacznik, um garoto judeu inteligente de Bialystok, de quem gostava muito.* Pouco mais velho do que eu, estava no campo desde o inverno de 1942, uma baita conquista para um menino. Idealista, que se recordava do passado e pensava no futuro, sua conduta moral era admirável. Nunca falava sobre os problemas associados à vida no campo e não se interessava em organizar para sobreviver. Seu sustento parecia ser seus sonhos e suas memórias.

Um dos momentos mais impressionantes de sua vida acontecera em Moscou, em 1940, quando participou de uma demonstração gigante de ginástica. "Imagine estar no topo de uma pirâmide humana, com uma plateia enorme observando-o, na praça mais famosa da capital mais comentada do mundo", dizia ele, com os olhos brilhando de entusiasmo.

Daí tinha o "Berger Pequeno", um divertido menino cigano da Áustria. Rapazinho brilhante dotado de inteligência e sagacidade, usava seu tempo no campo para aprender a arte da escrita.

O Berger Pequeno era um amigo de coração aberto enquanto a conversa girava em torno dos assuntos do campo, mas, quando alguém mencionava o mundo exterior, ele se retraía em sua concha protetora. Certamente, tinha complexo de inferioridade. "Não precisa ficar pensando isso, porque sou apenas um cigano" era uma de suas frases clichês. Talvez estivesse certo quando disse: "Os judeus lá fora

---

* Ele foi enviado a Moscou na época em que Bialystok era parte da Rússia.

são todos figurões, tão dispostos a machucar os ciganos quanto qualquer outro." "Se tivesse uma oportunidade, ele seria um aluno promissor e ambicioso", diziam nossos instrutores. "Mas, até lá, nosso mundo terá que mudar muito."

Jendroe, 13 anos de idade e cigano tcheco, era o menor e, consequentemente, o mais extravagante e pomposo entre nós. Respaldado por seus diversos irmãos, sabia como explorar a simpatia que todos lhe oferecíamos. Agrupados ao redor dele estavam outros ciganos tchecos, integrantes do mesmo clã, todos ansiosos por guardar seu misticismo dos olhos curiosos de seus rivais visionários, como o Berger Pequeno.

Então havia os meninos que se encontravam sós, sem amigos, pois se achavam melhores ou separados dos demais.

Um desses prisioneiros era um garoto barulhento de Odessa que se autointitulava "odiador de judeus". Seu pai participara dos pogroms e sempre o instara a ser antissemita. Agora que seus chefes judeus o haviam abandonado às mãos dos alemães enquanto eles mesmos voltaram a Moscou, sua profecia parecia ter se cumprido. "Mesmo aqui no campo", queixava-se, com sua testa frágil e loira repleta de suor, "são os judeus que vão me matar". Seus medos não eram infundados — batíamos nele ocasionalmente.

Outro desses era um alemão solitário, um rapaz ignorante do interior que usava um triângulo vermelho. Como conseguira se tornar um oponente político do regime, permanecia um segredo. Nem mesmo ele conseguia se recordar. Sua mente lenta agora o perturbava ainda mais pelo fato de que todos nós o evitávamos o máximo possível. Assim como o Kurt Pequeno, era um candidato à loucura, uma aflição comum, considerando as condições sob as quais vivíamos.

No campo feminino em Birkenau, vivia apenas uma criança judia. Era um menino de 4 anos, muito popular entre as guardas e as prisioneiras. Certa vez, veio ao nosso campo para ver sua mãe, que, na época, estava no Bloco 10 — o hospital feminino experimental. Visto que eu tinha chegado no mesmo transporte e que o conhecia do campo de internamento, procurei encontrá-lo. "O que você quer?", chiou o berlinense loirinho, desdenhosamente balançando seu bracinho tatuado da forma que lhe ensinaram. "Vá embora, *Schiess in den Wind!*" (literalmente, "tiro ao vento").

O MENINO QUE DESENHOU AUSCHWITZ

Uma das melhores amigas dos prisioneiros eram as melodias. Uma das poucas formas que podíamos elevar nossos espíritos era com música e canções.

Nas manhãs de domingo, quando a banda do campo fazia apresentações no complexo da SS, do lado de lá da cerca, muitos de nós nos amontoávamos na estrada entre os Blocos 1 e 12 para dar uma espiada.

A banda, com todos usando ternos listrados de branco e preto e equipados com instrumentos de metal polido, sentava-se sobre o gramado circundado por uma cerca viva bem-cuidada. Caminhando pelo jardim, estavam os convidados de honra — os oficiais e suas garotas, as esposas e seus bebês. Atrás dos arames de alta voltagem, a outra audiência permanecia em pé, trocando de uma perna cansada para outra, sem ser convidada, tampouco digna de atenção. A música nos fazia esquecer de nosso suplício e, enquanto nossos ouvidos absorviam sua magia, aqueles em ambos os lados da cerca eram igualmente atraídos pela melodia.

No verão, quando havia um concerto a cada dois domingos, os membros da banda sentavam-se sobre uma plataforma de madeira perto da cozinha do campo e formavam uma orquestra de verdade. Seu maestro era um polonês, anteriormente um conhecido membro da Rádio Varsóvia. Parecia que as melodias eram escolhidas para nos inspirar. E, naquele lugar infernal, sentíamos que não havia outro lugar onde elas significavam tanto. Quando as nuvens do fim do dia flutuavam na direção oeste, como se estivessem com pressa para nos deixar, levavam consigo os fragmentos da música e nossos pensamentos. As nuvens eram livres. A música, atemporal. Os pensamentos não tinham limites. Mas nós, e milhões em nossa situação, éramos presos por correntes que não víamos e não podíamos quebrar, correntes sobre as quais nunca ouvíramos falar, forjadas por uma civilização moribunda para agrilhoar sua juventude.

Em uma lúgubre manhã em Auschwitz, o orvalho enevoado do rio Sola demorava-se sobre o campo, e os primeiros raios de sol penetraram a escuridão. O sino do campo soou e a luta diária para levantarmos e deixarmos para trás o sono celestial rumo à nossa realidade mundana começou. Esfreguei meus olhos e percebi onde estava. Então, lembrei-me que era meu aniversário de 14 anos. Tinha uma única carta me recordando disso, enviada por minha mãe. Estava cuidadosamente enfiada no bolso da minha camisa, dizendo-me para ser corajoso.

O aniversário de uma criança é, geralmente, um grande evento, mas, à medida que se envelhece, começamos a receber menos presentes. Naquele dia, não ganhei nenhum. Aparentemente, tornara-me um homem.

À noite, fui ver o mensageiro que trouxera a carta de aniversário, o mesmo polonês insubstituível e benquerente que me entregou a primeira mensagem. Quando cheguei ao seu bloco, coincidentemente numerado 14, ele me esperava, juntamente com uma tigela de sopa e um pouco de pão — isso, sim, era um agradinho real de aniversário. Para me animar, contou-me mais sobre minha mãe: ela trabalhava como mecânica na fábrica de metal do "Sindicato" e vivia no Bloco 2 do campo feminino de Birkenau. Vim a saber com ele que minha mãe tinha um papel importante, ajudando outros como intérprete de alemão. Então meu novo amigo, que era alto e estava na casa dos 30, levou-me para uma caminhada.

"Agora que o conheço um pouco mais e que está um ano inteiro mais velho, está na hora de aprender mais sobre mim e as ideias que cultivo", disse com uma voz baixinha, olhando para trás, a fim de se certificar de que ninguém nos seguia. De forma lenta, porém clara, desvendou a história de sua vida, uma luta por suas crenças, que parecia mais vital agora do que nunca.

"A antiga Polônia não era um lugar agradável para os judeus viverem", segredou-me. "Não tenho uma preferência particular por eles, mas, como socialista, creio que não pode haver distinção entre os seres humanos. Especialmente porque agora é um desejo comum que nos une. Não sofremos em silêncio, como é necessário para vocês, jovens. Mantemos nossos contatos com os amigos do lado de fora, estando entre eles os prisioneiros em nossos campos. Tudo o que posso prometer a você é mantê-lo informado sobre sua mãe; nisso, pode confiar."

"Ajudá-lo com comida", continuou meu amigo, "não seria justo com meus compatriotas poloneses, que não posso deixar na mão". Admirei sua franqueza.

Os poloneses que eu conhecia eram meninos do interior e incultos, gente muito desagradável. Agora, eu percebia que nem todos eram tão agressivos quanto pareciam. Assim como meu novo amigo polonês, eram capazes de ajudar o pior tipo de estrangeiros para eles: os judeus.

BUSCANDO COMIDA
Uma vez por dia, nossa comida escassa, mas preciosa, era trazida da cozinha pelos prisioneiros.

O MENINO QUE DESENHOU AUSCHWITZ

Vizinhos da Polônia, os ucranianos eram trabalhadores escravos na Alemanha antes de serem presos. Talvez isso explique por que essas pessoas rudes, capazes de fazer qualquer coisa por um ganho extra, eram notórias como os vândalos do campo.

Não sendo amigas dos russos nem dos poloneses, embarcaram em uma luta brutal pela sobrevivência, uma jornada que os fazia capazes de atacar colegas prisioneiros em nome de uma fatia de pão. Os espólios de um ucraniano eram geralmente compartilhados entre amigos e sempre devorados de uma só vez.

Todo prisioneiro era um ladrão em potencial, mas todos os ucranianos eram saqueadores potenciais. Ataques abertos contra prisioneiros de aparência fraca cresceram tanto a ponto de formarmos equipes de defesa. Sua isca típica era o prisioneiro abatido e assustado — denominado *Muselmann** — que tentava negociar suas rações de pão em troca de tabaco. A vítima, então, apanhava de uma das gangues que, por sua vez, era atacada por outra, igualmente implacável. Tudo por um pedaço de pão ou por alguns gramas de tabaco.

Era mais difícil detectar os ladrões. À noite, invisíveis, esses intrépidos enfiavam suas mãos habilidosas nos sacos de palha em busca de qualquer pedaço guardado de pão. Nos blocos mais afluentes, os incentivos para os gatunos eram tão grandes que suas atividades tinham que ser monitoradas por vigilantes noturnos voluntários. Nosso sono era interrompido com frequência pelas luzes que eram acesas, a fim de revelar os ardilosos ofensores, debandando-os de volta aos seus beliches. As punições podiam ser letais. Eram atacados com uma desumanidade que apenas um campo de concentração poderia ensinar. Um ladrão, quando pego, tinha sorte de conseguir se levantar novamente após sua punição ter sido infligida. Algo menos perigoso, mas muito mais grandioso, era roubar da cozinha do campo. Isso era chamado de "organização", e, na verdade, era uma forma de sermos mais espertos que a SS, visto que nenhum prisioneiro imaginaria que sua sopa diária não tinha os nutrientes necessários só porque um nabo a mais não tinha sido usado pelo cozinheiro.

Alguns poucos jovens ousados praticavam o "ataque às sopas". Tal atividade era considerada mais um esporte do que um furto em si. Certos rapazes ágeis esperavam até que alguns prisioneiros passassem — curvados conforme carregavam uma caldeira de sopa fumegante para seus blocos. Os rapazes, então, lançavam-se e mergulhavam suas tigelas. Isso geralmente terminava com os ofensores equili-

---

* Essa é uma gíria alemã para quem pairava entre a vida e a morte.

127

brando cuidadosamente sua presa aguada, enquanto eram perseguidos ao redor do campo. Se tivessem sucesso, encontravam segurança em algum banheiro afastado, onde poderiam engolir seu prêmio.

Sempre que os problemas — exacerbados pelas ordens de cima ou causados pelos próprios prisioneiros — ameaçavam explodir, tínhamos um toque de recolher no bloco. Isso significava ir para cama mais cedo, além de um sermão cruel passado pelo líder do bloco. Como de costume, ele nos alertava de que apenas o autocontrole rígido poderia nos salvar.

"E para aqueles que acreditam em felicidade espiritual", zombava, com sua voz ecoando na direção da Pequena Varsóvia, da Pequena Salônica e aos cantos católicos e judeus do quarto, "que imaginam que meu conselho é lixo e repetido meramente para que eu escute a mim mesmo falando, posso apenas dizer que não invejo seu Céu. Se é disso que estão atrás, não terão que ir longe para encontrá-lo. A 'equipe de ascensão' se reúne a cada 15 dias. Apenas espero que, quando se erguerem pelas chaminés de Birkenau, ainda estejam limpos o suficiente para que seus anjos os recebam."

"O restante de vocês", rugiu, caminhando para cima e para baixo no corredor, "é melhor fazerem o que lhes mando. Se pegar qualquer um de vocês, seus parasitas, sonambulando novamente esta noite, não terão motivos para rir. Quando eu bater em vocês, a surra vai ser pesada. Repito, ninguém deve ficar perambulando pelos banheiros depois da hora de dormir. Entenderam? Ninguém!"

Então as luzes se apagavam. Sabíamos que não eram ameaças vazias, mas, por mais enérgico que o líder do bloco fosse, ainda precisava do seu sono. Então, 30 minutos após a luz em seu quarto ter sido desligada e ele estar dormindo, sempre havia uma dúzia de ausentes de cada vez. Corríamos lá embaixo pelas escadas frias, nos apressávamos até o mictório e, então, nos reabastecíamos com a única coisa que não era escassa em Auschwitz: água.

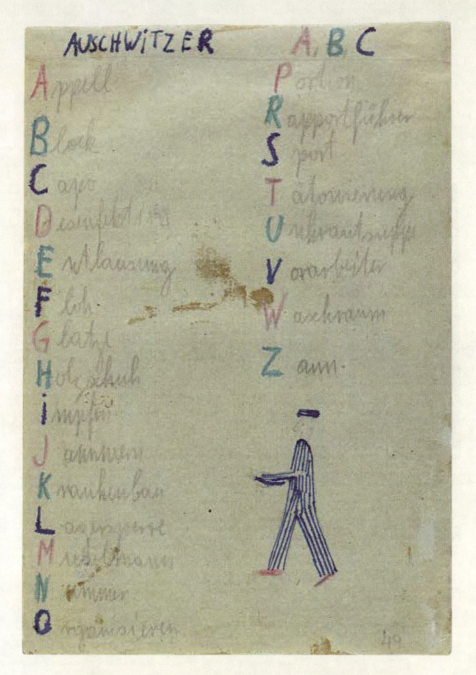

O ABC DE UM "AUSCHWITZER"
Essas palavras fizeram parte da minha realidade pelos 22 meses de minha vida nos campos de concentração.

O MENINO QUE DESENHOU AUSCHWITZ

HORRORES E PERIGOS DO CAMPO DE CONCENTRAÇÃO
Crematórios, doenças, punições e células de detenção — o perigo da morte estava em todos os lugares o tempo todo.

CAPÍTULO 9
EXAUSTÃO

O tempo frio anunciou a chegada do inverno. Tendo grande parte de nossas forças minada, estávamos com muito medo dele. Nada mudara em nosso favor. Os profetas estavam errados. O exército da Alemanha ainda era poderoso. O nazismo parecia mais triunfante do que nunca. Tudo o que podíamos fazer para combatê-lo era enfrentar nosso sofrimento. No jogo de apostas pela sobrevivência, as chances estavam em peso contra nós. A SS tinha quatro trunfos nas mãos, ameaças das quais vivíamos em constante medo: o chicote, a célula da tortura, as doenças e a câmara de gás.

Diariamente, os candidatos à punição eram levados às dependências da cozinha logo antes do fim da chamada. Lá, um de cada vez, eram amarrados a um andaime e chicoteados. Aqueles que tinham cometido ofensas menores recebiam 25 açoites, outros, 50, 75 ou até 100. Alguns nunca retornaram.

Os suspeitos, cuja examinação cruzada revelou informações insuficientes, eram enviados ao porão de punições no Bloco 11. Lá, as aplicações de tortura incluíam células individuais escuras e úmidas, projetadas para caber o corpo de um prisioneiro em pé, de modo a impedi-lo de se mexer até mesmo um centímetro.

Teria sido tolice esperar que o rígido regime do campo demonstrasse leniência com relação à geração mais jovem. Os meninos que eram pegos cochilando no local de trabalho recebiam 25 golpes. Aqueles que trabalhavam fora do campo e eram acusados de fazer negócios com civis sentiam o gosto das células.

Um corpo forte, encorajado por uma mente determinada, poderia sobreviver à tortura. No entanto, tudo de que podíamos depender para nos protegermos da malária, do tifo e das câmaras de gás era o Destino.

Um dos métodos de correção favoritos era nos obrigar a praticar "esportes": um tormento imposto sobre nós por "não termos trabalhado duro o bastante". Primeiro,

O MENINO QUE DESENHOU AUSCHWITZ

ESPORTE
Até mesmo o "esporte" era usado cinicamente para punir os prisioneiros de todos os níveis.

eram os chefes, levados às dezenas pelas ruas do campo, exercitando-se sob o comando dos guardas.

"Deitem-se!" "Levantem-se!" "Dobrem os joelhos, estiquem os braços!" "Pulem!" "Marchem!" "Deem a volta!" "Rolem no chão!"

"E agora, seus bastardos", berravam para eles, "para ensiná-los a extrair mais trabalho dos vermes sobre quem são responsáveis, vamos repetir tudo, só que desta vez mais rápido".

No dia seguinte, ainda sem aumento na produção, havia o "esporte" para os encarregados, os supervisores de baixo escalão. Se isso tampouco melhorasse os resultados, todos tínhamos que rolar na poeira — tudo isso gritando as músicas ridículas do campo.

Posteriormente, éramos avisados de que precisávamos estar limpos e lustrosos para a chamada. Portanto, o restante da noite era gasto lavando nossas roupas e tentando secá-las desesperadamente, para que estivessem prontas para o trabalho do dia seguinte — apenas seis horas depois.

Um novo inimigo mostrou sua cara: o inverno polonês, frio e indiferente. "Ano passado", disseram os prisioneiros veteranos, "foi difícil; apenas poucos do pessoal do oeste não acostumado a ele sobreviveram".

Nesse ano, nossas chances pareciam melhores. Havia casacos listrados, xales e luvas da prisão para nos ajudar. Para os jovens abrigados na escola de pedreiros, a geada até trazia entretenimento. Os fãs de patinação, velhos e novos, tinham ruas escorregadias para deslizar. Os garotos mais resistentes reviviam sua infância com guerras de bolas de neve.

Tornou-se uma cena comum ver alguém batendo o pé vigorosamente ou balançando os braços com força — um estratagema autodesenvolvido para gerar calor.

Sacudir membros superiores e inferiores para lutar contra o frio não era grande coisa. Simplesmente não tínhamos tempo para isso. Durante o dia, trabalhávamos. Mais tarde, durante as chamadas — quando o frio nos dilacerava impiedosamente —, precisávamos ficar em posição de sentido, indefesos e inertes. Posteriormente, íamos correndo para o bloco aconchegante. Geralmente, passávamos as noites de inverno esperando pacientemente abrir uma vaga perto do solitário forno de ferro, de modo a tostar uma fatia de pão ou tentar habilmente fumar um cigarro feito com a palha dos nossos beliches, com lascas dos andaimes de madeira sobre os quais trabalhávamos e com papel rasgado das sacas de cimento. Enquanto isso, no desértico pátio invernal, nossas pegadas escuras — ainda alinhadas em fileiras de dez feitas para a chamada — eram lentamente cobertas pelos novos e brancos flocos de neve.

Vez ou outra, nosso banho quinzenal vinha acompanhado da desinfecção, uma vã tentativa de acabar com as persistentes pulgas. Isso significava sair totalmente nus das duchas quentes e voltar correndo até o bloco, passando pelo campo coberto de gelo sob uma temperatura de -20°C. Tendo realizado tal feito algumas vezes sem danos aparentes, cheguei à estranha conclusão de que nós e as pulgas ficamos mais fortes juntos.

Meu tempo na escola de pedreiros se encerrou e entrei para a equipe de trabalho, composta por cerca de 400 homens e encabeçada por nosso chefe, um pedreiro experiente. Nós nos juntávamos no pátio muito antes do alvorecer e marchávamos passando pelo coreto. Penetrando a escuridão, soavam as vigorosas melodias de *Coronel Bogey* e *As Estrelas e as Listras*, as músicas dos nossos Aliados. *Ou os nazistas tinham declarado que Sousa, o compositor favorito da banda, era alemão, ou estavam sendo enganados.*

Após uma hora, chegamos ao local de trabalho, que estava coberto de neve. Nossa empreitada era a construção de um campo feminino — 20 blocos, idênticos àqueles onde vivíamos. A maioria dos encarregados era de civis, poloneses, tchecos e alemães. Já abrigados em um campo adjacente, eles nos ignoravam o máximo possível, com medo da punição comum de serem enviados ao campo principal e se tornarem eles mesmos prisioneiros.

Não havia guardas, com exceção daqueles que circundavam a zona externa ao campo, com cerca de cinco quilômetros. Essa área era rodeada por torres de vigilância, localizadas a cada 200 metros. Após os prisioneiros que voltavam do campo externo terem sido contados durante a chamada, a rede de guardas se retirava para dormir. Se alguém escapasse, o soar da sirene diria aos guardas para ficarem em alerta. Com a chegada de reforços para os abrigos adicionais, a rede de proteção foi fortalecida, inclusive havia uma arma a cada 70 metros.

O trabalho, que consistia principalmente em fazer a massa de concreto, assentar os tijolos e rebocar, demandava a realização de uma quota diária, além de ficarmos atentos ao supervisor. As sacas de cimento eram descarregadas em marcha acelerada, e o concreto era removido com as pás na velocidade determinada apenas pela betoneira. Os acidentes eram tão frequentes que deixaram de ser uma distração.

Sob os olhos sempre atentos dos oficiais da SS no comando, desenvolvemos o hábito de estar em movimento constante. Trabalhando ou não, sempre parecíamos estar ocupados.

Um de nossos estratagemas favoritos era quando, em raras ocasiões, terminávamos nossa quota antes do esperado e escapávamos para os quartos nos andares superiores, a fim de relaxar. Precisava haver ao menos quatro pessoas para isso acontecer. Um ficava vigiando nas escadas, enquanto outros dois imitavam os barulhos do trabalho, segurando nas mãos um objeto parecido com um martelo.

Levava tempo até conhecermos bem nossos colegas de trabalho — suas peculiaridades, forças e fraquezas. Minha iniciação se deu por meio de uma trama pueril. Juntamente com alguns russos musculosos, eu estava empurrando vigorosamente uma carreta cheia de areia. Colina acima, a carga parecia cada vez mais pesada. Diminuímos o ritmo. "Empurre, garoto", gritaram para mim. "Quer que a carreta desça tudo de novo? Se isso acontecer, vai ser culpa sua, seu trapalhão preguiçoso. Quer tirar vantagem de nós, seu filho da puta?"

Fiquei com muito medo e empurrei com toda minha força, com os pés separados, fazendo buracos no chão, os ombros pressionados contra o aço frio da carreta. Meus esforços pareciam inúteis. As rodas pararam e começaram a voltar. Alguém colocou rapidamente uma tora sob elas. Os largos rostos eslavos dos meus colegas de trabalho sorriam. "Você, grande empurrador. Você disposto a ajudar. Você empurra sozinho, você corajoso! Nós, você, camaradas", disseram em um alemão improvisado. Deram batidinhas em meu ombro; o novo membro da equipe passara no teste.

Durante o inverno, o trabalho era extenuante e realizado sob temperaturas congelantes.

Com exceção do rápido intervalo ao meio-dia, quando a sopa chegava, sentar-se era um prazer reservado aos visitantes no banheiro do local. A cabana que cobria a fossa fedorenta, sempre ameaçando transbordar, era o único lugar para obter um pouco de aquecimento e privacidade. Nunca faltando admiradores ocupados, era rivalizada em popularidade apenas pelo calor dos beliches do campo com cobertura tripla.

Os banheiros do bloco eram igualmente populares. Ao voltarmos do trabalho, cansados e congelando, íamos direto lá, em busca de aquecimento. Tinham apenas duas fileiras de bacias, como assentos em um bar. Conforme ficávamos agachados sobre elas, com os cintos das calças pendurados nos pescoços e apreciando a água da descarga, fazíamos novos conhecidos e trocávamos notícias. De vez em quando, os fumantes se juntavam a nós, após terem encontrado um pedaço escasso de papel e o enrolado em lascas de madeira para fazer um cigarro.

Dez minutos depois, o sino tocava para a chamada e ficávamos em pé lá fora novamente.

A contagem geralmente terminava por volta das 19h. Quando as chegadas e partidas diárias eram tão numerosas a ponto de precisarem dizer os nomes durante a chamada, demorava mais. Quando alguém estava faltando, o processo de descobrir os detalhes se arrastava muito noite adentro, sendo que nossos corpos exaustos tinham estado em pé por até 20 horas antes disso.

Tudo o que podíamos fazer era trocar de uma perna para outra e ter a esperança de que, na vez seguinte, haveria mais piedade.

Os experientes veteranos do campo estavam certos em suas profecias sombrias de que nós, os "recém-chegados", não aguentaríamos muito tempo. As rações deploráveis, embora suficientes para impedir a morte por inanição, não podiam ser contadas como sustento para um corpo coberto de doenças e emagrecido perante o frio cortante do inverno polonês.

Certa noite, após o trabalho, o inevitável aconteceu. Arrastei-me para o complexo do hospital com a cabeça latejando de febre. Havia uma multidão de prisioneiros enfermos, agrupados por nacionalidade, esperando diante do Bloco 28.

Entrei na fila que seria a última a ser admitida, a designada para ciganos, russos e judeus. Se houvesse tempo sobrando para considerarem nosso grupo, receberíamos o pior tratamento de todos. Ciente de que estava prestes a me entregar à misericórdia de pessoas a quem minha vida ou morte não significava nada, tentei encontrar uma alternativa. Mas não havia nenhuma.

Após horas esperando, eles nos deixaram entrar. Tiramos as roupas, mais uma vez nos agrupamos conforme nossa nacionalidade e desfilamos perante o médico da SS. Seu trabalho era anotar "admitido", "de volta ao campo" ou "para Birkenau". Aparentemente, ainda havia lugar no hospital naquele dia, pois fui transferido para o Bloco 19.

Lembro-me de apenas três coisas antes de adormecer: havia lençóis, supostamente estava com o vírus da gripe e o termômetro marcava 40°C. Quando recuperei meus sentidos alguns dias depois, era o início de um novo ano, 1944.

Ao melhorar da febre, tive alta do hospital. Enquanto saía, acabei vendo o departamento cirúrgico. Nunca tinha imaginado que era "tão fácil" tratar de bolhas e abcessos — as doenças do campo. O membro infectado era preso a um corrimão, geralmente sem anestesia, e o centro da inflamação era cortado. A operação e os gritos penetrantes dos pacientes disputavam entre si o título de barbaridade.

Com o meu retorno ao campo, voltei à escola de pedreiros.* Descobri que as coisas mudaram consideravelmente. A maioria de meus colegas e amigos não estava mais lá, abrindo espaço para novos rostos. Outra vez, eu me senti um novato, o tipo de prisioneiro ao qual os outros não tinham que demonstrar compaixão porque simplesmente não sabiam se merecia ou não.

Alguns dos professores disseram que eu estava pálido e me aconselharam a buscar amigos adultos que pudessem me ajudar a recuperar e a impedir que me tornasse um *Muselmann*: aquele cujo corpo não suportava mais o espírito. Um pouco de comida extra era, agora, mais essencial do que nunca. Então, acompanhado de meu amigo Gert Atrevido, fui em busca dela. Noite após noite, rondávamos pelo campo em busca de ajuda, mas, como pedintes decepcionados, percebemos rapidamente que apenas conselhos ruins são dados de graça.

O Gert Atrevido tinha um conhecido de Berlim, um mecânico judeu, cujo trabalho significava fazer negócios com civis. Como achávamos que era rico, tentamos fazer amizade com ele. Com frequência, esperávamos durante horas em seu

---

* Thomas, como a maioria dos meninos da escola de pedreiros, continuou a viver no Bloco 7a mesmo após ter terminado seu treinamento prático e começado a trabalhar. Viver lá ajudou a salvar a vida de Thomas e a de muitos outros meninos.

AMBULANZ (CLÍNICA AMBULATORIAL)
Os primeiros socorros dados por enfermeiros prisioneiros às vezes nos ajudavam a evitar a perigosa hospitalização e salvaram a vida de muitos.

Bloco, o 22a. Ocasionalmente, ele demonstrava sua apreciação ao nos conceder o máximo de que estava disposto a se privar: uma tigela de sopa, meio litro para cada.

Nossos conselheiros dispostos na escola de pedreiros disseram: "Vão atrás de seus compatriotas, os judeus alemães." Aproximamo-nos dos cerca de 20 que havia, mas o único que poderia ter nos ajudado se mostrou um fracasso.

Por falta de um protetor melhor, fui atrás do criminoso alemão, o veterano da prisão a quem o sr. Keding tinha me apresentado certa vez. Quando por fim o encontrei, ele ficou feliz em me ver.

"Sair por aí mendigando é besteira", repreendeu-me. "Basta usar seus cotovelos e ser agressivo. Quanto mais espertalhão for seu oponente, mais merece apanhar."

Desculpando-se por não ser um homem de negócios e por viver apenas com as rações e os eventuais pacotes de casa, disse que não poderia me ajudar. No entanto, ficou surpreso com minhas roupas inadequadas.

"Nunca será um cara durão com estes trapos aí cobrindo seus ossos. Eles o fazem parecer um *Muselmann*. Aqui, pegue isto", continuou, entregando duas camisas quentinhas que eram presentes de sua família; "ficará mais respeitável usando elas".

Agradeci-lhe, mas não me esqueci de perguntar o que fazer na inspeção seguinte, quando elas seriam confiscadas. "Apenas diga ao líder do bloco quem as deu", respondeu. "Ele deve saber quem sou."

Algumas semanas depois, quando o que temia estava, então, prestes a acontecer, decidi dizer adeus às minhas camisas em vez de atrair a atenção do líder do bloco. Raciocinei que ser conhecido de criminosos, de quem nenhum dos prisioneiros políticos gostava, era um risco muito grande.

Novamente, demonstrei minha lealdade àqueles que me advertiram para ser discreto. Nunca tive coragem de voltar a ver meu amigo, que fora generoso ao me dar as roupas e o conselho de ser agressivo para permanecer vivo no campo.

Ainda em busca por comida, demorava-me com frequência ao redor do Bloco 1a, tentando conseguir a porção de sopa que o cabeleireiro do campo me prometera.

Isso me fez conhecer um judeu belga, um alfaiate debilitado com cerca de 30 anos de idade. "Venha aos nossos beliches", convidou, "e vamos ouvir um pouco mais sobre você".

Acompanhei-o com alegria, especialmente quando vi que ele e seu amigo, outro colega belga, ocupavam as camas de cima, sinal de que eram "ricos". Tampouco seu armário, um privilégio raro, escapou aos meus olhos.

"O cabeleireiro do campo não é uma boa influência para jovens como você", disse — como se eu ainda não soubesse disso. "É melhor não ir mais lá. Pode vir aqui; temos bons contatos com os civis e acesso a roupas — excelente para permutas. Não nos importamos em compartilhar nossa sorte. Gostamos de você e queremos ser seus amigos".

Depois dessa calorosa recepção, passei a ser um visitante quase diário, em geral sendo convidado para repartir sua refeição noturna, um luxo conhecido apenas por alguns prisioneiros. Eles me ensinaram francês e muitas músicas sentimentais sobre a Legião Estrangeira. Entoadas com um entusiasmo fervoroso, as melodias contagiantes sobre os soldados nas terras desérticas e distantes de seus amados nunca deixaram de me cativar.

Minha contribuição aos nossos encontros de entretenimento eram anedotas da vida escolar, piadas e as últimas aventuras do nosso líder de bloco — o "percevejo sonâmbulo", como o apelidamos. Ficamos bons amigos, e eu sentia que tinha encontrado um segundo lar.

Então, certa noite, apareceu um visitante, um amigo deles cuja falta de humor me colocou em alerta: era um chefe judeu de Birkenau. O recém-chegado, prestes a ser transferido de volta, tinha uma proposta a fazer. Se eu estivesse disposto a me tornar sua "namorada", ele me levaria junto como seu braço direito. Para meus amigos, era um negócio maravilhoso.

"Sorte sua que ele está interessado em você; ele é rico e importante. Ser seu protegido o manterá imune aos perigos do campo. Como estará em uma posição proeminente, será fácil ajudar sua mãe."

Um tanto quanto impressionado por todas aquelas promessas, tive uma conversa com o visitante. Ele me levou a um dos beliches escuros no térreo. Lá, em vez de responder às minhas perguntas, começou a mexer nas minhas calças. Rapidamente, me afastei com um salto antes que ele pudesse ir mais longe e saí correndo do bloco.

"Não me diga", foi o comentário do Gert Atrevido sobre minha última aventura. "Você não é o único a descobrir que esses 'amigos' são todos farinha do mesmo saco quando passa a conhecê-los. Não dá para confiar em ninguém — exceto em si mesmo."

Depois disso, nunca retornei ao bloco dos meus amigos. Se nos víssemos na rua, olhávamos para o outro lado; eles envergonhados pelo abuso de crianças, e eu, por quase ter caído nessa.

Posteriormente, ouvi que meu admirador malsucedido retornou a Birkenau, mas escapou. Desejei boa sorte a ele!

Ao procurar trabalho, fui alocado no pátio de materiais de construção, na maior e mais monótona equipe de todas. Com cerca de 1 mil homens, era composta, em grande parte, por trabalhadores recém-chegados e inaptos, os tipos menos valiosos de escravos.

O trabalho era pesado. Vagões carregados de tijolos, cimento e agregados tinham que ser esvaziados de acordo com um cronograma, feito que somente era possível de ser conquistado por meio da velocidade e das horas extras. Quando não havia nada para descarregar, ficávamos ocupados arrumando os materiais de construção em pirâmides ou, ainda mais exasperante, apenas os transferindo de uma pilha para outra. Passávamos nossos dias carregando bloco atrás de bloco, tábua atrás de tábua, deprimidos pela percepção de que nos tornáramos carrinhos de mão humanos. Modernos escravos das galés.

Durante meus primeiros dias no pátio, quando meu rosto ainda era novo para os encarregados, eu conseguia escapulir de vez em quando. Com uma curiosidade juvenil, explorava o distrito, a área industrial do campo de concentração de Auschwitz. Era uma verdadeira cidade. Havia oficina atrás de oficina, uma padaria movimentada, os grandes trabalhos de marcenaria da DAW* e a unidade de munições do Sindicato. Trabalhando dia e noite, as fábricas de mão de obra escrava nunca deixavam de alcançar suas quotas.

Com intervalos regulares de oito horas, seus produtos eram despachados pela única ferrovia que levava à estação e, de lá, alimentavam a máquina de guerra ale-

---

* A *Deutsche Ausrüstungswerke* era uma empreiteira alemã nazista de defesa que explorava a enorme mão de obra escrava disponível nos campos de concentração.

COMO TRABALHÁVAMOS
Sob os olhares e chicotes dos guardas, nós, escravos modernos, trabalhávamos sem parar.

O MENINO QUE DESENHOU AUSCHWITZ

mã. Saindo da mesma estação, sobre os mesmos trilhos, outros produtos também pareciam ser separados, classificados e empilhados por escravos silenciosos. Eram pertences de pessoas que foram amontoadas em novos transportes e estavam indo rumo a Birkenau.

Após algumas semanas de um trabalho aparentemente inútil, dominado por gritos constantes de "não parem", eu estava exausto. Senti que não conseguia continuar. Meu coração estava disposto, mas meu corpo estava destruído. Tinha bolhas nas mãos, pés em carne viva e as últimas gotas de energia tinham se esvaído.

Fui até o escritório de troca de trabalho do campo e fiquei esperando ser alocado a uma das cerca de 60 equipes de trabalho pelo prisioneiro responsável por isso. Ciente de que os pretensos bons trabalhos somente eram obtidos por meio de propinas, ainda assim tinha esperança de ser transferido para um local de trabalho que fosse menos difícil do que o meu posto atual.

"Há muitos como você em busca de trabalho mais fácil", respondeu o prisioneiro às minhas súplicas; "não é minha culpa que você é jovem. Antes, poderia tê-lo enviado à escola de pedreiros, mas, agora, como é um prisioneiro há oito meses, é tarde demais. Não há nada que eu possa fazer por você".

A fria desconsideração por meu pedido, que poderia ter sido atendido muito facilmente, me deixou arrasado. Em meu desespero, busquei o conselho do líder do Bloco 7a. "É injusto", argumentei, "tratar um jovem que acabou de sair do hospital com a mesma consideração hostil como se fosse um novato".

O pai do Bloco 7a não tinha como interferir na organização do trabalho, mas tinha determinação e um senso de justiça imbatível. Minha confiança nele, apesar de ele ser arqui-inimigo do favoritismo, foi bem investida. De algum modo, ele mexeu os pauzinhos necessários e, em pouco tempo, fui transferido para uma equipe de trabalhadores de construção.

A organização no Bloco 7a estava muito parecida com o que era quando participei pela última vez do treinamento prático dos pedreiros. Era o mesmo tipo de rapazes correndo para cima e para baixo nas escadas e até as torneiras ainda vazavam no banheiro. As mesmas inspeções conhecidas para ver se as orelhas e os pés estavam limpos. Ainda trapaceavam o líder do quarto, ao lavar apenas o pé que ele pediria que mostrassem. Mas os rostos dos ocupantes tinham mudado novamente.

Houve muitas seleções. Meus velhos amigos se foram — enviados para nunca mais retornarem. Os momentos escuros após o toque de recolher, quando tínhamos que observar os caminhões levar amigos e parentes para Birkenau, eram agora parte de nossa existência.

O Kurt Pequeno tinha sido mandado embora. O Gert Loiro estava no hospital. O Gert Atrevido, ainda meu melhor amigo e desejoso em ser útil, fora transferido para o bloco dos agricultores. Eu era o único judeu alemão remanescente do bloco, o último da Pequena Berlim.

Sem ter ninguém com quem compartilhar minhas preocupações e tristezas, senti-me só. Sentia falta dos colegas camaradas e de nossas aventuras juvenis. Acima de tudo, sentia saudade dos meus amigos da Pequena Berlim e de nosso vínculo singular.

Quando o desespero era imenso, lia as cartas da minha mãe, mensagens de esperança. Embora poucas em número e escassas em palavras — "Fique bem, mantenha-se seguro..." — elas me deram forças. A primavera estava chegando, mas, pela primeira vez na minha vida, deixou de trazer alegria.

Quando estava para baixo, encontrava alívio filosofando e tentando entender nosso apuro. Meu parceiro infalível nisso era Schorsch. Um ano mais velho do que eu e com boa instrução, era o único amigo que conseguia valorizar meu esforço em busca de conhecimento e compreensão.

De olhos azuis e com uma expressão ao redor de sua boca e seu nariz que lembrava um peixe, Schorsch era um intelectual em construção. Adotado por uma família austríaca, preparava-se para uma carreira como engenheiro. Então, com o retorno de Hitler, descobriram que os pais dele eram ciganos.

"Nós, os ciganos", raciocinava meu amigo, "talvez estejamos mais próximos de sermos arianos do que aquelas espécies híbridas que se autodenominam 'Super-homens'. Talvez seja por isso que querem nos matar. Ninguém pode negar que os judeus são estrangeiros. Mas, em nosso caso, não há motivos para que os nazistas se voltem contra nós. Nosso suplício foi o mais inesperado possível.

O MENINO QUE DESENHOU AUSCHWITZ

RECÉM-CHEGADOS
Famílias ciganas chegando ao Campo I de Auschwitz.

"Não andamos por aí usando trapos. Os ciganos se tornaram professores, médicos e músicos renomados internacionalmente. Tampouco somos covardes. Uma vez que estamos longe da mentalidade de caravana, abrimos mão do medo e da superstição."

"Então, veja só", continuou Schorsch, "somos apenas pessoas. E, assim como vocês, os judeus, há os bons e os maus. Embora não tenhamos uma Bíblia para provar nossa história, ela pode ser mais antiga do que a sua, mas vocês sempre tiveram mais sorte. Sempre tiveram a Palestina. Caso nós, os ciganos, assim como vocês, soubéssemos o que nos estava reservado, ainda assim não teríamos lugar aonde ir".

Schorsch, juntamente com os outros ciganos, ainda em suas roupas civis, viveram primeiro em um campo especial de Birkenau. Os prisioneiros, encorajados por uma dieta razoável, sem ter que trabalhar e em condições agradáveis de vida, estavam esperançosos. "Assim que a Wehrmacht limpar os sectários da área", disseram-lhes, "vocês serão restabelecidos na Ucrânia".

Então, certo dia, veio a ordem para liquidá-los — homens, mulheres e crianças. Caminhando penosamente e sem esperanças até as câmaras de gás, encontraram um oficial que buscava candidatos à escola de pedreiros. Schorsch foi salvo.

Foi de Schorsch que ouvi o primeiro relato de uma testemunha ocular das florestas da morte de Birkenau. Percebendo nosso sofrimento em comum, daquele momento em diante passei a ter um interesse especial por meus companheiros ciganos.

Algumas famílias ciganas foram alojadas temporariamente no Bloco 8. Era uma mistura de garotas atraentes, usando roupas ao estilo nacional, mulheres em trapos e homens de bota com a vestimenta tradicional dos agricultores. Um grupo heterogêneo, mas nada fácil de ser esquecido. Dava para dizer de onde vinham pelas roupas que usavam. Por seu desgaste, podíamos adivinhar há quanto tempo estavam no campo. Apenas seus pensamentos permaneciam um mistério. Mas a maioria dos ciganos do campo vivia no Bloco 7a — o nosso.

As tentativas de compreendermos uns aos outros, porém, não avançaram muito, pois os romenos buscaram sua salvação ao se fecharem. Os mais isolados eram os clãs que vieram das montanhas da Tchecoslováquia e da Polônia. Eram um povo primitivo e supersticioso, cuja ignorância os mantinha em um estado constante de medo. Por meio da linguagem de sinais e de seu dialeto romeno, confundiam até mesmo seus compatriotas que se tornaram modernos.

O MENINO QUE DESENHOU AUSCHWITZ

Quando o bloco ficava superlotado, dois dividiam a mesma cama. Por algumas noites, tive um cigano como companheiro, um colega tímido e covarde. A única coisa que persistia era sua determinação em me vender uma tesoura. Uma joia rara. Fiquei imaginando como ele a conseguira. Disse-lhe que não tinha o que fazer com ela, mas continuou tentando me convencer de que era uma ferramenta excelente para cortar pão.

"Nunca faço permutas com minhas rações e, certamente, não por bugigangas extravagantes", disse a ele.

"Sei que tenho um estômago grande", respondeu em seu último esforço de venda, "mas não pode comprá-la apenas em nome da amizade?".

Não comprei. Mas, quando nos aconchegamos sob nosso cobertor em comum, a cabeça de um nos pés do outro, parecíamos amigos da mesma forma.

Na manhã seguinte, quando acordei, o beliche estava molhado. E com o cheiro repulsivo de urina humana. Lançando acusações inflamadas um ao outro, logo atraímos a atenção de nossos colegas de quarto, garotos que tinham se convencido de que o mal deve ser punido. Ficou determinado que o culpado só poderia ter sido o menino cigano, o novato, "cria dos ladrões sujos e mal-educados".

No dia seguinte, descobri o verdadeiro molhador de camas. Era o polonês do beliche acima de nós, também novato. Percebi também que, inconscientemente, dessa vez tinha me entregue aos mesmos preconceitos que eu mesmo tentava condenar.

CAPÍTULO 10
DESESPERO

Chegara o verão de 1944. Estávamos engajados em aumentar a unidade de armas do Sindicato, construindo outros 12 galpões de fábrica. O primeiro estágio desse trabalho extenuante era nivelar o solo, cavar as fundações e tirar a terra com o carrinho.

Os livros de História retratam os escravos como homens grandes e musculosos, com os peitos desnudos encharcados de suor; nós, no entanto, nunca usufruímos de tais "privilégios". Labutando sob o Sol do meio-dia, malnutridos e enfraquecidos, tínhamos que continuar usando nossos casacos da prisão. Tirá-los e ficarmos com o peito desnudo teria sido o equivalente a planejar um escape e receber uma punição de acordo com isso.

Para trazer os materiais de toda a área de trabalho do campo, fazíamos desvios frequentes que nos permitiam satisfazer nosso desejo de aprender mais sobre o local. Certa vez, enquanto desmanchávamos algumas cabanas sem uso perto da ferrovia, vimos trens lotados de recém-chegados. Judeus da Hungria, Holanda, Bélgica e França. Todos vinham com os mesmos medos e esperanças que tivéramos. Vimos eles se amontoando ao redor dos vãos de ventilação de seus vagões fechados destinados ao transporte de gado. Eles acenaram para nós. Não havia nada que pudéssemos dizer ou fazer por eles.

Na maior parte do tempo, o transporte inteiro era destinado à morte, como gado indo para o abate. O fim de sua jornada se anunciava com uma fumaça escura e insidiosa, erguendo-se sobre o horizonte ocidental por meio dos crematórios de Birkenau.

Os crematórios de Birkenau funcionavam sem parar. O Gert Atrevido estava trabalhando no turno da noite, fazendo reparos na padaria. À primeira vista, era um bom trabalho, pois oferecia oportunidades de conseguir pão e de lançá-lo sobre a cerca da padaria para um cúmplice à espera, que o contrabandeava ao campo. Mas Gert reclamava constantemente de estar cansado e nervoso.

"As condições são boas", segredou, "mas não consigo aguentar muito mais. Noite após noite, ao estarmos em pé sobre os andaimes dos pedreiros e de frente para Birkenau, vemos os fogos. É uma visão que não sai da minha cabeça: o horizonte flamejante duelando com o céu noturno", continuou. "Mas você está adormecido em sua cama quentinha quando tudo isso acontece. Tudo o que vê são os pães. Acredite, nada compensa o que temos que aguentar."

O guarda da SS nos galpões de desinfecção dos trabalhadores civis, um complexo anexo ao nosso local de trabalho, tinha o hábito de escolher jovens para fazer trabalhos esquisitos para ele. Certa vez, ele me chamou para limpar sua guarita. Enquanto eu estava curvado para limpar o chão, ele me ofereceu um sanduíche. "Aqui, pegue", disse apressadamente, "mas não vá perto da janela".

Surpreso por ouvir um "muito obrigado" em alemão fluente, instruiu-me a continuar varrendo até que me dissesse quando parar. Conforme varria, ele falava.

"Sim, sou um soldado da SS, mas também sou um ser humano. De vez em quando batemos em vocês, faz parte do trabalho. Mas não pense que o que está acontecendo aqui", continuou, apontando para o Oeste, "é nossa culpa. Vemos isso com a mesma angústia e impotência que vocês. Oficialmente, é claro, não nos dizem nada, mas quem consegue ignorar o que está acontecendo em Birkenau? Sabendo muito mais sobre o que acontece do que vocês, prisioneiros, muitos de nós ficam loucos. Quando viemos para cá, não sabíamos para o que seria. Agora é tarde demais. Não há escapatória para nós".

Passou a impressão de que queria que sentisse pena dele. Apenas varria o chão, silencioso e indiferente perante seu aparente desespero. Então me mandou sair, gritando alto como se esperava que o fizesse.

Pensávamos com frequência sobre nossa impotência. Éramos capazes de matar um guarda, mas isso traria reprimendas severas. Poderíamos dominar a guarnição do campo por meio de uma revolta organizada, mas ficaríamos irremediavelmente expostos aos reforços que viriam rápido. Se as próprias tropas locais da SS se amotinassem, os nazistas enviariam os tanques do exército.

Embora estivéssemos em maior número do que nossos guardas da SS, na proporção de 100 para 1, ouvíramos sobre a luta no Gueto de Varsóvia,* na qual as condições para a revolta eram muito mais favoráveis do que as nossas. Portanto, era natural sermos pessimistas; até eu fiquei deprimido.

O símbolo solitário de revolta no campo era Jakob Kozelczuk, conhecido como Bunker-Jakob. Era um robusto boxeador judeu, nascido na Polônia, que rodou o mundo ganhando fama como pugilista e treinador. Gostávamos dele principalmente por causa de seu corpo enorme e pelo respeito que a SS lhe conferia. Eles o mantinham trancado e apenas permitiam que buscasse suprimentos. Seu trajeto diário do Bloco 11 até a cozinha era vigiado por dois guardas armados. Mas, agora, seu trabalho estava longe de ser glorioso. Foi forçado a se tornar chefe do Bloco 11, para desempenhar o papel de chicotear os prisioneiros e conduzi-los ao muro da morte. Vez ou outra, Jakob era chamado para nos chicotear. Alguns esperavam que ele se recusasse, mas outros jovens que vieram a conhecer Jakob e as células de punição disseram que era gentil, bondoso e que fazia o seu melhor para ajudar. De qualquer modo, prefeririam ser açoitados por um colega prisioneiro, mesmo que tivesse o tamanho de Jakob, do que pela SS.

Outro tipo de prisioneiro cujas habilidades foram colocadas contra nós eram os cirurgiões que realizavam castrações. Ao trabalharem em Birkenau, o inferno que lhes caía bem, sabíamos deles por meio de suas vítimas, colegas judeus que viviam em nosso bloco. Ver aqueles meninos outrora orgulhosos voltarem privados de sua masculinidade foi outro dia horrível no campo.

Somando-se os amigos e oponentes, o inimigo em nosso meio nunca escapava de nossa atenção. Cientes de que alguns chefes e líderes de bloco contribuíam mais para nosso suplício do que os guardas, esforçávamo-nos para nos vingar. Com a ajuda dos prisioneiros mais experientes do campo, que eram leais a nós, incomodamos tanto até que foram removidos. Em nosso campo, logramos isso por meio de chantagem,† mas, em outros campos, recorreram ao assassinato.

---

* A revolta do Gueto de Varsóvia começou no dia 19 de abril de 1943 e foi um dos maiores atos de resistência armada e organizada dos judeus contra os nazistas. Apesar do heroísmo e do sucesso inicial, a revolta foi, por fim, brutalmente destruída após um mês, e o gueto foi totalmente queimado e liquidado.

† Os prisioneiros os denunciavam à SS por terem roubado ou consumido álcool.

O MENINO QUE DESENHOU AUSCHWITZ

Transportes de prisioneiros estavam sendo enviados ao Fronte Oriental para cavarem trincheiras. Outros, principalmente as mulheres e os poloneses, recebiam tamancos e roupas carcerárias novas azuis e brancas e eram enviados às fábricas na Alemanha. As cartas da minha mãe pararam de chegar. Ela também deve ter sido enviada nesses transportes.

Novatos e transportes não paravam de chegar em Auschwitz. Birkenau estava lotada e era necessário abrir espaço para todos eles. Mais uma vez, houve as temidas seleções. Durante nossa chamada noturna no bloco, o número de judeus se reduzira a 15.

O Gert Loiro morrera de pneumonia. O Gert Atrevido, que descobrira uma maneira de entrar no bloco do hospital para prestar sua última homenagem, perguntou se eu queria ir com ele.

Estava acostumado a ver a morte. Tinha visto meu querido avô pálido e desgastado pela idade. Toda a família viera lamentar ao lado de sua cama. Depois eu tinha trabalhado no cemitério. Posteriormente, houve os corpos inanimados agarrados à cerca elétrica do campo. Dessa vez, no entanto, era diferente. Gert não deveria ter morrido. Era jovem e inocente. Estava saudável e cheio de vida. Mais do que isso, fora nosso camarada, um colega que lutava pela sobrevivência, esperando por um futuro melhor.

Não! Não conseguiria aguentar ver seu rosto jovial e loiro — seu nariz rechonchudo, seus lábios grossos, as sardas com cor de palha — morto e impotente em um beliche indescritível do campo. *Não! Eu me recusaria a reconhecer a vitória da Morte!*

Disse ao Gert Atrevido que não iria. Ele respondeu que, contanto que alguém fosse ao hospital, de fato não importava se era só ele ou nós dois.

Com o Gert Loiro, que seria esquecido em breve, senti como estávamos próximos da juventude da Alemanha, os filhos do nosso inimigo, alguns dos quais também estavam morrendo uma morte contra sua vontade. Anos atrás, o Gert Loiro compartilhara os bancos escolares com eles, enquanto seus professores exaltavam as glórias do passado, seguindo os passos impingidos por seus superiores. Agora, aqueles alunos estavam pagando o preço. O Gert Loiro foi parar em um campo de concentração. Seus colegas de classe invadiram a Europa. E o Destino os reunira todos na morte. Um deles, agora nu, cujo traje da prisão já tinha sido entregue para outro, seria colocado em uma pira em um crematório escondido na floresta em

Birkenau. Os outros, usando fardas militares cinza e há tempos privados de suas botas, apodreceriam nas terras deslodadas da Rússia.

Fiquei devastado por perder o Gert Loiro. Sua morte me levou a rever minha atitude. De agora em diante, não apenas enfrentaria obstinadamente a vida no campo e continuaria esperançoso por mudanças, mas agiria para que isso ocorresse.

Quanto tempo mais eu conseguiria continuar lutando contra as probabilidades? Agora, minha sobrevivência parecia uma incógnita. Nossos sofrimentos diários infindáveis tinham cobrado seu preço, e eu estava magro e fraco. A libertação parecia um sonho distante, algo por que apenas os mais fortes poderiam esperar.

Em meu desespero, comecei a ter um grande interesse pelas realizações dos poucos ousados que escaparam de Auschwitz. Para estar preparado para qualquer eventualidade, melhorei meu polonês e memorizei meus arredores.

O escape mais espetacular de Auschwitz foi um que se centrou em meu antigo local de trabalho, os blocos em construção do novo campo feminino.

Um colega de campo que tinha acumulado ouro e outros itens de valor, roubados dos espólios nazistas ou diretamente dos recém-chegados, decidiu aproveitá-los ao máximo. Em vez de gastá-los com comida, esperou até ter o suficiente para comprar a ajuda de um civil, um colega nosso trabalhador. Certo dia, pegou a moto do supervisor da SS e dirigiu-se a um dos prédios parcialmente completos. Lá, na cavidade inclinada abaixo das escadas, construiu uma parede e fechou-se dentro, ajudado pelo corajoso civil, um pedreiro.

Por cinco dias, a área foi vasculhada pelos guardas e cães farejadores, mas o fugitivo tinha tempo e uma ampla cobertura em seu favor. Seu esconderijo estava equipado com provisões e um buraco de ventilação. Ficou lá durante uma semana. Por fim, quando achou que era seguro escapar, quebrou a parede, subiu na moto e disparou na escuridão, rumo à liberdade.

Após o incidente, todos os civis que estavam trabalhando conosco foram examinados cuidadosamente. Alguns foram presos; outros, sentenciados à morte. Dali em diante, a maioria das fugas deram errado e serviram apenas como uma oportunidade para que nossos opressores exibissem sua eficiência e dominância sobre nós.

O MENINO QUE DESENHOU AUSCHWITZ

Quando os fugitivos eram pegos, traziam-nos de volta ao campo. Alguns foram, inclusive, capturados a poucos metros das linhas dos frontes dos Aliados. Quase mortos, eram levados de volta e exibidos em um palanque que ficava de frente para as colunas que retornavam do trabalho. Eram forçados a segurar cartazes com os dizeres: "Viva, voltamos! Não conseguimos, apesar da trama sagaz! Ninguém escapa deste campo." Posteriormente, eram levados ao complexo da cozinha, onde eram enforcados. Seus corpos duros ficavam pendurados nas forcas até a noite seguinte.

Apesar dos perigos óbvios de ser pego, decidi que, se aparecesse uma chance de fugir, não a deixaria escapar. Para diminuir o perigo de ser encontrado, meu plano de fuga deveria ser elaborado apenas por mim; ninguém para me ajudar nem para compartilhar o segredo. Minha conquista seria impressionante; eu me tornaria o prisioneiro mais jovem a escapar de um campo de concentração. Se não lograsse êxito, pelo menos teria demonstrado minha coragem.

Os trens que partiam diariamente com produtos atraíram minha atenção. Os vagões eram empurrados por prisioneiros na labuta, que se alinhavam perante um posto de checagem e, depois, eram deixados esperando a locomotiva. Os vagões eram carregados com caixas ou sucata, e alguns permaneciam abertos. Uma vez fora do território do campo, o santuário abaixo das coberturas de lona seria um bom esconderijo. Meu melhor cenário era um destino longe, porque isso me levaria à vastidão da Europa. Caso contrário, teria que tentar minha sorte na Alta Silésia e me arrastar até Beuthen, minha antiga cidade natal.

O possível problema para adquirir roupas civis não me incomodava. Já estava usando uma camisa sem as marcas da prisão. Descartaria minha jaqueta, cortaria as pernas das calças e, como medida temporária, ofuscaria as listras brancas com barro. Conduzindo-me como um animal perseguido, teria uma personalidade dupla: um jovem inofensivo e um fugitivo temerário que sabia as consequências da captura.

Durante dias, estudei os hábitos do guarda responsável pelos vagões. Com um senso germânico de dever, ele chegava exatamente cinco minutos antes do horário de partida do trem, inspecionava o teto dos vagões e examinava a carroceria. Ocasionalmente, levantava um canto da lona, mas nunca se dava ao trabalho de desamarrá-la. Então ia para a guarita — a mesma que eu certa vez varrera em troca de um sanduíche e de um sermão sobre a impotência dos guardas, passado por um

O MENINO QUE DESENHOU AUSCHWITZ

FUGA E CAPTURA
A maioria das tentativas de fuga deu errado. Aqueles que eram pegos eram humilhados e enforcados.

colega dele. Quando ouvia o apito da locomotiva, que quase nunca estava no horário, ele reaparecia, dava outra olhada nos vagões e sinalizava para o maquinista arrancar.

Aparentemente, nunca passou por sua cabeça que entre as duas checagens alguém pudesse ter entrado de fininho. Sabia que nós, os prisioneiros, estávamos trabalhando em outros lugares e que não tínhamos desculpas para estar nos demorando nos trilhos de manobra, certamente não quando estavam sob guarda. Essa, então, era minha chance.

Sem ninguém perceber minha presença, caminhei ao longo da fileira de vagões. Seria agora ou nunca. A placa de destino dizia "Berlim". A lona que balançava em um dos vagões me convidava a entrar.

Então, um a um, os vagões começaram a andar. Passaram pela rede de guardas, mas não me movi do ponto de entrada do meu esconderijo. Fiquei para trás.

Percebi, naqueles últimos momentos de oportunidade, que não era apenas uma questão de coragem, mas também de consciência. Haveria reprimendas. Se minha mãe ainda estivesse viva, eles a encontrariam. Meu plano foi um fracasso total.

Naquela noite, meus sonhos juvenis se despedaçaram e marchei de volta ao campo como um dos muitos que abandonaram a esperança. Pela primeira vez, a melodia familiar de *Coronel Bogey* que recebia as colunas retornando do trabalho deixou de me inspirar. Soavam como risadas, tirando sarro da minha impotência.

"O trabalho liberta!", dizia a inscrição de ferro que me olhava desdenhosamente desde o portão principal de Auschwitz.

Esse slogan odioso era pior do que meramente ridículo. A sórdida ironia era revelada na rima que os cínicos fizeram sobre ele, a amarga mensagem que tentávamos desesperadamente esquecer: *Arbeit macht frei, durch Krematorium nummer drei!* ("O trabalho liberta, com a porta do crematório três aberta!")

Contudo, havia uma parte minúscula de mim que não conseguia acreditar que a vida poderia acabar, quando queria muito desesperadamente que ela continuasse.

PARTE 3

CAPÍTULO 11
BONDADE EM MEIO AO CAOS

Estava com dor no pescoço e suspeitava que eram minhas amígdalas. Após o trabalho, fui até o médico da escola.

"Pequeno pedreiro, você não tem nada; é apenas um pequeno inchaço. Bem como você disse, são suas amígdalas", garantiu-me com sua forma animada de imitar uma criança falando. "Vou colocar um pouco da pasta preta sobre elas. Sabe, o tipo que tem bastante açúcar, gordura e vitaminas. Vai ficar bom logo."

Durante algumas semanas, fiquei com um precioso curativo no pescoço, mas o unguento não fez maravilhas. A pasta manteve minha enfermidade, em vez de curá-la. Meu pescoço continuava inchando.

"Meu querido, filho", disse o doador de esperança e unguentos quando eu não conseguia mais movimentar minha cabeça, "não tenha medo, mas deve ir ao hospital. Vá logo, agora — o abcesso deve ser cortado."

Dessa vez ele falava sério. Esses inchaços pútridos causados por malnutrição ficavam grotescamente grandes e se multiplicavam com rapidez. Embora os abcessos fossem muito comuns, esse fora meu primeiro, e um perigoso. De todos os lugares que tal espécie impertinente poderia ter escolhido, meu pescoço foi o sortudo, uma parte do corpo à qual estava menos disposto a dizer adeus.

Na manhã seguinte, fui amarrado à mesa de operação e cobriram meu rosto com uma toalha. Ao inalar o álcool, gota a gota, contei em voz alta, como me instruíram. Ainda sabia que estava em um campo de concentração e que, em minhas condições, uma cirurgia poderia dar um fim à minha vida. Somente tinha esperança de que meu silêncio iminente fosse temporário.

Quando acordei, disseram que meu abcesso, agora cortado, foi um dos maiores que já tinham visto. Arrastei-me até o banheiro e vomitei.

Levaram-me até o líder do quarto do meu bloco de doentes, um enfermeiro que me impressionou por sua gentileza.

Seu quarto, parte do Bloco 28a, tinha 10 beliches triplos que se diferenciavam daqueles em outros blocos apenas pelos lençóis. Os prisioneiros, sendo a maioria composta por poloneses velhos e sem dentes, escolhidos mais por sua necessidade de cuidados do que por qualquer doença específica, sofriam de coisas que variavam de apendicite a insanidade. Admirou-me a forma silenciosa e confiante do líder do quarto ao cuidar deles.

Por ser alemão comunista e conhecer de perto os campos de concentração, ele não era apenas um enfermeiro, mas alguém a quem ajudar os doentes tornara-se uma forma de vida.[*] Diferentemente de outros prisioneiros do campo, ele parecia muito satisfeito com seu trabalho e devotava-se a ele.

Sempre que havia comida sobrando, ele a dividia de forma igualitária. Com frequência, compartilhava a própria parte com os mais jovens. No entanto, minhas tentativas de ganhar sua amizade fracassaram. "Por favor", desculpava-se, "não fale comigo por muito tempo. Os outros podem pensar que o estou favorecendo. Os doentes ficam irritados facilmente, e devemos evitar que se tornem ciumentos".

A atmosfera deprimente do quarto dos doentes parecia boa apenas para dormir, gemer e morrer. As visitas cirúrgicas adicionaram certa variedade à minha existência isolada. Linhas de algodão foram inseridas em minha ferida como se estivessem recheando um pato. Tal procedimento era irritante e doloroso, mas quebrava a monotonia.

Agora que a ferida começava a curar, fui transferido ao hospital do Bloco 21a. Os cerca de 200 prisioneiros convalescentes lá tinham pavio curto e eram briguentos. Assim que se sentiam bem o suficiente, começavam a discutir. Após ser reduzida pelo pessoal do bloco, que sem exceção explorava nossa enfermidade, a quantidade de comida era menor inclusive do que a normalmente escassa ração do campo.

Quem agravava a anarquia geral era o médico do quarto, um judeu alemão que estava sobrecarregado de trabalho, era cruel e horrível. Quando achava necessário, ele batia em nós; geralmente escolhia aqueles que não entendiam alemão. Ele os chamava de "caipiras sujos". Eu também era maltratado. Em uma das consultas com ele, arrancou a casquinha da minha ferida com tanta força que ela abriu

---

[*] Em 2005, a família de Thomas descobriu que, enquanto ele estava no hospital para a remoção de seu abcesso, alguém mudara seu sobrenome judeu na lista para "Colditz", nome não judaico. Provavelmente, isso salvou sua vida.

SALVE OS CAMARADAS
A camaradagem demonstrada pela equipe do hospital salvou a vida de milhares.

novamente. Então berrou: "Fora, não posso desperdiçar meu tempo com você. Próximo, rápido!"

Fiquei horrorizado ao descobrir que a maioria dos nossos superiores que, em vez de ajudarem, faziam de nosso quarto do hospital um inferno, eram recém-chegados. Esses prisioneiros que agora impunham sua vontade sobre nós nunca tinham testemunhado a dura realidade da vida nos campos, os sofrimentos comuns que fazem os veteranos se respeitarem. Tentei contactar o criminoso alemão, meu antigo protetor que tentara me ajudar certa vez. Disseram-me: "Ele saiu do campo."

Por fim, após implorar insistentemente, fui liberado. Ao sair, olhei lá embaixo o recinto de frente para a janela do nosso quarto, o espaço entre os misteriosos Blocos 10 e 11. Eram os blocos nos quais muitos entravam, mas dos quais poucos saíam. Seus segredos — as execuções a sangue frio, as torturas agonizantes e os experimentos cruéis — ficavam escondidos atrás de janelas tapadas.

Logo após meu retorno ao Bloco 7a, fui visitar o médico da escola. Ele queria saber como eu tinha me saído no hospital.

Contei-lhe os muitos detalhes que ele tinha interesse em saber. Então ele fez uma confissão. Desde o início, tinha percebido a severidade do meu inchaço, mas manteve segredo. Para abreviar minha estada potencialmente perigosa no hospital e não ter que esperar pela operação, revestiu o abcesso com unguentos, para que estivesse no ponto para o corte. Agradeci-lhe, mas ele estava muito ocupado para levantar os olhos. Com um cuidado materno, estava removendo as descamações do coro cabeludo infectado de um pequeno cigano.

Durante o tempo que passei no hospital, fiquei sem saber de muitas notícias. Agora soube que, embora as condições não estivessem melhores, os prisioneiros estavam esperançosos.

A guerra de Hitler, ao que parecia, estava chegando ao fim, e até os alemães estavam se voltando contra ele. Pela primeira vez, os nazistas estavam enchendo as células de punição com o próprio pessoal. Grupos com cerca de 12 reféns recém-chegados da Alemanha tornavam-se um espetáculo diário, conforme eram levados ao Bloco 11, aparentemente desavisados de seu destino. Homens, mulheres e crianças, homens da SS e oficiais do alto escalão com suas insígnias arrancadas — todos entraram e nunca mais saíram.

Ao mesmo tempo e pelas mesmas ruas, os prisioneiros alemães do campo estavam cantando, marchando e treinando para serem "voluntários" na Wehrmacht. O exército alemão passava por uma necessidade aguda de carne de canhão e decidiu formar uma brigada de ex-prisioneiros. Esses futuros soldados estavam ansiosos para se alistar, de modo que pudessem ter a chance de desertar e escapar para o lado dos Aliados.

O líder do nosso bloco também fora pressionado a se voluntariar.* Isso o afetou profundamente. Recorreu à bebida e perambulava bêbado pelo campo, evitando seus antigos amigos. Posteriormente, ficamos sabendo que tinha cometido suicídio. Nosso pai, outrora inflexível e estrito, o cuidadoso ditador do Bloco 7a, tirara a própria vida.

Nosso novo líder de bloco, um polonês, era carrancudo e desprezível. Tinha pouco em comum com seu ilustre predecessor. Chamávamos ele de "Cabeça de Peixe", pois parecia uma tanto em aparência quanto em discurso.

Embora fosse tão estrito e rápido para impor um toque de recolher no bloco como punição pela bagunça, era mais um professor do que um guardião. Sua única preocupação era administrar o bloco. O que fazíamos em nosso tempo livre e como buscávamos sobreviver não lhe interessava. Quando pedíamos sua ajuda ao passar por problemas, encolhia os ombros, sorria e desculpava-se por ser "apenas o líder do bloco 7a, e não o Senhor do Universo".

A influência que ele exercia na hierarquia do campo era insignificante. Seu alemão era ruim e sua voz não era persuasiva o bastante. Nem nós o valorizávamos. Para sua consternação, evitávamos sua presença muito menos por medo do que pelo desejo de ignorá-lo.

Nos primeiros meses após chegar, os prisioneiros passavam seu tempo livre matutando sobre o futuro. Então, quando conheciam todos os detalhes assustadores da vida nos campos, o futuro deixava de ser uma prioridade e eles apenas tentavam

---

* Ele foi transferido para o Bloco 8, que ficava em frente ao Bloco 7a e que tornara-se uma base de treinamento militar.

permanecer vivos. Após passar por diversas provações e adversidades, lutavam para esquecer. Agora essa era minha estratégia.

Para nós, os jovens, uma das melhores formas de sonhar era cantando. Cantávamos quando empacotados no bloco, cantávamos durante os diversos toques de recolher, enquanto tomávamos nosso banho semanal ou, ainda, quando nos sentíamos sós. Nossas músicas eram muitas e variadas. As melodias ciganas, as cantigas de amor, músicas populares de toda a Europa e marchas partidárias. Alguns escolhiam uma como favorita e ficavam cantarolando como um tipo de melodia de marca registrada, algo pelo qual eram conhecidos.

Minha escolha foi uma música francesa sentimental chamada *Chante, Chante Marie*, na qual um jovem revela à sua mãe por que tinha se juntado à Legião Estrangeira. "Nem porque sou assassino", canta o soldado, "tampouco porque sou ladrão. Não, é por amor a uma mulher". Sempre que a cantarolava, minha melodia particular, eu ficava dominado por um sentimento de estar vivo, apesar de tudo. Após um ano inteiro no campo de concentração, ainda era eu mesmo. Muito embora não pudesse ver meu rosto, pois espelhos não eram permitidos, ainda conseguia ouvir minha voz. Ela comprovava a minha existência.

Geralmente durante à noite, sentávamos em nossos beliches e ouvíamos os meninos russos cantando. Suas músicas contagiantes eram tão repletas de rebeldia e confiança que era impossível não cantar junto. Não importava se eram da França, Bélgica, Holanda, Alemanha, Áustria, Itália, Tchecoslováquia, Polônia, Hungria, Grécia ou Rússia; os ritmos agitados colavam em todos nós. As músicas empolgantes que inspiraram os revolucionários de 20 anos atrás não tinham perdido seu significado. Sua mensagem de união para possibilitar a luta contra o inimigo comum não era apenas apropriada, tornara-se agora vitalmente importante. Mesmo aqueles que se opunham ao comunismo, como muitos dos ucranianos, não queriam mais ficar de lado. Eles, também, se juntaram ao coral de algum modo.

Dentre as nossas favoritas, estavam *Se o Amanhã Trouxer Guerra, De Fronteira a Fronteira* e *Lança de Cavalaria*. Ouvi-las despertava muitos sentimentos em nós. Imaginávamos que, em algum lugar das florestas da Europa dominadas pela resistência, outros jovens também as cantavam. Eles tinham armas em suas mãos. Nós, impotentes, só podíamos tentar sobreviver. Sua luta era a nossa, e a nossa luta era a sua. Tudo o que podíamos fazer pela causa comum era cantar.

O MENINO QUE DESENHOU AUSCHWITZ

DIE MOORSOLDATEN*

Wohin auch das Auge blicket.
Moor und Heide nur ringsum.
Vogelsang uns nicht erquicket.
Eichen stehen kahl und krumm.

Wir sind die Moorsoldaten
und ziehen mit dem Spaten ins Moor.
Wir sind die Moorsoldaten
und ziehen mit dem Spaten ins Moor.

Auf und nieder geh´n die Posten,
keiner, keiner kann hindurch.
Flucht wird nur das Leben kosten,
vierfach ist umzäunt die Burg.

Wir sind die Moorsoldaten
und ziehen mit dem Spaten ins Moor.
Wir sind die Moorsoldaten
und ziehen mit dem Spaten ins Moor.

Doch für uns gibt es kein Klagen,
ewig kann nicht Winter sein,
einmal werden froh wir sagen:
Heimat du bist wieder mein.

Dann zieh´n die Moorsoldaten
nicht mehr mit dem Spaten ins Moor.
Dann zieh´n die Moorsoldaten
nicht mehr mit dem Spaten ins Moor

OS SOLDADOS DO PÂNTANO

Até onde nossos olhos podem alcançar,
Calor e lama estão por toda parte.
Nenhum pássaro canta para nos animar.
As árvores estão prontas para o descarte.

Somos os soldados do pântano,
Marchando com espadas à turfeira.
Somos os soldados do pântano,
Marchando com espadas à turfeira.

Os guardas marcham longe e perto,
Não, ninguém pode passar.
Escapar seria uma morte certa,
Armas e arame farpado nossas vistas a
tapar.

Somos os soldados do pântano,
Marchando com espadas à turfeira.
Somos os soldados do pântano,
Marchando com espadas à turfeira.

Mas não estamos reclamando,
O inverno passará com o tempo.
Um dia estaremos regozijando.
Terra pátria, és o meu querido alento.

Não mais os soldados do pântano
Marcharão com espadas à turfeira.
Não mais os soldados do pântano
Marcharão com espadas à turfeira.

---

* Originalmente, a música tinha cinco versos. Aqui estão
os três mais conhecidos e o coro.

E havia as músicas tradicionais do campo de concentração. A maioria tinha pouca coisa diferente das marchas alemãs, às quais os prisioneiros adicionaram algumas palavras inofensivas. Destacada por sua especial falta de gosto, havia uma sobre Auschwitz. Baseava-se em uma música favorita dos nossos guardas, que declarava abertamente que "Ficaremos em Auschwitz, sob chuva ou com o desabrochar das rosas vermelhas". Composta apenas porque as autoridades queriam ter uma música do campo, a letra original era tão repulsiva para nós que cantávamos apenas quando nos obrigavam.

Os prisioneiros veteranos nos transmitiram músicas sobre a vida nos campos pantanosos perto de Papenburg — de dez anos atrás. Uma delas, letra e música compostas por prisioneiros, fez sucesso. Como tinha sido ouvida pela primeira vez em 1934, no campo de concentração de Börgermoor, tornou-se um tipo de hino dos prisioneiros políticos em todos os lugares. Seu ritmo, embora confiante, deixava claro que a luta seria longa e vagarosa. "Até onde nossos olhos podem alcançar, calor e lama estão por toda parte." "Mas", ela promete àqueles que cantam todos os versos, "o inverno passará com o tempo".

Dez anos antes, essa canção emotiva fora entoada por alemães antifascistas esquecidos nos pântanos escondidos de Ems. Agora, 400 vozes juvenis, juntas e provenientes de toda a Europa, emprestavam-na um novo vigor. O hino dos prisioneiros, flutuando do nosso bloco e penetrando na noite escura, tornara-se um desafio.

Sabíamos que milhões dos nossos camaradas em outros campos estavam cantando conosco. Um dia nos reuniríamos. Então nossas músicas seriam ouvidas mais forte do que nunca. As melodias antigas não seriam esquecidas. Inspirados por elas, um dia buscaríamos os remanescentes dos nossos opressores e seus apoiadores e faríamos justiça.

Cobiçar prisioneiras, onde pudessem ser vistas, passou a ser um hobby para mim. Queria descobrir o que as tornava atraentes.

Sempre que um grupo se aproximava à distância, os jovens em nosso grupo de trabalho decidiam ir ao encontro delas. Dávamos desculpas para sair do trabalho, sendo a mais plausível a necessidade de ir ao banheiro, o qual tinha três células, privilégio concedido uma vez por dia. Com olhos aguçados e minha coragem, era um forte concorrente. Às vezes, o encarregado era o primeiro a espiar as moças, mas não temíamos a competição. "Três jovens que ainda não visitaram a privada podem ir agora!", a alma bondosa costumava gritar nessas ocasiões. Para aqueles que estavam ligados nessa deixa, passava a ser apenas uma questão de agilidade.

Como trabalhávamos perto da estrada, geralmente tentávamos ficar de olho nas recém-chegadas ao campo. Em uma ocasião, observamos uma longa coluna de prisioneiras vindas de Birkenau para sua desinfecção e seu banho mensal. Gritávamos para elas — de uma distância que dissuadia os guardas de nos perseguirem —, perguntando suas nacionalidades.

"Alguém de Miskolc?", as mulheres gritaram para nós.

"Alguém de Miskolc?", nossas vozes ecoaram nas estruturas vazias dos galpões das fábricas em construção. Respondendo aos chamados, vieram correndo os colegas de trabalho húngaros, gente para quem aquela cidade outrora significava paz, lar e vida familiar. Esquivando-se cuidadosamente dos guardas, das mulheres da SS e dos cães farejadores, eles escapuliram até a estrada em busca de conhecidas, enquanto nós ficamos olhando.

Enquanto as mulheres passavam por nós caminhando penosamente, mal se davam ao trabalho de levantar a cabeça para nos cumprimentar. Usando trapos, com as cabeças raspadas e os rostos pesados de preocupação e desespero, ainda tinham energia o suficiente para arrastar os pés ao longo da estrada empoeirada. Fiquei pensando que, semanas atrás, essas mesmas mulheres talvez estivessem passeando nas ruas de Budapeste, trajando roupas elegantes e atraindo os olhares de muitos admiradores. Agora elas haviam sido reduzidas ao nível mais baixo de prisioneiros — os inocentes recém-chegados.

Para tentar animá-las, descobrimos nossas cabeças raspadas, acenamos nossas boinas azuis e brancas e forçamos um sorriso. Mas, depois, nossos colegas de trabalho nos disseram que as mulheres tinham perguntado sobre "as crianças do campo". Elas tinham sido separadas em um complexo especial para judias húngaras dentro dos horrores de Birkenau. As autoridades ardilosas do campo as mantiveram ignorantes disso, enquanto continuavam a lhes dizer sobre o "reassentamento". Para muitas prisioneiras ingênuas, então, a amarga realidade não era nada além de um mau rumor, um pesadelo que esperavam nunca ter que enfrentar.

O entusiasmo por cumprimentarmos as mulheres era comum a todos os grupos de trabalho. Assim, depois de pouco tempo, quaisquer prisioneiros que estivessem à espreita ao lado da estrada deixavam de ser espectadores solitários. Conforme cresciam em número, suas presenças tornaram-se óbvias. Certo dia, nosso joguinho teve um fim abrupto quando a SS se lançou sobre nós. A caçada foi liderada por uma das guardas da SS. Era feia e tinha perninhas finas, mas, mesmo assim, imaginou que estávamos olhando para ela. Seus gritos enfurecidos fizeram com que todos os outros guardas viessem correndo atrás de nós.

Ao sermos perseguidos até nosso local de trabalho — os novos galpões para a fábrica do Sindicato —, procuramos desesperados um esconderijo. Por fim, vi uma pilha de caixas vazias. Um dos contêineres, ainda dotado de uma tampa, me convidou a entrar, e foi o que fiz. Após alguns minutos de ansiedade, os gritos foram parando. Saí com cuidado para não fazer barulho e, para minha surpresa, descobri que as caixas ao meu redor também continham gente. Quando os outros fugitivos apareceram, fizemos uma rápida reunião antes de voltarmos furtivamente ao trabalho, um a um.

Os desafortunados que foram pegos por seus perseguidores receberam 25 açoites em seus traseiros. Dali em diante, chegar perto da estrada quando as mulheres estavam por lá passou a ser uma ofensa. Mas desejar o impossível não impediu os nossos esforços de vê-las.

Pelo contrário, quando voltamos ao campo, juntamo-nos ao redor do barracão da lavanderia, cheio de vapor, em uma tentativa desesperada de espiar os banhos femininos. Subindo uns nos outros, escalamos as paredes até alcançarmos uma janela solitária lá em cima que oferecia uma vista distante e brumosa dos corpos nus. Logo, no entanto, até mesmo tal prazer precário nos foi negado — as banhistas pararam de vir.

Então, certo dia, quando desmontávamos os balcões inutilizados entre os trilhos do trem e a estrada para Birkenau, fomos pegos por uma chuva forte. Isso significava parar de trabalhar, então nossa esperança era de que esse gesto divino durasse bastante. Eu e outros quatro fomos buscar abrigo em um estábulo abandonado, onde relaxamos ouvindo as amigáveis gotas caindo como uma melodia sobre o teto de metal ondulado. De repente, fomos interrompidos por duas pessoas que chegaram e começaram a retirar o excesso de água de suas roupas encharcadas da prisão. Percebemos que eram garotas — meninas curvilíneas do interior.

Atordoado por, de repente, ver o objeto da minha imaginação juvenil bem ao meu lado, fiquei apenas olhando sua feminilidade. Meus outros companheiros tinham aprendido muito tempo atrás as lições sobre os fatos da vida e começaram a conversar com as visitantes — uma era polonesa e a outra, russa. A guarda delas, ao que parecia, talvez com medo de ser subjugada, estava se abrigando em uma guarita ali perto. Dois casais apressaram-se rumo a um canto cheio de palha do barracão.

Enquanto permanecemos de olho em possíveis intrusos, era impossível não ficarmos com inveja.

Quando voltávamos do trabalho, geralmente passávamos pela nova extensão do campo, um local onde trabalhei antes. Agora estava circundado por altas cercas de arame farpado e ocupado por um contingente avançado de prisioneiras que vieram instalar a mobília: 70 beliches triplos, 1 mesa, 1 armário e 2 bancos por quarto.

Visto que as poucas dezenas de prisioneiras tinham sido escolhidas por sua confiabilidade, eram guardadas temporariamente por uma única sentinela posicionada junto ao portão, uma condição que exploramos totalmente. Ao passarmos pela cerca, nós e as meninas lançávamos flores uns aos outros. Elas murchavam, mas presentes sinceros eram recolhidos durante nosso intervalo do meio-dia, os preciosos e escassos minutos que sobravam após devorarmos nossa sopa. Animávamos uns aos outros, gritando cumprimentos e abanando nossas boinas, enquanto elas abanavam seus lenços.

Perguntei a elas se conheciam judias alemãs em Birkenau.

"Sim, tem uma ou duas", exclamou alguém.

Gritando, com as mãos em forma de concha em minha boca, indaguei se conheciam alguma mulher do transporte no qual eu viera.

"Não, nunca ouvimos esses números", veio a resposta.

Não fiquei chateado. Continuei a comemorar, cumprimentando pessoas com quem não tinha nenhum contato e que, antes, não significariam praticamente nada para mim. Agora, porém, não estávamos aplaudindo pessoas, mas saudando a juventude que nunca seria conquistada.

Havia prisioneiras na fábrica do Sindicato trabalhando em turnos diurnos e noturnos, mas os estranhos não eram permitidos. Embora as trabalhadoras tivessem jurado segredo, sabíamos que a fábrica produzia cartuchos, em virtude dos restos de metal furado que encontramos nos vagões abertos, voltando às usinas de metal na Alemanha. Ao medir o diâmetro, conseguíamos, inclusive, adivinhar em quais armas seriam usados.

O MENINO QUE DESENHOU AUSCHWITZ

ACIMA: UMA RARA EQUIPE DE TRABALHO
As prisioneiras ainda tentavam nos cumprimentar enquanto catavam plantas para a sopa.

ABAIXO: BLOCO 24A
Apesar do abuso terrível, essas mulheres especiais conseguiam demonstrar compaixão e generosidade a nós, os jovens.

O MENINO QUE DESENHOU AUSCHWITZ

Ocasionalmente, víamos mulheres que se recuperavam de doenças empregadas em um grupo que vinha procurar ervas. Seu trabalho era vasculhar os campos em busca de diversas plantas selvagens que pudessem ser usadas para fazer remédio, ou espinhos para as sopas dos prisioneiros. Sob vigilância, não ousavam falar conosco, mas, quando inclinavam suas estruturas esqueléticas em nossa direção para catar uma planta espinhosa, davam um sorriso reticente. Havia outros tipos de prisioneiras em nosso campo. Tinha um bordel no andar de cima do Bloco 24, acima do quarto da orquestra do campo. Essas mulheres eram provenientes de toda a Europa, sendo que sua maioria já praticava a profissão mais antiga antes de ser capturada.

Os prisioneiros alemães tinham o direito de visitar as cerca de 24 mulheres a cada 15 dias. Os prisioneiros, com exceção dos russos, ciganos e judeus, recebiam os ingressos em forma de disco de metal a cada poucos meses. O pessoal proeminente do campo tinha suas favoritas, mulheres de quem gostavam. Em retribuição aos presentes transportados por pedaços de cordão através de uma janela escondida na parte de trás, as garotas os deixavam ficar mais do que os 15 minutos estabelecidos.

Era uma ironia estranha que uma prostituta, antes presa por sua profissão, agora era exigida a trabalhar pela mesma autoridade que a tinha prendido. Elas atendiam prisioneiros e guardas, então quase nunca podiam sair de seus quartos. Durante os poucos momentos que podiam se mostrar em uma janela, nunca deixávamos de observá-las.

Em geral, examinavam o pátio abaixo em busca de prisioneiros que pareciam jovens ou muito frágeis. Chamavam-nos e diziam para que ficássemos sob sua janela, então lançavam uma ração de pão. Era sua maneira materna de ajudar, apesar das dificuldades que todos enfrentávamos. Era impossível não respeitá-las.

Do outro lado de um de nossos locais de trabalho, os novos estábulos eram, agora, uma casa de descanso para os oficiais da SS, uma *Fuehrerheim*. Como em todas as moradias da SS, o trabalho doméstico era feito por uma seita religiosa chamada *Bibelforscher.* As prisioneiras nos chamavam para pedir ajuda com os suprimentos pesados, como sacas, caixas e barris. Esperando roubar porções de comida, ficávamos tão desejosos em sermos úteis que, ao vermos a carreta semanal de provisões

---

* Os investigadores da Bíblia, também conhecidos como "Testemunhas de Jeová", eram marcados com um triângulo vermelho.

O MENINO QUE DESENHOU AUSCHWITZ

OS INVESTIGADORES DA BÍBLIA (TESTEMUNHAS DE JEOVÁ)
As mulheres desse grupo serviam como trabalhadoras domésticas para as famílias da SS.

chegar às mansões dos oficiais alemães, chegávamos de fininho e tentávamos atrair a atenção das mulheres, apontando para nós mesmos de forma animada.

Certo dia, foi minha vez de ser o sortudo. Equilibrando precariamente uma caixa de vinhos em meus ombros, passei pela entrada da sentinela, desci a escadaria escura e entrei no cofre de suprimentos. Abaixando minha carga e erguendo meus olhos, fui confrontado com uma vista que achava que existia apenas nos contos de fada.

Empilhadas na parede, repousavam fileiras infindáveis dos mais finos vinhos europeus. Pendurados por um suporte, havia gansos depenados, lebres, salsichas e presuntos aromáticos, suculentos e de dar água na boca. Uma empregada idosa, com um monte de chaves presas ao seu vestido azul e branco da prisão, enfiou um pedaço de frango cozido em meu bolso e, depois, me mandou voltar ao trabalho. Enquanto retornava, espiei os quartos no andar de cima. Eram luxuosamente mobiliados e dignos de reis.

Sim, os "Mestres" da "Raça Superior", com sua cobiça satisfeita, tinham motivos para relaxar em suas poltronas.

A seita dos Investigadores da Bíblia (Testemunhas de Jeová) foi presa por seu pacifismo obstinado e apenas as mulheres sobreviveram. Sendo sua maioria composta por alemãs ou polonesas, sua honestidade confessa foi espertamente explorada pelos nazistas. Agora serviam como cozinheiras e empregadas da SS.

Aparentemente incapazes de machucar até seus piores inimigos, essas Mulheres da Bíblia eram confiadas com posições de tanta responsabilidade que as restrições a elas impostas eram apenas simbólicas. Sendo escravas, em vez de prisioneiras, eram vinculadas às acomodações da SS além do complexo do campo circundado por guardas; lá se alojavam e, assim, tinham liberdade para se movimentarem pelo distrito sempre que o trabalho exigia. Ver uma mulher com trajes de prisão entrar na fila da loja da vila era apenas outro espetáculo esquisito ao qual a população ao redor se acostumara a ver. A prisioneira não se engajava em conversas nem tentava escapar, pois mantinha a sua promessa com um fervor religioso.

Nós respeitávamos as devotas da Bíblia, principalmente porque elas nos ajudavam. Mereciam mais, pois sua atitude perante a vida demonstrava coragem. Para elas, Deus estava longe de ser o juiz celestial que exige guerras santas e que perdoa os pecadores. "Apenas nossa própria conduta pode nos salvar", reconheciam de forma corajosa e teimosa. "É por meio dela que Ele se revela."

Meu amigo mais leal, o Gert Atrevido, agora trabalhava em uma fazenda perto de Raisko (Rajsko, em polonês). Isso significava ter que acordar antes das 5h da manhã e marchar por algumas horas. Labutava nos campos e, depois, exausto e cheio de bolhas, arrastava-se de volta, geralmente chegando ao campo após a chamada noturna.

No entanto, trabalhar em meio a tomates deliciosos e cebolas picantes tinha sua recompensa. Todos os domingos, uma carroça puxada por um único cavalo, conspicuamente coberta por uma montanha de flores, encostava no Bloco 5.* Escondidas sob as plantas verdes envasadas e os ramos coloridos, havia sacas de vegetais, a quantidade semanal total de tudo o que a equipe agrícola tinha conseguido "organizar".

Tal artimanha inteligente geralmente deixava o quarto dos trabalhadores agrícolas parecendo uma floricultura, e eles permutavam os preciosos vegetais carregados em seus bonés pelo ainda mais precioso pão. Nunca ninguém descobriu isso, pois os guardas especialistas em detectar contrabandos tiravam o domingo de folga.

Quando eu o visitava, Gert Atrevido sempre tinha algo guardado para mim: alguns tomates para serem devorados como um agradinho. Às vezes, era um pedaço picante de alho, que podia ser esfregado em muitas crostas secas de pão, ou até mesmo uma cebola, que trazia variedade a uma semana inteira de comida do campo.

Eu não tinha nada para oferecer em troca e, como nosso acordo de compartilhamento dentro da Pequena Berlim tinha sido abandonado há tempos, sentia-me muito desconfortável em aceitar esses gentis presentes. O generoso Gert precisava muito do quilo semanal de vegetais duramente conquistado para tentar ajudar sua família. Seu pai tinha sido contatado em Birkenau e seu irmão, em Monowitz.

"Quando não temos notícias da família", costumava dizer, "tememos o pior ou esperamos por um milagre. Então, quando chegam notícias de algum campo de que estão vivos, nos sentimos sortudos. Mas, logo, conforme nosso destino miserável fica pior, chegamos até a nos arrepender de termos ouvido a respeito disso, pois aquilo que antes era temido se tornará certamente conhecido".

---

* As autoridades faziam isso com o propósito de *embelezar* o campo-modelo.

CAPÍTULO 12
TORNEI-ME UM VETERANO

O campo estava se transformando. Os nazistas se preparavam para absorver milhões a mais de escravos — as muitas "raças inferiores" das quais a Europa ainda estava repleta. Auschwitz deveria ser estendida e expandida.

Diversos novos projetos foram elaborados. Um dos nossos encarregados deu até uma espiada nas plantas. Projetavam um campo com o dobro do tamanho do atual, a triplicação dos prédios das fábricas e uma nova rede de estradas e ferrovias para a área de trabalho. Isso significava que o distrito inteiro, flanqueado pelos rios Vístula e Sola, transformaria-se em um campo de concentração gigantesco. Um monstro para quem estivesse nele, apenas um nome triplicado para os outros.

O primeiro passo foi introduzir um novo sistema de administração. Nosso campo, o menor, porém o mais bem-mantido para servir de vitrine às delegações externas, agora foi nomeado Auschwitz I. Os campos em Birkenau foram nomeados Auschwitz II. E Monowitz, com suas filiais, Auschwitz III.

Novas construções apareceram rapidamente em todo o território do campo. A demanda por mão de obra qualificada para a construção se tornou tão alta que nem mesmo os milhares de antigos prisioneiros da escola de pedreiros conseguiam atendê-la.

Fui designado a um local de trabalho chamado Novos Estábulos. Lá, trabalhávamos pesado sob o Sol escaldante, e a situação ficou ainda pior ao nos obrigarem a usar nossos casacos. Observando-nos conforme cavávamos fundações e movíamos a terra, um guarda da SS estava sentado preguiçosamente sob uma árvore. Às vezes, provavelmente após uma noite de entretenimento, o guarda, normalmente agressivo, pegava no sono. Isso era um sinal aos mais ousados dentre nós para que pulassem as cercas rumo a um jardim nas redondezas. Qualquer coisa lá que atraísse pássaros, abelhas e minhocas também nos interessava. Frutas silvestres, flores e rabanetes — troféus raros e indispensáveis.

Como a outra propriedade polonesa dentro do distrito do campo, o jardim, parte de uma residência de campo, tinha sido assumida pela família de um oficial da SS. Nossas expedições pequenas e imperceptíveis de pilhagem não apenas suplementavam nossas rações, como também difundiam a discórdia. Quando o chefe nazista retornava à sua casa de campo e via a bagunça nos canteiros, culpava os próprios filhos.

Esses momentos, porém, eram interlúdios. Havia pouco a mais para quebrar a monotonia do trabalho. Chegando à exaustão por cavar continuamente, enquanto suávamos e sentíamos dor em todas as partes do corpo, nós, os prisioneiros, tínhamos apenas os marcos do campo,* ocasionais e escassos, para nos animar. A maioria, incluindo a mim, nem mesmo seria favorecida com tal recompensa irrisória. Era o valor máximo colocado sobre nós como escravos do século XX.

Quando alguém recebia um marco, essa pessoa (juntamente com os prisioneiros alemães privilegiados que tinham notícias de casa) passava a noite fazendo fila do lado de fora da cantina. Lá dava para comprar mostarda, papel de carta, papel higiênico, papel para fazer cigarro e tabaco (feito de madeira), se ainda não estivessem esgotados.

Transportes enormes de judeus húngaros chegavam a Birkenau dia e noite. Muitos de seus ocupantes foram transferidos para o nosso campo, e a superpopulação nos forçou a compartilhar os beliches.

Esses recém-chegados destacavam-se dos outros prisioneiros por serem magiares (húngaros). Viver sob opressão parecia algo novo para eles. Sua língua era totalmente diferente da nossa e de qualquer outra que conhecíamos. Ao tentarmos nos fazer entender, passávamos muitas horas nos esforçando para lhes ensinar os elementos da vida do campo, mas duvidávamos se jamais conseguiriam dominar a arte de serem azarões.

Desde a minha chegada, já há um ano, o número de prisioneiros que passara por Auschwitz dobrou. Agora, havia cinco séries separadas de números: E para Educacional, G para Comum, Z para Cigano e A e B para os gigantescos transportes de judeus que chegavam desde 1944. Os prisioneiros E, a maioria alemã, viviam em um campo especial de Birkenau e seriam soltos após cumprirem suas penas.

---

* Os "marcos do campo" eram dinheiro em papel, usado apenas dentro dos campos de concentração como Auschwitz, ao contrário do Reichsmark, que era a moeda alemã corrente na época.

Todos os outros, com os números tatuados no antebraço esquerdo, passariam a vida toda lá.

Os judeus que chegavam de países "ricos", como Hungria e Itália, onde tinham sido expostos a propagandas inteligentes e calculadas sobre o "reassentamento no Leste", traziam consigo a maioria de seus pertences e muitos suprimentos, geralmente vagões cheios deles.

Uma vez que os donos eram descartados, a atenção se voltava às suas propriedades. Malas, vestuário, roupas de cama, bicicletas, serras elétricas, pacotes de suprimentos, montes de correspondência, fotos, anéis, diamantes e notas de dólares escondidas, tudo ia aos balcões de triagem para que fossem classificados, recebendo uma atenção que seus donos não desconfiavam merecer.

Quando o espólio tinha sido avaliado e quaisquer etiquetas ou nomes costurados tinham sido removidos, era armazenado em vagões para que fosse enviado à Alemanha. "Do campo de concentração de Auschwitz para Breslau", diziam as plaquinhas de destino afixadas em todos os vagões.

"Será possível que", ficávamos imaginando, "as pessoas lá do outro lado, prestes a aproveitar o espólio, não saibam como ele foi obtido?".

Muitos dos suprimentos que obrigavam os recém-chegados a carregar estavam rançosos, estragados ou tinham suspeita de serem venenosos. Não os enviavam à Alemanha, mas à cozinha do campo. Lá, todas as outras coisas roubadas dos transportes gigantescos, como macarrão estrangeiro, farinha, pão e frutas secas, eram chamadas de *Kanada*, possivelmente porque aquele país representava riqueza e abundância para os europeus.

A sopa do *Kanada*, então, trazia uma variedade bem-vinda à nossa dieta. Era uma sopa com pão que, dependendo de seus ingredientes — pedaços de fruta, bolo, sanduíches, jornais e, geralmente, couro e pregos — ficava doce ou amarga.

De maneira similar, os valiosos bens trazidos pelos transportadores criavam novas oportunidades para os prisioneiros que trabalhavam como *Kanada Kommando*.

Conforme separavam o espólio, "organizavam" parte dele. Era comum chegarem para trabalhar nos depósitos *Kanada* vestindo botas baratas adquiridas no campo e sair com um par de sapatos de couro de qualidade. Assim como enrolar lençóis na cintura, guardar relógios de ouro no reto, esconder joias no nariz e forrar as boinas com cédulas estrangeiras.

Tais prisioneiros logo se tornaram financistas que os negociadores menores do campo tiveram que tratar com respeito. No campo, esses bens eram passados para outros operadores, que ganhavam uma comissão. Esses, por sua vez, faziam permutas com colegas civis de trabalho em troca de álcool, manteiga e cigarros.

Três cigarros, o dinheiro do mercado ilegal da Europa, comprava uma ração diária de pão — 350 gramas. A manteiga era reservada para comprar a cooperação de chefes, encarregados e líderes de bloco, enquanto o conhaque, em alta demanda, mas difícil de contrabandear, era usado para subornar o pessoal mais rico do campo e os guardas da SS.

Quando voltávamos do trabalho, passávamos por um procedimento diário no qual 1 pessoa de cada 50 era inspecionada meticulosamente, enquanto lançavam olhares ameaçadores em busca de protuberâncias suspeitas. Quem fosse pego apanhava de forma brutal e era forçado a passar o restante da noite em pé no vão com menos de dois metros de largura entre as cercas de arame farpado que zumbiam cargas letais de eletricidade.

A escola de pedreiros e eu nos mudamos para o Bloco 13a. Seus aprendizes, todos novos agora, eram principalmente garotos judeus da Hungria — jovens entre 14 e 16 anos de idade. Como o ingênuo Kurt Pequeno, que desaparecera há muito tempo, eles também se agarravam às suas agradáveis infâncias e mal percebiam a crueldade ao seu redor. Observá-los, imperturbáveis e equilibrados, era uma satisfação; algo para nos animar.

Alguns, tendo recebido uma educação sionista, nos entretinham com músicas sobre os pioneiros na Palestina, que lutavam bravamente por uma terra dos judeus. Melodias sentimentais nos recordavam sobre um ideal que os antigos prisioneiros tinham se esquecido há muito tempo. "Durma Tranquilo, Vale de Jezreel",* entoavam as claras vozes juvenis, irremediavelmente abafadas por um quarto repleto de

---

* *A Música do Vale* foi escrita em 1934 e concedeu força e confiança a Thomas e a seus companheiros, uma vez que seu significado original falava sobre guardar este vale *especial* e a terra *prometida* de Israel.

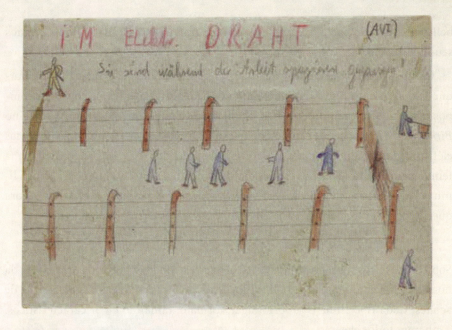

ACIMA: ENTRE OS ARAMES DA CERCA ELÉTRICA
Outra punição cruel era deixar os prisioneiros em pé em espaços confinados durante horas e com as cercas elétricas ao seu redor.

ABAIXO: INSPECIONADOS
Quando a inspeção meticulosa revelava quaisquer bens, significava mais do que apenas má sorte. Poderia custar a própria vida do prisioneiro.

beliches cheios de poeira e de palha. "Durma tranquilo, vale maravilhoso, somos seus guardas..."

Outro grupinho que nunca se cansava de continuar alegre, principalmente porque isso angariava a seus membros uma ocasional tigela extra de sopa, era composto por alguns meninos ciganos. Romenos ritmados, que passavam a noite no *Birkenweg*, o calçadão do campo que ficava de frente para a fileira tripla de cercas elétricas, dançavam e cantavam para nos lembrar dos dias idos. Agora eu tinha tempo para escutá-los. Após ter desistido de mendigar em vão por comida, não limitava mais minha atenção aos prisioneiros que poderiam outorgar favores. Agora queria conhecer todos, observar seus hábitos diversos e tentar entendê-los.

Sob os chuveiros, observávamos as cicatrizes espalhadas por todas as partes da nossa pele flácida. Marcas de bolhas, abcessos, doenças cutâneas e, às vezes, até de açoites. Cada tipo tinha o próprio lugar, formato, tamanho e cor característicos. Tínhamos todos eles.

No inverno de 1943, a leva de abcessos dos mais variados tipos, causados pela praga da desnutrição, foi ainda pior. A epidemia invadiu todas as partes de nosso corpo. Agora espalhavam-se principalmente em nossas pernas. Porém, quando cutucávamos as panturrilhas com os dedos, ficava a marca de um buraco vazio, significando que estávamos com hidropisia.* Passamos a ser esponjas vivas.

"Esses inchaços malditos são causados por bebermos muita água pútrida da torneira", diziam os veteranos. "Se vocês não dormirem com as pernas para cima, isso vai se espalhar e vai para o coração. Parem de bebê-la ou vão explodir como um balão!"

Não tinha nada de engraçado nisso. Com exceção do ar, a água era o único sustento gratuito que recebíamos e aproveitávamos sem as restrições das míseras rações. Sem a água da torneira nos banheiros, definharíamos como flores secas.

A nudez nos banheiros também revelava os corpos vermelhos e em carne viva dos recém-chegados. Ainda desacostumados às persistentes pulgas de um campo de concentração, coçavam-se até sangrar. Vários deles já tinham se infectado por escabiose. Uma vez afligidos por esses parasitas minúsculos, os prisioneiros, que

---

* Hidropisia, agora conhecida como edema, é um inchaço causado pela retenção de líquidos, normalmente nas pernas, nos calcanhares e nos pés.

DOENÇAS NO CAMPO
As inúmeras dificuldades que os prisioneiros enfrentavam: infecções, doenças e febres.

O MENINO QUE DESENHOU AUSCHWITZ

VERMES
As companhias mais indesejadas dos prisioneiros: vermes no campo.

suavam constantemente por causa do trabalho extenuante, não podiam fazer quase nada para se salvar.

Tifo endêmico e as febres tifoide, botonosa e escarlatina continuavam cobrando seu preço com uma regularidade assustadora, sem serem ultrapassadas em mortalidade pela diarreia e pela disenteria.

"É a comida suja", argumentavam os doentes.

"É a nossa fraca constituição", diziam os outros.

Avisos dispostos sobre as torneiras dos banheiros alertavam: "Não beba! Perigo de epidemia!"

Em outros lugares, nas paredes dos banheiros, placas esmaltadas anunciavam *"Eine Laus dein Tod!"* ("um piolho — sua morte") e mostravam um grande retrato da besta sugadora. Pela primeira vez, agora tínhamos piolhos. Todos os domingos, após a chamada, fazíamos fila para um exame de vermes, previamente limpando com cuidado as costuras de nossas roupas, caso fôssemos acusados de espalhar a doença.

Uma dessas caças a parasitas acabou ajudando minha crescente reputação. Com a camisa nas mãos e as calças abaixadas, aproximei-me de um dos inspetores, um colega prisioneiro que, armado com uma lupa, deveria ter examinado meu corpo em busca de piolhos, lêndeas e piolhos pubianos. Porém, com um sorriso divertido, levantou a lente para observar meus olhos mais de perto.

"Ah, então é você, cabeção! Ainda vivinho da silva, é?", exclamou uma voz com sotaque eslavo. Era Ello, o garoto animado que fora vice-líder de quarto no Bloco 7a.

"Da próxima vez", sussurrou, "nem se incomode; vou tirar seu nome da lista sem precisar vê-lo, assim como o pessoal do bloco. Mãos velhas como a sua podem ser confiadas a esmagar os piolhos por si só".

Enquanto voltava para receber minha sopa diária desesperadamente necessária, dei outra olhada nos garotos ainda na fila para a inspeção. Um após o outro, observei seus antebraços desnudos, que mostravam os números do campo. Todos exibiam uma numeração mais alta do que a minha, e eram quase todos um ano mais jovens do que eu.

Agora, apenas pouquíssimos prisioneiros do bloco excediam meu tempo de campo. Tornara-me um "mão velha".

Mais de 100 mil prisioneiros chegaram depois de mim. Agora, em Auschwitz há mais de um ano, eu era um veterano. Alguém familiar, por meio da experiência, aos eventos anuais da vida em Auschwitz.

Muitos do pessoal do campo já me conheciam de vista e tinham solidariedade para comigo. O jovem com quem todos os prisioneiros já tinham apreciado praticar *bullying* tornara-se um antigo, respeitado por ter sobrevivido tanto tempo.

Até mesmo as autoridades fizeram concessões à minha experiência ao me incluírem em uma lista de prisioneiros que podiam escrever para casa. Encarando o cartão-postal que recebera, contemplei qual seria a melhor escolha de algumas palavras e para quem poderia dirigi-las. Escrevi como estava bem, "esperando que envie uma bondosa resposta" (isso significava um pacote de comida) e enviei a mensagem a uma senhora alemã que tinha sido nossa vizinha. No entanto, as poucas linhas nas quais coloquei minha esperança nunca foram respondidas. Acho que as cartas foram rasgadas e nunca saíram do campo.

Em outra ocasião, a administração nazista decidiu fazer uma apresentação de filmes e dava ingressos apenas a alemães e poloneses. Antes de cada sessão, multidões de prisioneiros russos, judeus e ciganos bloqueavam a entrada, na esperança de ter uma chance de se infiltrar. Certa noite, um alemão preso por ser criminoso, que provavelmente me conhecia, colocou um ingresso na minha mão.

"Entre, garoto", ele sussurrou, "e aproveite o show".

Apesar do meu rosto vermelho de vergonha, entrei no cinema, um quarto vazio do Bloco 2a. Um filme, em Auschwitz? E, então, começou: a apresentação de um filme em Auschwitz. Ajuntamo-nos e acompanhamos a história avidamente. Era um romance nacional, cheio de um viver descuidado, boa comida, elegância, mulheres e famílias. Parecia uma miragem, um mundo dos sonhos tão longe do nosso que, se olhássemos mais de perto, ficaria obscuro.

CAPÍTULO 13
VENTOS DE MUDANÇA

Após muito tempo, por fim vieram os bombardeiros dos Aliados no fim de 1944.[*] Nossa esperança era que esse fosse o primeiro sinal de que o mundo ao nosso redor estava se conscientizando do nosso sofrimento.[†]

Sabendo que eram um alvo, a guarnição da SS rapidamente montou esconderijos subterrâneos, camuflou os prédios e equipou-se com capacetes e máscaras de gás.

Quando ouvíamos o soar da sirene, um sinal bem-vindo que tocava até três vezes por dia, deixávamos o trabalho imediatamente. Íamos ao nosso local de encontro, garantindo que ninguém, especialmente os surdos ou dorminhocos, fosse deixado para trás e recebesse punição como fugitivo.

Após o término da chamada apressada, corríamos de volta ao campo, mantendo uma formação próxima. Nossa equipe estava trabalhando no local mais distante e, portanto, tinha a corrida de volta mais longa, mas não nos arrependíamos disso, apesar da nossa exaustão e das bolhas. Enquanto corríamos pela estrada, tínhamos a satisfação de ver a odiosa SS disputando os esconderijos.

Os soldados da "Raça Superior" — agora com medo e portando rifles inúteis contra as bombas — espiavam de seus esconderijos subterrâneos, ansiosamente examinando os céus. Então, nem tanto do nosso agrado, o distrito do campo ficou envolto em uma manta de fumaça artificial com cheiro de inferno, liberada para confundir os aviões inimigos.

Amontoados nos blocos do campo, não tínhamos nenhuma proteção contra as bombas que caíam, mas ainda estávamos felizes com os ataques. Os prédios tremiam com as explosões ali perto, e as vidraças se esmiuçavam, prova de que danos estavam sendo causados ao nosso inimigo.

---

[*] Houve quatro ataques aéreos entre agosto e dezembro de 1944.

[†] A resistência polonesa era ativa dentro de Auschwitz e permitiu que os prisioneiros dentro do campo soubessem a respeito do mundo exterior, assim como informava o mundo exterior sobre o que acontecia dentro do campo.

O MENINO QUE DESENHOU AUSCHWITZ

Com a liberação de quase metade da Polônia, os nazistas estavam inquietos. As seleções para escolher mais candidatos à morte em Birkenau pararam abruptamente. Porém, os rumores de que as mortes por gás cessariam totalmente se mostraram falsos. Transportes vindo do sudoeste da Europa, trazendo novas vítimas judias à floresta da morte, continuavam chegando.

A atitude das autoridades e a da SS demonstravam uma mudança distinta. Em vez de "oprimir os inferiores", agora imaginavam-se como nossos protetores contra as "hordas invasoras do Leste". Como um último esforço, Hitler tentava lançar os poloneses contra os russos. Um propagandista escolhido do grupo de fascistas poloneses visitou nosso campo para alistar seus conterrâneos ao "Exército Nacional" de Defesa que deveria repelir os "agressores". Sua missão, por mais fútil que parecesse, ainda assim ganhou alguns poucos seguidores.

Um recém-formado esquadrão antibombas saía do campo diariamente, equipado com ferramentas de escavação, longos ganchos e um carrinho para lidar com as bombas que tinham falhado. Supostamente, também era constituído por "voluntários". Integrantes de todas as nacionalidades foram atraídos pela isca inequívoca e realística de concessões extras de comida.

Nessa época, recebemos notícias dos prisioneiros alemães que se juntaram ao exército de Hitler. Reunida como uma manada e proibida de abandonar o campo de batalha, sua companhia, formada por ex-prisioneiros, fora enviada a uma missão suicida e fora exterminada.

Certo dia no outono de 1944, uma motocicleta chegou estrondosa ao nosso local de trabalho. Seu condutor, um ansioso soldado da SS, desceu, chamou o supervisou e trocou algumas palavras rápidas com ele.

"Estado de emergência. Envie-os de volta ao campo imediatamente. Reportem-se aos barracões."

Correndo duas vezes mais rápido, chegamos aos portões do campo e descobrimos que os guardas já estavam usando capacetes de aço. Tinham assumido posições nos esconderijos contra ataques aéreos e um toque de recolher estrito já estava sendo posto em execução rapidamente.

"Todas as equipes de trabalho já retornaram", disseram ofegantes nossos colegas de bloco. "Não sabiam? Birkenau está em chamas."

O MENINO QUE DESENHOU AUSCHWITZ

O ESQUADRÃO ANTIBOMBAS
Outra exploração cruel da vida de um prisioneiro.

O MENINO QUE DESENHOU AUSCHWITZ

Esperando por notícias, fomos nervosos até os quartos. À tarde, aconteceu algo sem precedentes: recebemos nossas rações com antecedência — um pão e meio para seis dias. Nossos medos se intensificaram. Até mesmo os prisioneiros influentes que viviam há 11 anos nos campos de concentração pareciam estar com medo. Todos ficaram tensos e irritadiços. Com a chegada da noite, sentamo-nos em nossos beliches em silêncio, agitados e nervosos. Fazendo conchas com as orelhas, esperávamos ouvir os sons ominosos e os zunidos vindos do lado de lá da cerca.

Ao meio-dia do dia seguinte voltamos ao trabalho. O perigo iminente se fora, mas nossos medos mostraram-se totalmente justificados, pois, quando a história real foi aparecendo, a trama era mais audaz do que imaginávamos ser possível.

Em Budy,* um grupo de trabalhadores de 100 russos e judeus tinha sobrepujado seus guardas e escapado. Ao mesmo tempo, outros prisioneiros queimaram um dos crematórios de Birkenau, o Krema IV, distraindo a atenção para que mais prisioneiros escapassem.

O grupo de Budy que escapara se arrastou pelas matas e se dirigiu aos Cárpatos, as montanhas dominadas pela resistência que ficavam a cinco horas de marcha. Apenas poucos sortudos, no entanto, chegaram ao destino. Quando cruzaram o último obstáculo difícil, o rio Vístula, este já estava guardado por botes de patrulha. Assim como o Sola, o afluente paralelo ao Vístula. Em cada cruzamento e ponte havia postos de checagem altamente armados.

Perante um cordão alemão de unidades militares e de polícia, perseguida pelos soldados implacáveis da SS e por cães de caça, a maioria dos corajosos rebeldes não teve alternativa além de se entregar. Então foram todos massacrados.

Um dos crematórios de Birkenau foi totalmente consumido pelas chamas. Suas atividades tiveram que ser transferidas para os outros dois. A revolta, embora incrivelmente corajosa, tinha sido um fracasso em última instância.

Posteriormente, as armas com as quais a equipe de Budy tinha começado sua revolta tiveram sua origem associada à unidade do Sindicato, a fábrica de munições que empregava prisioneiros. Três garotas que trabalhavam lá contrabandearam uma pistola e explosivos suficientes para explodir todos os três crematórios. Heroínas desconhecidas, seu destino foi a forca. As execuções se deram no campo feminino em Birkenau.

---

* Budy era um subcampo de Auschwitz em uma fazenda agrícola que se estendia sobre Budy e Bór.

CULTURA
Para o Terceiro Reich, enforcamentos e torturas públicos se tornaram parte de sua "cultura".

O MENINO QUE DESENHOU AUSCHWITZ

Prisioneiras tiveram que testemunhar esse espetáculo macabro, algumas pela primeira vez, e ficaram muito emotivas. Outrora donas de casa comuns, agora enfrentavam a realidade brutal que movia as rodas da história. Suspensos nas forcas a quatro metros de altura, balançavam os corpos sem vida das três adolescentes. Eram as solitárias vítimas da luta pela libertação em todo o mundo. Para suas colegas, para nós, os jovens, e para todos os outros, foram um exemplo de coragem, determinação e honra extremas.

No campo masculino, as mortes por represália eram frequentes. Enforcamentos públicos aconteciam praticamente a cada dois meses. Quando alguém escapava, os primeiros a sofrer eram seus parentes e, depois, seus colegas de trabalho. Vi isso acontecer com uma equipe de pedreiros, vizinhos nossos. Cerca de 100 foram alinhados, ainda sem saber o motivo, e cada quinta pessoa na fila devia dar um passo à frente. Eram levadas como reféns e assassinadas.

Houve um enforcamento em massa de 12 poloneses que, supostamente, deveria ter sido um grande espetáculo de intimidação. Em vez disso, acabou virando um show inesperado de rebeldia. Quando a chamada terminou, deveríamos marchar passando pelas forcas. Mas estávamos com fome, cansados e sem vontade de obedecer aos alemães. Já estava escurecendo quando deram ordens às primeiras colunas para virarem à esquerda e marcharem para o complexo da cozinha. No entanto, para nossa surpresa, recusaram-se. Os prisioneiros agrupados na parte de trás ficaram agitados e saíram correndo para a segurança de seus blocos. Quando os outros fizeram o mesmo, o show acabou, pela primeira vez, roubado por nós, prisioneiros.

Fui transferido para uma nova equipe, que estava engajada na construção de abrigos contra ataques aéreos para os oficiais da SS que viviam em Oświęcim.

Nossa viagem diária ao trabalho, acompanhados por 6 guardas, nos levava pelas cercanias do campo e ao longo de 6,5 quilômetros de estradas rurais. Tais jornadas eram sempre instrutivas, nos fazendo conhecer os vilarejos e as disposições dos muitos acampamentos da SS na região.

O primeiro abrigo era para o comandante da região agrícola de Raisko, um *Obersturmbannfuehrer* (um oficial sênior). O estágio preliminar para o esconderijo subterrâneo feito com tijolos e cimento que nosso soberano alemão em breve seria forçado a usar era a escavação de quase 100 metros cúbicos. O projeto tinha alta prioridade e, visto que fôramos escolhidos por sermos considerados trabalhadores rápidos, isso significava cavar em velocidades perigosamente frenéticas.

O oficial nos visitava com frequência, de modo a assegurar que as medidas necessárias para garantir sua segurança estavam sendo tomadas adequadamente. Definitivamente não era um conto de fadas, embora ele, o príncipe, chegasse em uma carruagem preta, guiada por dois cavalos brancos. Quando descia, puxava seu uniforme cinza para alinhar as ombreiras prateadas e ajustava as luvas brancas imaculadas antes de começar a nos inspecionar, auxiliado por um monóculo — símbolo da precisão prussiana. Eu ficava feliz, porque as boas maneiras o proibiam de se dirigir a nós. Tampouco considerava os guardas dignos de sua conversa. No dia seguinte, enviava uma nota, relembrando aos envolvidos "que o término rápido do abrigo era da mais absoluta urgência".

Tijolos de cimento azul chegaram para a construção das paredes. Descarregados a uma velocidade recorde, eram lançados por uma rampa, onde eu e alguns outros os pegávamos, cerca de quatro metros abaixo.

Caindo como mísseis duros e com cantos cortantes, batiam dolorosamente em nossas mãos. Chegavam aos milhares e tinham que ser empilhados. Tudo o que tínhamos para nos proteger eram os escassos pedaços de papel, que se desgastavam rapidamente e eram lamentavelmente inadequados. Para piorar a miséria, não dava tempo de ficarmos de olho nos tijolos que vinham tortos, caíam da rampa e nos atingiam.

Tentávamos desesperadamente não desistir, apesar dos nossos corpos machucados, dos braços feridos e das mãos ensanguentadas, pois, quando os dias de descarregamento acabavam, as coisas ficavam muito mais fáceis.

Durante o intervalo ao meio-dia, subíamos para fora, recebíamos nosso litro de sopa e nos sentávamos na grama, contemplando os arredores. A alguns metros de distância dali, havia dois chalés cujos moradores, poloneses civis, não ousavam sair. Mas, quando nossos guardas estavam ocupados almoçando, escapulíamos até a cerca do jardim e aguardávamos os habitantes nos notarem. Em geral, isso acontecia, e eles nos davam frutas e levavam cartas para nossas famílias lá fora.

De tempos em tempos, uma garota polonesa, com cerca de 12 anos, fazia visitas para se esparramar na grama salpicada de flores e brincar com seu cachorro gran-

O MENINO QUE DESENHOU AUSCHWITZ

de e animado. Podíamos apenas ficar olhando e invejar sua liberdade, observando a forma descuidada com que se movimentava.

Minha própria existência neste mundo excedia a dela por meros dois anos. Poucos metros de campo gramado nos separavam. Contudo, nossas respectivas vidas eram mundos distantes, divididos por uma linha imaginária traçada pelo Terceiro Reich e pelas autoridades do campo. Se nos afastássemos além da fronteira invisível marcada por duas grandes pedras marrons com 40 centímetros de altura e a cerca de 50 metros uma da outra, seríamos baleados.

Quando o abrigo estava pronto, com exceção do telhado que teria duas camadas de concreto para proteção contra as bombas, passamos por nosso primeiro ataque aéreo fora do campo. Nós 20 nos abrigamos no escuro espaço recém-construído, onde nos sentamos no solo úmido, apoiando-nos nos suportes de madeira da estrutura. Esperamos.

De uma das casas, um rádio retumbou as notícias: "Formação de ataque aéreo indo em direção a Blechhammer." Esse era um distrito industrial e outro local de trabalho forçado que pegava seus escravos baratos nos campos de concentração. Logo depois, o locutor gritou: *"Die Amerikanischen Angreifer wurden siegreich zurückgeschlagen"* ("Os norte-americanos foram efetivamente derrotados"). As bombas provavelmente atingiram o alvo pretendido. Porém, para convencer sua audiência quanto à vitória da Alemanha, ele tocou a *Marcha Triunfal* de Wehrmacht, reservada especialmente para ocasiões como essa.

Meus colegas de trabalho, todos russos e poloneses, me convenceram a descobrir se os guardas nos deixariam descansar até que o sinal do fim de alerta fosse dado. Fui tateando meu caminho até a saída do abrigo. A abertura, com as bordas brilhantes por causa da luz do dia vinda da escada, estava bloqueada por um soldado que se reclinava entre seus batentes.

"Entschuldigen Sie bitte, ich möchte etwas fragen" ("Com licença, por favor, gostaria de perguntar uma coisa").

Colocando-se em posição de sentido, o guarda — que percebi estar usando um uniforme mal ajustado da SS — pegou seu rifle e o engatilhou. Novamente, proclamei minha intenção, dessa vez mais gentilmente.

"Oh, Sie sprechen Deutsch?" ("Ah, você fala alemão?"), interrogou o guarda surpreso. Visivelmente aliviado, ele subiu as escadas correndo, olhou para fora,

O MENINO QUE DESENHOU AUSCHWITZ

voltou e me disse que seus colegas estavam fora de vista. Minha entrevista estava garantida.

"Estávamos com medo de que seu grupo pudesse tentar escapar", dirigiu-se a mim. "Não confio nesses russos. Nunca dá para saber o que estão tramando, com esses ataques aéreos os incomodando. Quatro rifles segurados por homens velhos demais para o serviço militar* não são páreo para um bando de rapazes robustos. Se voltássemos sem vocês, não precisa nem adivinhar o que nossos superiores fariam conosco — e não se esqueça de que temos famílias também." Abriu o bolso em seu peito e puxou uma foto de sua esposa com três criancinhas ao redor dela. "Eles realmente esperam me ver novamente. Na verdade, acabei de chegar; sou um daqueles que não faziam ideia da maldade deste lugar." Suspirou. "É um péssimo trabalho, especialmente porque não nos protege mais dos ataques aéreos. Nossa situação quase nem é melhor que a de vocês.

"Por que acha que estão fazendo todas essas extensões do campo? Quando acabarem com os judeus e os ciganos, vão juntar os eslavos. Depois, começarão a pegar os inferiores do próprio povo, velhos como eu. Um amigo meu que estuda todos aqueles livros sobre raça e Destino diz que é isso que estão pretendendo."

A essa altura, um toque longo e penetrante o interrompeu: o sinal do fim do alerta. Com pressa, ele retomou sua posição de autoridade.

"*Heraus! Schnell! Zur Arbeit!*" ("Rápido, de volta ao trabalho!")

Talvez houvesse um pouco de verdade no que ele acreditava quanto aos planos de seus líderes.

Nossa pequena equipe de construção passou a trabalhar no segundo abrigo e, logo, em um terceiro. O pessoal da cidadezinha, ainda sem ousar nos olhar em público, fazia desvios ao redor do nosso local de trabalho. No entanto, Oświęcim tornara-se familiar para nós, e nos acostumamos com suas ruas. Conhecíamos o lugar sob a ótica dos prisioneiros: o exterior. As casas do local eram um mundo diferente. A parte interna da cidade era feliz, as casas de tijolos vermelhos pareciam, para mim, corações, enquanto as lâmpadas das luzes brilhantes acima delas davam a impressão de ser olhos nos observando.

---

* Soldados da Wehrmacht e da Luftwaffe velhos demais para o serviço na linha de frente eram geralmente alocados como guardas em Auschwitz.

O trabalho era pesado, e a longa caminhada de volta ao campo, difícil. Porém, diferentemente dos outros prisioneiros, tínhamos muitas oportunidades para nos familiarizar com os arredores. Tínhamos que aprender sobre todos os postos de checagens, os centros administrativos, as casas dos oficiais, os prédios agrícolas isolados, os campos da SS e as linhas das ferrovias.

Ávidos para estarmos prontos perante emergências, memorizamos a estrutura da área e observávamos quaisquer mudanças. Percebíamos algo novo quase que diariamente. Isso nos deixava felizes, pois nos tornáramos úteis. Agora estávamos confiantes. Qualquer informaçãozinha que era passada para nossos colegas de campo era mais do que apenas valiosa; era munição na luta contra a ignorância que inteligentemente nos impunham.

Com apenas poucos homens desanimados e velhos para nos guardar, parecia fácil escapar da equipe. Mas ninguém tentou isso. Por que deveríamos nos colocar em perigo agora que nossa causa estava vencendo?

Começamos a misturar o concreto. Atacávamos os montes enormes de areia e brita como se fossem nossos inimigos. Atingíamos violentamente as pilhas de materiais com nossas pás e os lançávamos na betoneira, que estava sempre rodando. Não passou por nossa cabeça que, contra nossa vontade, estávamos ajudando continuamente a construir o império nazista. Estávamos cientes apenas da nossa juventude e de um impulso dinâmico de progresso. Alguém nos disse, então, que pedaços de terra poderiam estragar o concreto e tinham que ser removidos. Estávamos decididos a fazer o contrário. Alimentávamos a betoneira com o máximo possível de lama. Era exatamente o que estávamos procurando, uma forma de prejudicar o inimigo.

Certo dia, indo ao trabalho, encontramos um grupo de prisioneiras de Birkenau.

Quando gritaram slogans para nós, descobrimos que eram russas. Nossos sentimentos ficaram à flor da pele, e respondemos com um vigor ainda maior. Elas acenaram com seus lenços e nós, com as boinas; por um momento, estávamos unidos em nossas esperanças.

Não importava se tivéssemos nascido no litoral do Atlântico ou nas planícies da Mongólia, nossa juventude inflamada e insaciável era a mesma. Havia gritos de *"Da Zdravstvuyet!"* ("Vida longa!"), *"Krasnaya Armiya!"* ("Exército Vermelho!") e *"Za Stalina!"* ("Por Stalin!") — foi tudo o que consegui entender com meu russo capenga.

Os guardas, apesar de ouvirem apenas ruídos ininteligíveis, tentaram nos impedir. Foi em vão. Nem eles, tampouco seus chefes, conseguiriam segurar a maré da história. Pelo contrário, estavam apressando-a.

Então, as garotas viraram à direita em uma bifurcação que rumava ao vale e, separados por um barranco coberto de arbustos que se erguia lentamente, nós partimos.

Retornei à equipe que estava construindo os estábulos. Nosso trabalho era terminar o interior, cobrir o chão com lajotas que faziam um padrão de espinha de peixe, depois consertar berços de forragem, rebocar os cochos e, por fim, revestir o sótão com painéis de aparas cimentadas de madeira.

Era o lugar mais legal para trabalhar que conheci. Os materiais nunca chegavam a tempo, então grande parte do dia era passada à sua espera. O senhor encarregado, com quem eu conversava em inglês, tornou-se meu amigo.

"Quando, após a última guerra, me vi no lado alemão da fronteira", contou-me, "costumavam me desprezar por ser um *Wasserpollak*".* "Quando voltei à Polônia, me esnobavam por ser alemão. Em 1939, conveio aos nazistas me tornar um *Volksdeutsche*,† mas logo se arrependeram e me colocaram na prisão."

"E agora", interrompi-o, "você é polonês de novo".

"Sim, dos bons, e estou feliz por isso também."

Agora metade dos nossos colegas de trabalho era de civis, artesãos da Polônia e da Tchecoslováquia que tinham se registrado para dois anos ou mais.

"Colocaram gordura de ovelha nos sanduíches de novo", proclamavam, abandonando o almoço em algum parapeito de janela onde era impossível não notarmos.

"Malditos cozinheiros. Nem os ratos comeriam isso."

Com exceção desses presentes ocasionais e muito apreciados, os civis não ousavam demonstrar compaixão abertamente.

---

* Um termo pejorativo para as pessoas que falavam silesiano na área da fronteira entre Alemanha e Polônia.

† Pessoas em outros países cujas língua e cultura tinham origens alemãs, mas que não tinham a cidadania alemã. Elas desfrutavam de certos privilégios sob o governo nazista.

O MENINO QUE DESENHOU AUSCHWITZ

Logo, no entanto, recebemos convidados indesejados que nos observavam. Eram os homens da SS encarregados dos cavalos.

Bebuns, preguiçosos e vulgares, ocupavam os dois quartos aos fundos do estábulo. Lançavam-se sobre nós, tentando ao máximo nos amedrontar. Detestavam viver sob o mesmo teto que nós, mas seu colega, o inspetor do local, não lhes dava ouvidos.

"Os trabalhadores ficarão até terminarem", sustentava nosso chefe da SS.

"Se for assim, vamos matar todos eles, esses fedorentos", gritavam os enraivecidos garotos do estábulo. "Eles bagunçam tudo aqui, roubam nabos e amedrontam os cavalos e, você, seu jumento influenciável, quer que isso continue."

Alguns dias depois, bêbados como de costume, vieram correndo para cima de nós, estralando os chicotes, sacando as pistolas e xingando a nós e aos civis.

"Vamos ensiná-los como passar a perna em nós, seus *Schweinehund!*"

Encarando em minha direção, um deles me agarrou pelo pescoço e gritou para que eu continuasse meu trabalho. Saí correndo e subi as escadas para o sótão, feliz de estar fora da sua vista. Lá embaixo a confusão continuou. Em um canto, recostado sobre o teto inclinado, encontrei o encarregado.

"Bem", disse ele, "estava esperando que isso acontecesse; nunca o reconhecerão."

"Quem?", indaguei surpreso.

"Não sabia?", sorriu. "Um dos nossos garotos vendeu conhaque para eles e, quando não pagaram, ele ameaçou denunciá-los para seus superiores."

Ouvimos sobre a repressão imposta à revolta de Varsóvia* quando os prisioneiros — homens, mulheres e crianças, e a população de ruas inteiras — chegaram a Birkenau. Os prisioneiros poloneses procuraram conhecidos e tentaram descobrir mais detalhes.

Mais uma vez conectados com o mundo exterior, suplicamos aos nossos colegas civis do trabalho que nos trouxessem os jornais nos quais embrulhavam seus sanduíches — a última edição do *Voelkischer Beobachter* ou de seu equivalente em polonês. Ao que parecia, os Aliados estavam se aproximando.

---

* A revolta de Varsóvia aconteceu entre agosto e outubro de 1944. A resistência polonesa, liderada por Armia Krajowa, queria libertar Varsóvia da ocupação alemã. O exército de Stalin, que estava na região, fez pouco para ajudar, permitindo que os escassos recursos alemães se reagrupassem e derrotassem a resistência polonesa.

Vestidos em nossos uniformes azuis e brancos, com nossas cabeças raspadas cobertas pelas boinas redondas e chatas da prisão, nos agachávamos sobre os montes de areia úmida da construção e desenhávamos mapas da Europa, conectando os frontes de guerra.

Considerando que o esforço dos Aliados já tinha a concordância de quase o mundo inteiro e que também contava com apoiadores poderosos, o progresso dos exércitos de libertação parecia decepcionantemente lento. Com as políticas nazistas de extermínio, a essa altura provavelmente conhecidas pelos nossos amigos distantes, esperávamos uma "Blitzkrieg" reversa. Agora sabíamos que os fascistas e tudo o que eles defendiam tinha se desintegrado e que estavam sendo expulsos por um exército bem equipado e determinado, apoiado pelas populações locais. Com os Aliados tão perto, ansiávamos que fizessem mais.

Os adultos estavam apreensivos e preocupados com suas perdas avassaladoras — famílias, casas e muito mais. Ansiavam por suas vidas pré-guerra, quando podiam desfrutar de prazeres como a companhia feminina e a boa comida. Em contraste, nós, os jovens, raramente pensávamos no passado. Era o presente que nos preocupava.

Estávamos ávidos por compreender nossos colegas prisioneiros, que vieram de toda a Europa, e aprender com eles. Provavelmente seriam francos conosco, pois, pouco versados em política, havia poucas chances de denunciá-los. Tampouco ficaríamos ofendidos tão rapidamente quanto os adultos mais tendenciosos.[*]

Eu gostava de observar as atitudes e os hábitos de outras pessoas. Nenhum hábito, por mais estranho que fosse, era repulsivo para mim, desde que nenhum ser humano fosse prejudicado por ele. Apenas o mal premeditado e planejado merecia ser condenado.

Para mim, as barras de margarina de 40 gramas que recebíamos 3 vezes por semana deveriam ser espalhadas no pão de forma uniforme e moderada. Os garotos do interior da Rússia, no entanto, viam-nas como salsichas — a serem devoradas de uma só vez.

---

[*] Outros adultos de diferentes países confiavam em Thomas e em outros jovens como ele para levar mensagens e transmitir informações importantes pelo campo.

Bater em alguém, para mim, significava estar bravo com a pessoa, mas, para os meninos gregos, era um jogo. Chamavam-no de *Klepsiklepsi* — um apelido dado ao roubo. Quanto mais estapeava o rosto do colega vendado, mais divertido era observá-lo tentando identificar o agressor (quando seus olhos eram descobertos) entre uma multidão de espectadores sorridentes — todos dando seu melhor para parecerem os culpados. Quando conseguia, então era sua vez de cobrir os olhos e adivinhar quem estava batendo.

Daí tinha o menino judeu da Bélgica, uma mera criança em aparência. Antes de ser enviado a Auschwitz e se tornar meu vizinho, nunca tinha arrumado a cama, lavado suas roupas ou costurado botões. De fato, tinha feito pouquíssimo sozinho; tampouco tinha remendado meias, cortado pão ou saído de casa sem pedir permissão.

"Em casa", confidenciou-me, "eu tinha uma cabeleira enorme, e minha mãe a penteava todas as manhãs".

Após as luzes serem apagadas, ele costumava chorar, com seu corpinho frágil enrolado em dois cobertores ásperos infestados de pulgas. "Se realmente quer me ajudar", implorava, após eu tentar confortá-lo, "por favor, arrume minha cama pela manhã. Nunca vou conseguir fazer isso sozinho e tenho muito medo de ser punido por todos por ser desorganizado".

Foi o que fiz. Talvez teria sido melhor deixar ele se virar sozinho, mas duvidava que as crueldades de Auschwitz esperariam até que ele se tornasse independente.

Maurice era outro personagem. Jovem judeu grego, um ruivo alto, oleoso, sardento e de nariz empinado, era o símbolo do otimismo. Em vez de desperdiçar seu tempo procurando comida e companhia, Maurice estava determinado a aprender e se instruir. Enquanto nosso grupo conversava sobre as notícias do campo e da guerra, ele passava suas noites com um colega polonês, um professor, que, em troca das aulas de grego antigo, ensinava russo, polonês e tcheco para ele. Vim a conhecê-lo quando, ao tentar nos desconcertar com problemas matemáticos difíceis, ficou surpreso ao encontrar um igual diante de si.

E então havia um ex-colega meu de trabalho, um ucraniano incomumente bem instruído. Apesar de lutar contra as dificuldades do nosso idioma, conversávamos sobre o que nos preocupava. Minha crítica amarga de seus compatriotas era um baita desafio para ele.

"São ladrões insensíveis", soltava eu, "sem vergonhas, odiados e desprezados, valentões que não se intimidam nem ao atacar os fracotes *Muselmann*".

"Todo mundo faz isso", rebateu, "e certamente não dá para esperar que os meninos caipiras sejam sensíveis a respeito disso. O estômago deles é muito maior do que o seu, e a fome os ensina a ser cruéis".

"Sim", interrompi, "sei disso, mas eles deveriam se concentrar em roubar os suprimentos do campo e as lojas, como todos nós, e não ficar pegando a ração de pão dos vizinhos".

"Os ucranianos não falam alemão nem polonês, então como espera que consigam conspirar de forma inteligente? Sua única vantagem é a força e os músculos. Naturalmente, eles usam isso ao máximo. Sua compaixão por aqueles que guardam o pão para trocar por coisas como tabaco é descabida, jovem. Eles têm o que merecem. Tudo o que guardam é um extra, então não fique se preocupando se isso acaba indo para aqueles que precisam."

Consternado pela atitude do meu conhecido, mantinha obstinadamente que roubar dos colegas prisioneiros não era nada além de "um crime... um crime perverso".

"Não é pior do que os cometidos pelos outros", retrucou meu oponente igualmente impetuoso. "É um segredo conhecido que o pessoal alemão pega parte de nossas rações. Os ciganos, que habilmente roubam metade do tabaco, vendem cigarros. Os judeus fazem trapaças com simplesmente tudo. Isso é cruel também. Ou será que não, só porque você faz isso mais confortavelmente? Nosso povo é bruto e franco; fazem o mesmo, só que pela força."

Eu ainda tinha munições para responder. "Você não consegue me convencer", revidei. "São vândalos repulsivos, nada de que a Rússia possa se orgulhar; com certeza uma péssima propaganda!" Ele replicou silencioso, mas zombeteiro, "Pergunte a esses garotos sobre o mundo ocidental. Vá lá, diga a eles que o que viram é civilizado."

O ucraniano — de forma um pouco injusta, em minha opinião — me encurralou com algo que eu era jovem demais para julgar. Então, para meu alívio, ele mudou de assunto.

"Da próxima vez que começar a argumentar", finalizou, "lembre-se de que a trapaça gentil e o roubo explícito são a mesma coisa para nós".

Conversei com um colega prisioneiro, um polonês que trabalhava no açougue. "Está praticamente impossível ficar rico contrabandeando salsichas", reclamou. "Todos os nossos métodos de 'organização' foram descobertos e há controles estritos."

Uma das formas de "organizar", fiquei sabendo, era bloquear os ralos e chamar a equipe sanitária, que precisava cutucar a sujeira com longas varas de limpeza. Quando passavam pelo buraco de inspeção, tudo o que os parceiros do lado de dentro tinham que fazer era espetar algumas salsichas nelas.

Grande parte da carne que chegava à fábrica de salsichas era considerada imprópria para consumo. "Às vezes, tem até minhocas nela", revelou meu contato, "dá até nojo de olhar".

Nas quintas-feiras, quando recebíamos nossa porção bissemanal de salsicha, uma ração de 100 gramas por trabalhador, eu tentava ao máximo não lembrar dos ingredientes. Anteriormente, os méritos relativos do pudim preto picante, da salsicha de fígado com espinhas de peixe e da salsicha gosmenta de porco — as três variedades tradicionais do campo — eram de grande interesse. Agora não ousava opinar sobre elas. Contudo, apesar de ficar pensando sobre suas origens repulsivas, ainda eram um luxo apreciado, um regalo que nos fazia contar os dias até recebê-lo.

Os estábulos estavam oficialmente concluídos. Nossa pequena equipe de construção foi desfeita, para nosso desespero. Os ventos do outono anunciavam outro inverno no campo. Será que conseguiríamos enfrentar um novo e maior local de trabalho onde, como recém-chegados, seríamos explorados ao máximo? Quebrávamos a cabeça tentando encontrar uma alternativa.

Eu e outros 11, os remanescentes da antiga equipe dos Novos Estábulos, fomos agrupados em um local onde os desempregados se juntavam para serem alocados no descarregamento dos vagões — eu já tinha experimentado uma vez a escravidão do pátio de materiais. Era o amanhecer, alguns minutos depois das 6h. Uma a uma, acompanhadas por uma música de marcha tocada pela banda de metais, eles faziam as equipes de trabalho sair marchando do campo. Eram os "especialistas", que deixavam para trás dezenas de trabalhadores extenuados e não qualificados como eu. Senti-me tão impotente quanto no dia em que cheguei a Auschwitz.

ESTAMOS "ORGANIZANDO"
Uma busca infindável por qualquer coisa que fosse considerada "alimento" para enfrentar a fome interminável.

O MENINO QUE DESENHOU AUSCHWITZ

Então, de forma totalmente inesperada, nosso encarregado, aquele que sabia inglês, sugeriu que nós também começássemos a marchar. Ele tinha um plano, mas não nos revelou qual era.

"Deixem comigo", disse rapidamente, já correndo à frente para nos liderar. "Se não assumirmos o risco agora, vão nos fazer virar '*Muselmann*', tendo que descarregar sacas de cimento duas vezes mais rápido. Vamos, rapazes, tudo o que peço é que marchem de forma inteligente. Não esqueçam, mãos e boinas pressionadas às costuras das pernas das calças, passos curtos e rápidos!"

"*Kommando Aufraeumungsarbeiten Neue Pferdestaelle 12 Mann Voll*", gritou nosso porta-voz quando chegamos ao portão ("Equipe de limpeza, Novos Estábulos, 12 homens, completa"). O guarda em serviço analisou a lista. Nunca ouvira a respeito de tal equipe e não encontrou registros dela em lugar nenhum. Tampouco havia algum, mas nosso encarregado logo a justificou.

"Sim", concordou o homem da SS, acrescentando cuidadosamente nossa equipe recém-criada à sua lista de checagem, "se vocês deixaram o lugar todo sujo e bagunçado, têm mesmo é que limpar a maldita sujeira".

Nosso truque funcionara. Ao meio-dia, o encarregado procuraria nosso antigo supervisor da SS, convenceria-o, se necessário, e legalizaria nossa equipe. Não faltaria trabalho. Organizaríamos os estábulos: nivelar a terra ao redor, preencher as rachaduras, dar retoques na pintura branca e subir nas vigas do sótão para procurar telhas que estivessem vazando. Qualquer supervisor da SS consciente de seu dever ficaria satisfeito com isso.

Nós 12, formando, agora, talvez a menor equipe de trabalho, porém a mais afortunada; estávamos felizes em voltar aos estábulos. Cavalos quentinhos, fardos macios de palha, montanhas de nabos, o cheiro penetrante da forragem e um telhado sobre nossas cabeças representavam um lugar muito bom para passarmos o inverno. Ficamos até apegados a nossos estábulos. Tínhamos dado nosso sangue e nossas lágrimas para construí-los e, agora, tentaríamos desfrutar deles. Nosso amigo encarregado também estava satisfeito. Fora promovido a subchefe e certamente merecia tal honra por sua perspicácia.

Meu segundo inverno no campo parecia ser muito mais suportável do que o primeiro. Eu tinha menos fome e perdera o medo do mundo cruel ao meu redor. Agora, ele abria-se perante a mim como um livro, esperando que eu rasgasse as poucas páginas que o estragavam — para substituí-las por uma capa forte e in-

202

quebrável de igualdade e companheirismo; para iluminá-las com as conquistas do progresso e ornamentá-las com uma determinação insaciável por justiça.

Com frequência, o líder do bloco me enviava ao complexo da cozinha como porta-voz, para tentar persuadir o cozinheiro-chefe a mandar outra caldeira de sopa para nós, os jovens do Bloco 13a. Às vezes, recorrendo muito à parte do meu cérebro que armazenava a educada eloquência alemã, eu conseguia, e podíamos banquetear, para grande inveja dos outros blocos, uma dieta de leite com macarrão composta pelas sobras do hospital.

As pessoas tinham começado a favorecer os prisioneiros jovens. Todos estavam ávidos para se mostrar úteis, agora que os suprimentos estavam sendo reforçados pelas provisões que os carregados transportes húngaros traziam. Um pequeno sacrifício angariava a fama, e os adultos ao nosso redor agarraram a oportunidade. Em 1943, éramos jovens, estávamos desnorteados e sozinhos. Agora, endurecidos e experientes, desprezávamos aqueles que, na época, encolhiam os ombros perante nossos sofrimentos — os que se autodenominavam homens. Não precisávamos mais deles.

Então, apareceu o Leo,[14] um holandês muito mais velho do que eu que se tornou meu novo amigo. Magricelo, com 1,80m, pés chatos e usando calçados grotescamente grandes, era a figura ideal para tirarmos sarro. Seus olhos eram grandes e separados, e ele usava óculos velhos presos por um barbante, mas carregava consigo muitas memórias agradáveis e meigas de Scheveningen, sua cidade natal. Porém, o alegre Leo não se importava com as provocações; pelo contrário, ficava orgulhoso em ser motivo de risos.

"Tá bom, meninos", reconhecia. "Vocês disseram que eu deveria cantar algo para vocês porque me chamo Voorzanger".* E, então, movimentando seus olhos cheios de brilho e batendo o pezão num ritmo de jazz, ele continuou: "Certo, vamos lá: Ei, ba-ba di-bop...!"

Quando em casa, Leo tocava saxofone, "aquela coisinha brilhante que só é menos importante do que a Holanda e minha esposa", contou. Também era um patriota entusiasmado, muito embora os nazistas descobriram que metade da família Voorzanger era judia.

---

* Voorzanger, o sobrenome de Leo, também significa *cantor*, aquele que conduz os cantos e as orações em uma sinagoga.

Eu gostava bastante do Leo, um cara sossegado. Era um bom amigo, franco e confiável. Além disso, sabia cozinhar algumas coisas, o que caía bem, agora que eu roubava nabos dos dóceis cavalos. Aos domingos à noite, quando o único forno em seu quarto não estava sujo com torradas, ele fazia sopas com um caldo delicioso de nabos, pão e, de vez em quando, cebolas.

Circundada por campos frios e cobertos de neve, nossa equipe sortuda e isolada nos estábulos evitava chamar a atenção dos supervisores da SS que faziam ronda, o que nos dava independência. Do total de 12, um era encarregado, dois eram vigias e outros dois passavam metade do tempo indo e vindo ao campo para buscar nossa sopa.

Certo dia, juntamente com um jovem judeu polonês, era minha vez de buscar a sopa. Deixávamos pegadas na estrada congelada enquanto empurrávamos um carrinho de mão com um recipiente térmico amarrado a ele.

"O que faremos quando chegarmos ao portão?", perguntei ao meu colega.

"Não se preocupe. Deixe comigo, e, pelo amor de Deus, não faça mais nada. Apenas continue empurrando o carrinho!", instruiu ele. "Não é a primeira vez que vou buscar sopa, então deixe toda a parte de comunicação e a de ficar em posição de sentido comigo." Quando o campo surgiu à vista, ele me relembrou: "Lembre-se do que eu disse, você continua direto!"

Quando chegamos ao posto de checagem, segui suas ordens e, marchando certinho enquanto equilibrava o carrinho de mão, passei pelo portão. Mas não fui longe. Alguém gritou e me agarrou por trás, então veio uma chuva de socos.

"Seu *Schweinehund*, como ousa nos ignorar?"

Empurraram-me ao chão e me chutaram. O carrinho virou. De cócoras, tentando me desviar dos golpes, percebi os pés vestidos por botas de mais homens da SS que vinham correndo em minha direção e que não queriam perder a diversão.

"Agora vai aprender!", gritou a figura feroz acima de mim.

Então, um oficial da SS veio e perguntou aos guardas o que eu tinha feito. Alguém disse que eu era apenas um *Schweinehund* inofensivo.

"Tire a porcaria do seu carrinho da estrada", gritou outro. "Como ousa bloquear o trânsito?!"

"Saia daqui, seu bastardo!"

O MENINO QUE DESENHOU AUSCHWITZ

BUSCAR COMIDA PARA AS EQUIPES QUE TRABALHAVAM FORA
Ir ao campo e voltar com a preciosa comida era uma jornada longa e, às vezes, perigosa.

Levantei-me e cumpri as ordens alegremente. Meu colega, confuso e pálido de medo, e eu, vermelho e sangrando, empurrando o carrinho como bêbados, entramos no campo. Nossos colegas prisioneiros ficaram nos olhando. Em silêncio, fomos até o banheiro mais próximo.

Quando me acalmei e a raiva tinha diminuído, perguntei o que tinha acontecido. O homem da SS que fez a checagem não encontrou nossa pequena e desconhecida equipe nas listas, então disse ao meu colega que parássemos. O polonês deveria ter transmitido a ordem para mim, mas seu nervosismo o fez se esquecer disso, e eu, "alheio" ao fato, continuei marchando direto ao campo, sem ser registrado. Isso, pelo código da SS, era uma ofensa excedida em severidade apenas por sair sem ser registrado. Saí no lucro, reconheci.

Alguns minutos depois, houve outra surpresa. "Você quase nos meteu em problemas desta vez", resmungou meu colega polonês, abrindo o recipiente e tirando dois pacotes ilegais de manteiga.

"E você, não?", respondi, agora desagradavelmente ciente do que causara seu esquecimento nervoso. Aprendi mais uma lição.

Com a permissão da SS, ou talvez por uma ordem, uma árvore de Natal cintilante e com decorações coloridas foi levantada no campo. Quando não tinha falta de luz, ela brilhava como um farol de esperança, mas não conseguíamos apreciá-la. Havia muita ironia e tristeza relacionadas a ela.

O Natal de 1944, diferentemente do ano anterior, foi declarado um feriado. Não trabalhamos, recebemos porções extras de sopa e pão, conseguindo, finalmente, não nos preocupar com a fome.

O Gert Atrevido me convidou para o Bloco 5, onde mais de 100 pessoas se amontoaram em um pequeno quarto para celebrar. No canto lá ao fundo, havia uma mesa com uma arvorezinha precária de Natal. Poucos ali ainda acreditavam na religião, mas era reconfortante saber que, naquele momento, as pessoas podiam se concentrar em pensar sobre seus colegas.

Será que aqueles rodeados por seus filhos, que cantavam músicas natalinas, se lembrariam de nós? E os devotos que enchiam as igrejas silenciosas? Começamos a cantar de forma solene e impressionante. "Noite feliz, noite feliz..." Um veterano alemão do campo que estava próximo de mim começou a chorar. Era a 12ª vez que ele ouvia essa música enquanto batalhava contra os muros cruéis de um campo de concentração.

A maioria dos que se reuniam ali era de alemães, e todos veteranos. O superior do Gert Atrevido, o chefe da equipe agrícola de Raisko e antigo criminoso alemão, passou pela multidão em direção à mesa. Como patrocinador do encontro, ele queria nos dizer algumas palavras.

"Camaradas", dirigiu-se a nós, "hoje, no ano de 1944, é Natal novamente. Pensemos em Jesus. Pensemos nas famílias. Pensemos naqueles que nos deixaram. Em nossos muitos anos de sofrimentos e tribulações, muitas vezes chegamos à beira do desespero, mas mantivemos nossa esperança, confiantes de que, um dia, o espírito do Senhor prevalecerá. Hoje, neste dia memorável, não apenas esperamos, mas temos a certeza de que o ano que vem nos trará o momento decisivo pelo qual estamos esperando ansiosamente. Passemos este Natal com a convicção de que a força da irmandade, do amor e do autossacrifício será vitoriosa. Olhemos para a frente, para um mundo de igualdade e paz. Quando, se Deus quiser, no Natal de 1945, seremos homens livres novamente, por mais distantes que possamos estar, lembremo-nos de qual era nossa esperança. Então, como agora, que nossa consciência nos guie..."

Não estávamos escutando a um cristão nem a um alemão, mas à voz de um prisioneiro amargo e endurecido de um campo de concentração. Quando sua voz diminuiu, cantamos todos juntos: "*Wir sind die Moorsoldaten.*"

Após o Natal, nossas esperanças estavam mais fortes do que nunca. Apenas alguns transportes chegavam agora, e a SS estava inesperadamente calma conosco. Mais uma vez, havia chances de uma rápida libertação, pois esperava-se que os exércitos soviéticos começassem em poucos dias seu ataque de inverno, há tempos aguardado.

Na véspera de ano-novo, recebi um convite para ir ao Bloco 16a. Quando cheguei, o quarto já estava repleto de uma fumaça densa de tabaco *ersatz*. Os prisioneiros estavam sentados nos beliches, com os pés balançando sobre as estruturas de madeira abaixo, marcando o ritmo nelas. No fim do corredor havia um grupinho de três judeus holandeses sentados com um tambor, um violino e um saxofone que tinham pegado emprestado da orquestra do campo.

Perto da meia-noite, os ouvintes desceram de suas camas e começaram a dançar — valsas, foxtrots e polkas, tudo dentro dos limites do corredor com cerca de três metros de largura entre os beliches. Alguns ficavam imitando mulheres, enquanto outros arrancavam risos ao sacudirem a parte inferior do corpo num movimento de ir e vir, tudo na esportiva. Todos — exceto eu, que não sei dançar e que observava atentamente lá de cima da terceira cama de um beliche — davam seu melhor para serem divertidos. Então, com os três músicos suados tocando jazz, as pessoas dançavam solos animados. Agora era 1945.

Uma semana depois, circularam rumores de que o campo estava prestes a ser evacuado para o Oeste, mas ninguém parecia saber quando ou como. Então todos continuamos trabalhando, senão todo o distrito ficaria paralisado. Sem os prisioneiros nos depósitos de suprimentos e sem aqueles que cuidavam das diversas equipes de manutenção, Auschwitz deixaria de existir.

Nossa pequena equipe continuou seu trabalho; arrastando-nos debaixo do inverno polonês até os distantes estábulos, para aproveitarmos o calor dos cavalos, contemplávamos as coisas por vir, escondidos nos fardos de palha. Enquanto as outras equipes ainda tinham algumas centenas, ou até milhares de pessoas, a nossa tinha encolhido e agora contava com seis *Schutzhäftlingen* (prisioneiros de custódia protetora), como as autoridades ironicamente decidiram nos chamar e que, afortunadamente, ninguém se dava ao trabalho de supervisionar.

Alguns meses atrás, ao perceberem que sua causa estava perdida, os nazistas tinham ordenado que todas as construções principais fossem interrompidas. A cada dois prédios espalhados pelo território de trabalho no campo, um não estava terminado. As paredes à mostra projetavam-se como ruínas. Fileira após fileira de tijolos vermelhos estavam cercadas por um mar de neve inerte. Onde deveria haver telhados e janelas, acomodavam-se bolsões profundos de neve branca, triunfantes como conquistadores. Um vento gelado fazia barulho de assobio ao passar pelos barracões vazios. Ninguém se aproximara deles há um bom tempo. Não havia sequer o menor sinal de pegadas.

As estruturas incompletas eram tão grotescas quanto as ideias daqueles que ordenaram sua construção. Como antiguidades, logo passariam a ser relíquias de uma cultura que cometera suicídio; uma forma de viver que era uma senda à morte; um sistema que falhara. E nós, que as construímos, marcamos suas fundações com nomes e mensagens escondidas àqueles que sobreviveriam. Um dia, o mundo ficaria sabendo.

ESTAMOS INDO EMBORA
Saindo de Auschwitz pela última vez e marchando rumo ao desconhecido.

De repente, chegou o dia de nossa partida. Bem cedinho nos juntamos às longas filas, dando voltas nos blocos e ignorantes de nosso destino. Irrequietos pelo nervosismo, aguardávamos nossa saída do campo. O pessoal do bloco, sob a supervisão da SS, estava ocupado queimando os cartões de registro. Para alimentar a fogueira, chegaram os documentos dos galpões administrativos.

Primeiro, fomos levados à casa de banho no vasto e recém-terminado prédio de desinfecção e lavanderia, logo depois da cerca. Na ala ainda incompleta de despiolhamento, observamos um conjunto de pesadas portas de metal jogadas no chão congelado. Portas que não seriam mais erguidas. Portas das câmaras de gás cujo propósito não seria mais cumprido. Em vez disso, eles nos fariam marchar para outro lugar, e tudo isso seria deixado para trás.

Nossas camas, as únicas coisas que podíamos chamar de nossas e às quais nos apegamos tanto, também seriam deixadas para trás. Entalhados em suas estruturas e pranchas de madeira estavam nossos nomes e números. Quantas vezes eu tinha passado as noites deitado em meu saco de palha, lendo as crônicas desbotadas das pessoas que tinham dormido lá antes de mim! Nada de camas para nós agora; apenas dois cobertores, enrolados e pendurados na diagonal sobre nossos ombros, onde nos refugiar e sonhar.

Então, entrei em outra fila e esperei por horas. Tinha perdido o contato dos meus amigos, aqueles de quem queria estar junto. Perto do portão, circundado por guardas segurando baionetas de prontidão, havia carros repletos de provisões. Cada um de nós recebeu dois pães (a quantidade de ração para oito dias) e uma latinha de carne cozida. A cada 3 pessoas, uma recebia um pacote de 500 gramas de margarina. Elas deveriam compartilhar com os outros, mas a maioria pegava esse sagrado tesouro e desaparecia. Outros prisioneiros, querendo sua parte, ameaçavam aqueles com a margarina e que davam a impressão de que seriam facilmente intimidados.

Já estava escuro quando passei pelos portões de Auschwitz, como o fizera cerca de 800 vezes anteriormente, mas, desta vez, em janeiro de 1945, foi para nunca mais voltar. Passamos por um destacamento de guardas carregando metralhadoras pesadas; nenhum deles transparecia simpatia. Eu estava marchando para fora do vasto território de Auschwitz pela última vez.

Então, juntando-se às longas colunas que se moviam lentamente pela escura estrada rural, vieram as mulheres do campo de Birkenau. Quase irreconhecíveis, pareciam velhas. "Olhe você aí", disse alguém. "Eu disse para você. Não vão nos levar para longe. Se não, não teriam arrastado os mais velhos juntos."

"Provavelmente, vão nos fazer marchar até outro campo aqui perto", argumentou outro. "Vai saber quantos lugares como Auschwitz existem agora."

A Lua apareceu. Caminhávamos ao longo da estrada paralela ao rio Sola. Havia guardas à direita, à esquerda, atrás e à frente.

A libertação era apenas um sonho. Futuramente, chegaria, sim, a Auschwitz. Mas não para nós.

PARTE 4

CAPÍTULO 14
UM PASSO ATRÁS RUMO À LIBERDADE

A coluna de prisioneiros parecia não ter fim. Conforme se rastejava pela estrada, outros se juntavam a ela cada vez mais, vindos dos campos subsidiários de Auschwitz. Em cada cruzamento, havia mais gente.

Movíamo-nos sem fazer paradas, os mais rápidos à frente, os velhos e os lentos atrás. Quando saímos de Auschwitz, marchávamos em fileiras. Agora tínhamos nos misturado, como um rebanho de animais deploráveis, fracos e exaustos.

Cobrindo os campos em ambos lados de nossa coluna, havia montes solitários. Tinha percebido esses pontos de referência recorrentes, mas apenas agora, sob a fraca luz da Lua, consegui ver o que eram. Uma cena lamentável: deitados sobre a neve, em seus casacos azuis e brancos da prisão, havia corpos sem vida. Um deles tinha próximo de si uma caixa de papelão rasgada e vazia, exceto por um punhado de cartas que se agitavam com a brisa congelante. Será que seu dono tinha sido devagar ou rápido demais?

As palavras que decoravam as paredes do Bloco 7a não saíam da minha cabeça: "Há apenas um caminho para a liberdade; seus marcos são a obediência, a diligência..." O guarda, antes de puxar o gatilho, deve ter pensado nas mesmas palavras. De que outra forma poderia ter jurado uma obediência cega àqueles para quem a humanidade não era nada além de gado explorável?

Desviei o olhar dos montes. Tentando não pensar em nada, avancei cambaleante num torpor abalado. Tudo o que importava para mim e para nós era chegar ao nosso destino.

Ao amanhecer, chegamos a um entroncamento. Adiante, havia colinas e, à esquerda, uma vila. À direita, estava um campo coberto de gelo, repleto de prisioneiros agachados e sonolentos. Quando fui instruído para que me juntasse a eles, me esparramei na neve pisoteada e peguei no sono imediatamente. Gritos fortes me acordaram novamente. Um mensageiro, sobre uma moto, com as pernas abertas,

O MENINO QUE DESENHOU AUSCHWITZ

uma mão sobre o guidão e a outra gesticulando freneticamente, discutia com alguns oficiais. Parecia ser um soldado da Wehrmacht do Fronte, que viera alertá-los sobre aviões russos de observação.

Ao ouvirem isso, os oficiais gritaram ordens para os guardas e fomos empurrados para os currais das fazendas ali perto. Eu me espremi para dentro do estábulo quentinho, que já estava lotado com homens de outros campos. Antes de perceberem minha intrusão, subi em um monte de feno e dormi rapidamente. Alguém deu tapinhas no meu ombro.

"Acorde, criança, a senhora da fazenda acabou de convidar alguns de nós para comermos algo. É melhor ficar lá por perto, caso ela chame outro grupo."

Os camponeses poloneses, refleti, eram muito mais corajosos do que achávamos. Quando passávamos por suas vilas, senhoras idosas ficavam nas calçadas distribuindo leite — mesmo à noite. Apanhavam dos guardas, que ficavam furiosos por não receberem tais favores, mas isso não as impedia. Porém, não me importava. Com ou sem comida ou bondade, eu só queria dormir.

Apenas quatro horas depois, fomos escorraçados de volta à estrada. Sem querer carregar coisas que, de qualquer modo, não me salvariam, deixei os cobertores para trás. Das provisões que deveriam durar uma semana, sobrara apenas um pão preto dado pelo exército para a brutal jornada que vinha pela frente. Estava todo encolhido e com as mãos debaixo das axilas, pois não sentia meus dedos por causa do frio.

A coluna não era mais contínua. Em seu lugar, arrastando-se pela estrada rural, havia diversos grupos independentes, alguns mais rápidos, outros mais lentos. Se o guarda fosse decente, permitia que os fracos esperassem a coluna que vinha atrás. No entanto, parecia mais que esses retardatários acabariam somando-se aos montes silenciosos ao lado da estrada.

Todos tentavam caminhar perto de um guarda "bom". Se o soldado fosse realmente bom, ele gritava: "Continuem caminhando. Faltam apenas poucos quilômetros e realmente não vale a pena desistir agora. Também estou cansado, mas temos que continuar." Havia poucos assim, no entanto. Muitos guardas, embora descansassem com frequência e estivessem equipados com provisões em abundância para

O MENINO QUE DESENHOU AUSCHWITZ

PARTIDA RUMO AO OCIDENTE
Continuamos marchando no frio
congelante e sob a noite tempestuosa.

a caminhada, sentiam pena de si mesmos. A autopiedade, ao que parecia, torna-se uma virtude na Alemanha. Para piorar, eles nos obrigavam a carregar suas mochilas.

"Venha aqui, menino", ordenaram. "Pegue minha mochila um pouco; está ficando pesada pra caramba para mim."

Entre nós também havia os velhos e os doentes que pediam ajuda. Meus pés estavam doendo e com bolhas, mas não tinha como recusar fazer minha parte. Ter alguém apoiando-se contra meus ombros virou rotina. Infelizmente, quando pedia que saíssem, nunca fui imperioso o bastante para convencer os outros a fazer sua parte em ajudar os fracos.

Com a chegada da escuridão na segunda noite da nossa longa marcha, deixamos de ter qualquer idade, nacionalidade ou posição particulares. Éramos apenas figuras esqueléticas caminhando penosamente na noite fria.

Granizo e neve batiam em nossos rostos. Estávamos famintos, mas os dedos estavam paralisados demais pelo frio para que conseguíssemos segurar o precioso pão escondido no bolso. Passamos pelo cemitério de uma igreja por volta da meia-noite. Eu não tinha medo desses locais. Dois anos antes, quando tinha apenas 13, tive que cavar covas e caminhar ao lado dos túmulos após o anoitecer. Tampouco esse pequeno e desértico local de sepultamentos mereceria a atenção dos fantasmas, raciocinei. Se tais espíritos existissem, eles estavam entre nós. Olhei para a frente e atrás de mim. Parecia estar rodeado de sombras fantasmagóricas, centenas de milhares delas.

Então aconteceu algo que me abalou. De repente, vindos do Leste, atrás da floresta, traços fogosos começaram a preencher o céu, muitos deles. Subiam e caíam em seguida. Alguém gritou: "*Katyushas.*" Posteriormente, descobrimos que era o começo da ofensiva soviética, que encerrou com o cerco de Breslau.

Katyusha, o lançador múltiplo de foguetes, não era algo novo para mim. Tinha ouvido tantas músicas sobre ele que se tornara sinônimo de vitória. Pressionávamos nossos lábios, de modo a manter o frio do lado de fora e reter um pouco de calor, mas, outra vez, recordei-me das melodias que cantávamos — dessa vez, a música saía da parte do meu ser em que a esperança estava armazenada — "Levaremos o

Katyusha; Boa sorte para você, *Katyusha!*" Não era mais um sonho. Eles viriam em breve.

Trinta minutos depois, o céu à nossa esquerda ainda estava iluminado pelos foguetes. Eles penetraram nossos corações, transformando-os de um estado de desespero para outro de confiança. Encontramos novas forças.

"Vamos lá, camarada, recomponha-se", encorajávamos uns aos outros, "podemos ser libertados a qualquer momento agora".

Um grupo de 12 prisioneiras e seu guarda foram vistos se movendo em uma trilha escurecida por arbustos além da floresta, de onde viam os foguetes. Um guarda nosso, ao percebê-los, gritou: "Ei, você, aonde está levando suas flores?"

"Não se preocupe, conheço o distrito", veio a resposta, "não nos perderemos. Só estamos pegando um atalho para chegarmos lá mais rápido".

Nunca descobri o que ele quis dizer com "lá". Porém, a julgar pelas aparências, desejei boa sorte a elas em sua aventura.

A atitude dos guardas começou a mudar drasticamente. Agora diziam-nos que continuaríamos marchando até encontrarmos o trem, de onde seríamos evacuados rumo ao Oeste.

De vez em quando, os trenós abarrotados com as bagagens dos guardas se tornavam lugares de descanso para os fracos. Prisioneiros cujas pernas não mais os suportavam eram colocados sobre pranchas de madeira e puxados sobre a neve.

Por fim, chegamos a uma estação de trem. Deslumbrados pelas luzes brilhantes que iluminavam os trilhos, passamos lentamente por uma locomotiva preta e engordurada. Estava próxima à estrada, soprando vapor. O maquinista debruçou-se para fora da cabine.

"Está tudo parado", gritou para nós com um forte sotaque polonês. "Nossa linha foi cortada. Os trens estão atrasados há horas."

Os *Katyushas*, pelo que parecia, fizeram mais do que apenas dar uma bela apresentação nos céus.

Continuamos caminhando até o município de Pless, onde meu bisavô vivera. Na praça do mercado, encontramos um grupo de prisioneiras de Birkenau descansando ao lado de uma fonte. Queríamos nos juntar a elas, mas fomos forçados a seguir em frente. Os habitantes do local estavam dormindo, com portas e janelas fechadas. Ninguém pareceu nos notar conforme arrastávamos os pés ao longo das escuras e estreitas ruas de paralelepípedos. Apenas os cães uivantes nos quintais se interessavam por nós.

A estrada ficou íngreme rumo às colinas com florestas, virando-se, contorcendo-se e sugando nossa preciosa energia.

Conforme progredíamos, a paisagem mudou e, agora, víamos minas de carvão e seus maquinários. Estávamos na Alta Silésia.

Algumas minas funcionavam à noite. Destacavam-se como faróis, em comparação ao interior totalmente escuro. Outras pareciam abandonadas. Recordei-me de uma vez quando, seis anos antes, as minas de carvão eram meus locais favoritos para brincar, onde eu tentava escalar os montes de escória e admirava as locomotivas elaboradas da ferrovia. Agora tudo estava muito diferente.

Havia um campo de concentração adjacente a uma mina. Ambos estavam vazios. Observei os galpões. As janelas estavam quebradas e, as paredes, carbonizadas. As ruas estavam cobertas com móveis, cobertores e tigelas queimando lentamente. *Será que tinham matado todos os prisioneiros? Teria a SS tentado queimá-los vivos? Ou será que aconteceu uma revolta?*

A floresta nos circundou, à medida que continuávamos nos arrastando; nossa coluna tinha diminuído rapidamente, tendo agora apenas 1 mil prisioneiros. Passamos por mais trilhos e conexões, mas nosso destino permanecia incerto.

Minha vista escureceu, e eu caminhava em um transe. Poderia até estar determinado, mas minhas pernas, infelizmente, eram apenas as de um garoto. Os guardas atiraram acima de nossas cabeças. Eu não teria percebido, se não estivessem usando balas traçantes, que me despertaram da minha letargia. Posteriormente, fiquei sabendo que havia membros da resistência na floresta. Os tiros provavelmente foram dados para assustá-los.

Não reconhecia mais o que estava acontecendo. Silhuetas no horizonte pareciam ser fileiras de prédios altos, mas, momentos depois, transformaram-se nas cercanias de uma floresta; e então, mais uma vez, imaginei que estávamos em uma cidade. Continuei arrastando os pés.

Por fim, nossa coluna parou. As sombras ao lado das quais eu vinha me arrastando voltaram à vida. Era o amanhecer. À minha frente, havia um mar de prisioneiros movendo-se lentamente em direção a um túnel. Lá do outro lado, subiam nuvens agourentas de fumaça. Oficiais do alto escalão da SS não paravam de ir e vir, observando-nos cuidadosamente. Nossos guardas estavam indo embora e dizendo que esse era nosso destino.

Ao ver a fumaça, alguns prisioneiros tentaram escapar, mas foram brutalmente assassinados a tiros pelos soldados, que estavam deitados e camuflados nos campos ao nosso redor. Uma das vítimas, ainda usando sua faixa amarela no braço, tinha sido um chefe. Mais uma vez, a neve estava salpicada de corpos, mas, dessa vez, parecia que suas mortes foram mais violentas, pois, em suas roupas listradas, pareciam estar abraçando o solo, como se estivessem lutando com ele. Havia muito sangue.

Nosso moral atingiu seu nível mais baixo. Os rumores que percorriam nosso bando enlameado eram terríveis. Ninguém retornou do túnel. Não conseguíamos ver seu final distante, de onde vinha a fumaça, mas era impossível não temer o pior.

Empurrado pela multidão, desci a colina que parecia um funil. O momento decisivo chegara, e queria estar preparado para ele — lutar até o último segundo. Larguei meu precioso pão, soltei meu cinto e joguei longe a inútil xícara de metal que estava atada a ele. Minhas mãos estavam livres e, agora, eu estava pronto.

Dessa vez, no entanto, minha imaginação juvenil estava errada. Do outro lado do túnel, tudo de agourento que havia era uma estação de trem. A fumaça que subia vinha do hangar de uma locomotiva. Estávamos em Loslau, a ferrovia que ia ao Oeste.*

Iluminado pelos raios do Sol nascente, por fim encontrei alguns antigos amigos que, também exaustos, ainda assim não se desfizeram de suas preciosas bagagens: cobertores, xales, tigelas, xícaras, pães e, aqui e ali, até algumas latinhas de carne cuidadosamente guardadas.

"Onde roubaram seus cobertores, garoto?", perguntaram-me. "No cemitério, quando estava dormindo? Comeu todo seu pão, também, hein?"

---

* Os prisioneiros foram forçados a marchar de Auschwitz ao longo de uma rota de aproximadamente 65 quilômetros até chegarem a Loslau (também conhecida como Wodzislaw Slaski, em polonês).

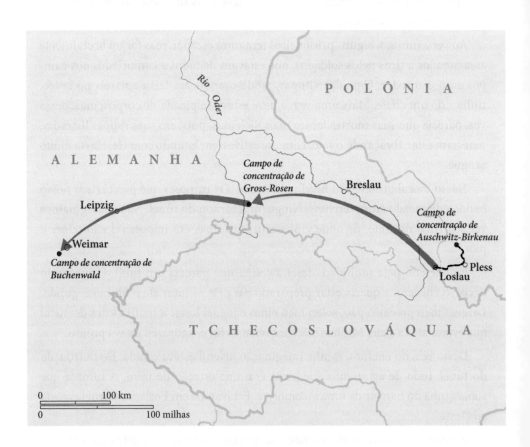

Em janeiro de 1945, meus colegas prisioneiros e eu fomos evacuados de Auschwitz e forçados a marchar até Loslau. Lá, fomos colocados em vagões abertos de carga para o restante de nossa jornada rumo ao Oeste.

Tudo o que consegui responder foi um tímido "sim". Estava muito envergonhado para dizer a verdade.

Mandaram-nos entrar nos vagões abertos de carga que estavam parados na plataforma. Não parecia haver mais do que dois comboios cheios. Arrumando-nos em fileiras alinhadas, com as pernas separadas, e segurando quem estava à frente para nos aquecermos, sentamo-nos no piso sujo e caímos no sono. Quando o trem arrancou, fomos empurrados para trás e nos chocamos com o tranco, porém eu mal percebi. Estava exausto. Durante as últimas 50 horas torturantes, apenas 4 tinham sido dedicadas ao descanso.

No fim da tarde, juntei minhas forças para observar o entorno do vagão. O distrito era familiar. Lá em 1939, eu tinha passado por ali em um trem expresso enquanto comia doces de forma barulhenta.

À esquerda, correndo ao lado de nosso vagão, estava o rio Oder. Nunca me cansava de observá-lo. Conhecia-o desde meu nascimento — havia bebido suas águas, mergulhado nelas e as cruzado em um barco a remo com minha tia Ruth. Até hoje ele me fascinava.

Nossa fome estava insuportável. Quando parávamos nas pequenas estações rurais, implorávamos aos funcionários da ferrovia que enchessem nossas tigelas com neve. Aquele bolo fofo de gelo, sujo ou branquinho, tornara-se uma iguaria, e os transeuntes que estavam dispostos a dá-lo a nós, dignos de estudo.

Em alguns lugares, até mesmo os funcionários com emblemas do partido nazista em suas lapelas nos ajudavam. Na maioria das vezes, contudo, nossos pedidos eram ignorados. Esperar solidariedade nas estações maiores era tolice. As plataformas estavam repletas de civis alemães carregando malas, desesperados para fugirem rumo ao Oeste. Quando descobriram que os "sub-humanos" estavam tendo preferência, lançaram-nos olhares maldosos.

Deve ter ferido o orgulho dos diversos pomposos e arrogantes que vestiam os uniformes marrons da SS e que cuidavam das multidões impacientes o fato de terem menos privilégios do que meros prisioneiros. *Será que ainda haverá tempo?* Devem ter se perguntado, desesperados. *Haverá vagões suficientes para levar civis improdutivos?*

Agora já era, os assassinos de ontem estavam clamando para serem resgatados, para serem salvos em nome de todas as virtudes que eles próprios nunca tiveram a coragem de demonstrar.

Estávamos, então, determinados a mostrar um show de força. Sempre que víamos colegas prisioneiros nos campos ao redor, gritávamos, saudando-os e desejando-lhes liberdade. Os guardas, dois por vagão, estavam impotentes. Não arriscavam provocar uma revolta nem sentiam-se no direito de parar o trem.

Perto de Breslau, passamos por centenas de prisioneiros trabalhando como escravos em novos aterros e linhas de extensão para a ferrovia. Eram prisioneiros de campos de concentração — prisioneiros de guerra da Rússia, da Polônia, da França e da Bélgica, trabalhadores recrutados da Ucrânia e da Tchecoslováquia —, homens e mulheres.

Quando nosso vagão passou lentamente por um galpão de armazenagem, vimos prisioneiros correndo mais rápido e descarregando sacas de farinha. Nossa resistência não poderia mais ser detida. Alguém começou a cantar; não as músicas do campo que outrora nos mantiveram vivos, mas melodias comoventes e hinos vibrantes. Todos unimos nossas vozes, vagão após vagão. Assim como nossos camaradas no depósito, que tinham parado de trabalhar e vieram à plataforma nos cumprimentar.

"De pé, ó famintos da terra..." Suprimimos os protestos dos nossos guardas com a força de *A Internacional*. Era a única música conhecida por todos nós, o único hino que nenhum dos observadores deixaria de reconhecer. Não era nossa favorita, mas nos unia e nos dava esperança. Na ponta final do depósito, um homem furioso da SS estava ocupado, tentando fazer com que seu bando de seres vestidos com roupas da prisão voltasse ao trabalho.

De Breslau, vimos apenas os pátios de manobra — os infindáveis pátios com trilhos e a cobertura entrecruzada de fios de alimentação elétrica. Havia cabos de aço suspensos arrebentados e balançando, danificados por um recente ataque aéreo.

Chegamos a um complexo de galpões cercados. De um lado da única ferrovia, surgiu a encosta de uma montanha arborizada e, do outro, o inconfundível local de um campo de concentração. Senti-me feliz. Não conseguiria aguentar a jornada por muito mais tempo.

Fôramos expostos ao frio congelante por dias, e nossas provisões, que deveriam ter nos nutrido com 350 gramas de pão por dia, já tinham sido devoradas. Não conseguia me lembrar da última vez em que tinha mordiscado uma casca dura e congelada de pão ou engolido um bocado de neve.

O oficial da SS que veio ao encontro do nosso trem gritou à maneira típica de seu grupo. Vociferou ao nosso guarda-chefe que estavam lotados e que deveríamos seguir em frente. Outra vez, o trem deu um tranco e começou a andar, seguindo a linha principal.

Quando chegamos a uma vila, após menos de uma hora, os guardas abriram as portas e gritaram o familiar *"Raus!"* Pulei do vagão sobre o cascalho abaixo, com os joelhos tremendo de fraqueza, para me juntar àqueles que esperavam a ordem de marchar. Porém, outros com quem compartilhara o vagão ficaram para trás. Muitos que estavam sentados no chão há dias não tinham mais energia para se levantarem. A maioria dos que aparentemente dormiam silenciosamente no canto estava morta.

Arrastamo-nos pela vila. À esquerda, havia antigas dependências rurais e, à direita, fileiras de casas, a maioria não terminada. A placa na estrada dizia: Gross-Rosen.*

Em uma curva, a estrada estava bloqueada por uma carreta enorme cheia de feno, puxada por um cavalo. Segurando as rédeas, reconhecemos prisioneiros de guerra franceses. Eles falavam muito e não se impressionaram com nossos guardas, gritando para eles que saíssem do caminho. Perguntei a um colega o que estavam dizendo.

"Há um campo de concentração a poucos quilômetros seguindo a estrada, mas não sabem como estão tratando os prisioneiros", alguém traduziu para mim.

"E o que estavam gritando?"

"Estão nos desejando boa sorte e dizendo que devemos esquecer nossos problemas e nos encher de ânimo, assim como eles."

Chegamos ao portão do campo após passarmos por grandes pedreiras e por figuras correndo e vestindo roupas azuis e brancas da prisão. De lá, sob os vigoro-

---

* Gross-Rosen foi estabelecido em 1940 como um campo-satélite de trabalho do campo de concentração de Sachsenhausen.

sos comandos de "Esquerda, direita! Esquerda, direita!", marchamos rigidamente à vasta *Appellplatz* para uma chamada; e, por fim, ao longo da estrada, seguimos rumo aos barracões.

Havia grandes canteiros de flores em ambos os lados. As plantas estavam imaculadas e, mesmo assim, pareciam feias — meros pontinhos em padrões meticulosamente simétricos, implantados em pedaços quadrados de terra, designados para fazer uma divisória entre os prédios da SS e os deploráveis barracões dos prisioneiros.

À nossa direita ficava o campo feminino cercado, e as prisioneiras maltrapilhas e desfiguradas que também tinham chegado do Leste gritaram mensagens em húngaro para nós. À nossa esquerda, sob toque de recolher, estava o complexo masculino, rigidamente supervisionado por guardas e líderes criminosos de blocos. À frente, no fim da estrada, havia outro portão e, depois disso, estava nosso destino: cerca de 50 barracões muito espaçados entre si, abraçando o áspero barranco, "o campo de extensão". Ali do lado, havia a perigosa ameaça de um crematório.

CAPÍTULO 15
CAMPO DE GROSS-ROSEN

Fui levado ao Bloco 40, composto por um piso básico de madeira cercado por paredes, fechado por um telhado e tendo ao lado uma rampa precariamente apoiada com 2m de altura e coberta apenas por troncos com 60cm entre eles.

A rampa era perigosa, talvez de propósito, e os acidentes se tornaram um risco constante. Escorregávamos e caíamos sobre ela, em geral através dela, quando estávamos sendo conduzidos para as longas três chamadas diárias. Certa noite, a rampa desmoronou em um dos blocos após a investida cega de aproximadamente 100 prisioneiros que estavam congelando.

Gross-Rosen é como chamavam esse campo. "Grandes Rosas", de fato. Aqui, as pessoas eram nervosas, irritadiças e indispostas a ajudar.

À noite, após a distribuição barulhenta e confusa de cobertores, todos tínhamos que procurar um lugar para dormir. O piso nunca parecia grande o suficiente. Corríamos o risco de sermos baleados se precisássemos ir ao banheiro. Do lado de fora, tínhamos que tatear o caminho até a fossa solitária. Na volta, encontrávamos nosso local de dormir ocupado por outra pessoa. Então, a menos que nos sentíssemos fortes o suficiente para usar a força, tudo o que podíamos fazer era ficar esperando na porta até que o próximo visitante do banheiro tivesse que sair de seu lugar.

Mesmo aqueles que cuidavam de sua precária parte de piso, sem se mexer um centímetro, tinham tudo menos uma noite silenciosa. Não havia espaço para caminhar, e as pessoas que tentavam passar pela massa de corpos dormindo raramente se preocupavam em tirar os calçados. Caso dormisse perto da porta, tinha que deitar sobre as mãos, senão seriam pisoteadas.

Agora já dava para ouvirmos os confrontos armados ao fundo, mas nem mesmo isso conseguiu pacificar os mais hostis dentre nós. Antes da sua prisão, a maioria era gente de respeito; homens de família com bons modos que frequentavam a igreja ou a sinagoga. Porém, forçados a viver sob condições anormais entre pessoas de idiomas, intelectos e ideias diferentes, suas perspectivas mudaram. Deus — em

COMO VIVÍAMOS
Gross-Rosen era um campo cheio de perigos e horrores extremos.

quem depositavam suas esperanças e sua confiança — não mostrara um interesse direto por seus sofrimentos. Assim, não estando mais atados pelos escrúpulos, os mais desiludidos se tornaram violentos. Agora era "cada um por si". Os direitos e as necessidades de seus próximos — com quem nunca se importaram de verdade — eram ignorados.

Quando alguém era repreendido por seu comportamento vil, desculpava-se dizendo: "A vida no campo é assim. Se quiser sobreviver, você faz o que tem que fazer, danem-se os outros. É preciso ser cruel."

Nós, os jovens, conhecemos os piores infratores, mas não nos sentíamos para baixo, pois nossa atenção estava voltada para o futuro.

A cozinha do campo era pequena demais para dar conta dos 80 mil recém-chegados. Assim, vivíamos agora com uma ração diária de apenas 300 gramas de pão e uma colher de geleia. Só três vezes por semana recebíamos meio litro de sopa morna — água saborizada, cujo principal ingrediente parecia ser sal.

Obter essa mísera quantidade de sopa dava um trabalhão, pois normalmente chegava à noite e sem avisos. No momento em que o líder do nosso bloco era notificado pela cozinha do campo (que funcionava 24 horas por dia) de que nossa parte estava pronta, ele começava a procurar voluntários para ir buscá-la.

De início, sabendo que ganhariam 250ml extras de sopa, as pessoas se voluntariavam para ajudar, mas não demorou até que o incentivo para ter que se arrastar pelo campo frio e escorregadio, carregando caldeiras pesadas, perdeu seu apelo. Não valia a pena abrir mão do sono e arriscar a saúde por isso. Então preferíamos arriscar sermos escolhidos à força e, depois, perseguidos pelo furioso líder do bloco, que gritava que, se não pegássemos nossa sopa, a cozinha pararia de fazê-la para nós.

Certa noite, quando não consegui ser ágil o suficiente para me esquivar do líder do bloco, fui enviado para pegar a sopa. *Seria uma tarefa tão pavorosa quanto diziam?* Eu não confiava em rumores.

Em 12, erguemos as ripas passadas pelos suportes em formato de U da caldeira e fomos caminhando languidamente pelo campo adormecido. Em vez de estradas, havia trilhas íngremes e sinuosas, escorregadias com a neve derretida e repletas de pedras. À nossa esquerda, em frente ao crematório, repousavam pilhas de corpos nus, azuis e congelados. Desviamos o olhar, mirando apenas a descida à frente, para não escorregarmos.

Nosso destino, o portão que levava ao campo principal, já estava bloqueado por outros 300 que chegaram antes de nós. Holofotes ofuscantes iluminavam a turba impaciente e faminta, posicionada ao lado do recinto com arame farpado. Mais luzes brilhantes vinham da torre central além do portão principal, um conjunto de grandes projetores, oito ao total — como uma sequência de pérolas.

Às 2h30, após esperarmos por mais de uma hora, a multidão despertou de seu sono e começou a gritar. As caldeiras de sopa tinham chegado.

Um a um, chamaram os números dos blocos afortunados. Mas os observadores frenéticos não conseguiam suportar ver a comida ser levada por outra pessoa. Como hienas humanas, atacavam as caldeiras abertas de sopa. Alguns, tentavam mergulhar suas boinas, outros metiam a cabeça lá dentro. Em toda parte, ouvíamos gritos penetrantes, ferozes e histéricos.

Por fim, chamaram o Bloco 40. Porém, quando fomos nos acotovelando até o portão e chegamos diante das caldeiras fumegantes, nos deparamos com outro grupo que também alegava representar o Bloco 40. Era um golpe óbvio, mas, quando o pessoal da cozinha se decidiu, já tinham se passado outros 30 minutos.

No fim, coletamos nossa sopa preciosa, dois carregando cada caldeira, e voltamos até o bloco. Fomos liderados por um ucraniano musculoso, que ameaçava qualquer ladrão em potencial ao balançar sua ripa sobressalente.

Cuidando para não derramar a sopa quente sobre nossos pés, subimos a colina escura e traiçoeira, lenta e habilmente, dando um passo de cada vez. De vez em quando, algum prisioneiro desesperado tentava chutar nossas pernas para nos fazer cair. Outras vezes, escorregávamos sozinhos por puro pânico. Eu parecia estar fraco demais para a pesada caldeira. Meus joelhos tremiam, mas eu não tinha escolha. Era apenas um número com quem ninguém se importava, um escravo que tinha o direito de viver apenas enquanto era útil.

Por fim, chegamos. O líder do bloco estava furioso conosco por termos derramado muita sopa. Ainda berrando, voltou-se à massa dormente de prisioneiros e os acordou para o jantar.

O MENINO QUE DESENHOU AUSCHWITZ

Como prisioneiros do Bloco 40 e os últimos recém-chegados, ainda não trabalhávamos. Metade do dia era passada em pé em posição de sentido, durante as chamadas aparentemente infindáveis. O restante passávamos caminhando ao redor do campo, buscando ansiosamente alguma companhia amigável com quem conversar.

Muitos dos nossos colegas prisioneiros não estavam acostumados com a intimidação premeditada e contínua dos campos de concentração. Assassinatos em massa organizados eram algo novo para eles. Até agora, tinham experienciado apenas a vida em campos de trabalho. Lá, o trabalho talvez fosse mais pesado do que em Auschwitz, mas os arredores eram mais civilizados. Não havia prisioneiros criminosos ou insensíveis entre eles, e eles se agrupavam de acordo com a nacionalidade. Consequentemente, sua visão de vida era diferente da nossa. Viviam e pensavam como indivíduos isolados e desequilibrados, irremediavelmente perdidos ou extremamente enclausurados em si mesmos.

Vi poucos jovens e não conhecia nenhum. Conversar com adultos era uma causa perdida, pois não demoravam até dizer o quanto estavam deprimidos. A tragédia de terem perdido as famílias era uma sombra eterna, grande demais para ser ignorada até mesmo por alguns minutos. Sempre que eu ousava mencionar o futuro, eles olhavam para mim horrorizados.

Aqueles que estavam presos há muito tempo eram diferentes. A maioria era socialista, gente cujas crenças positivas eram como um Sol que nada conseguia encobrir. Eu os conhecia, e eles me ajudavam com frequência e me davam esperança também. Agora que seu Sol estava nascendo, tinham ainda mais motivos para ajudar os jovens. Sabendo disso, eu estava determinado a encontrar alguns deles. Mas onde eles estavam? Não havia nenhum. Devem ter sido enviados para "outro lugar", ou foram assassinados.

Sem conseguir distrações naquela multidão, absorvi os detalhes do cenário do campo e, não tendo ninguém com quem conversar, escutava atentamente aos trovões dos conflitos armados. O ruído das armas parecia estar mais perto agora e era alto o suficiente para atrapalhar nosso sono. Rumores diziam que seríamos evacuados novamente, mas a vida no campo de Gross-Rosen continuava como de costume.

As equipes de trabalho, conduzidas em uma velocidade feroz, ainda suavam muito construindo novos barracões. Transportados sobre as colinas íngremes, puxados por guinchos elétricos e com as rodas rangendo, chegavam carrinhos carregados com materiais de construção. Havia uma betoneira girando rapidamente em um barracão em construção. O piso estava sendo feito. Cinco trabalhadores, sem camisas para que o ar invernal pudesse refrescar seu suor, retiravam freneticamente uma montanha de argamassa com suas pás. Aqueles que estavam no outro extremo do cômodo, batendo ruidosamente suas trolhas, gritavam com os exaustos empurradores de carrinhos de mão. Perto da entrada, ficava um chefe, cuja mão esquerda circulava sem parar, observando seus caros escravos e relembrando-os de que deveriam ser rápidos, enquanto a mão direita segurava um chicote preto.

Ao nosso redor estendia-se, quilômetro atrás de quilômetro, uma muralha de arame farpado sem vida e coberto de neve, carregado com uma eletricidade mortal e isolado por um cinturão largo e baixo de emaranhados. Atrás dela, os guardas com casacos cinza caminhavam de um lado para o outro, carregando seus rifles, 1 a cada 50 metros de neve silenciosa. Essa era nossa única paisagem.

Onze anos antes, algum prisioneiro solitário tinha composto uma música sobre isso: *Moorsoldaten*. Agora essa melodia tocante e sentimental tornara-se o hino do campo de concentração e nos dava esperança. Ao observar as fileiras de cercas aparentemente infinitas, era impossível não a cantarolar:

> *Os guardas marcham longe e perto,*
> *Não, ninguém pode passar.*
> *Escapar seria uma morte certa,*
> *Armas e arame farpado nossas vistas a tapar.*

Nosso campo acidentado e repleto de pedras, juntamente com meu desejo juvenil de explorá-lo, cobrara seu preço. Meu calçado esquerdo, um companheiro precioso que me servira por milhares de quilômetros, estava se desmantelando. A sola estava pendurada e, com teimosia, recusava-se a ser consertada novamente. Tentei prendê-la com raros pedacinhos de barbante, extremidades enferrujadas de ferro e restos de pregos torcidos. Mas foi em vão, era o seu fim. Não queria me desfazer dele, porém parecia um monstro cinza e sujo com a bocarra aberta para mim, como o focinho ameaçador de um crocodilo.

OS GUARDAS MARCHAM PARA CIMA E PARA BAIXO
Nosso mundo de armas e arame farpado continuava em Gross-Rosen.

O MENINO QUE DESENHOU AUSCHWITZ

A qualquer momento, eles nos enviariam para a longa e temida marcha de evacuação. Desespero e ódio tomaram conta de mim. Todas as coisas na terra e no céu pareciam perversas e más. Mais do que isso: imploravam por punição devido ao próprio mal.

Eu mancava ao longo das pilhas de lixo congelado, cavando com meus dedos duros de frio, esperando encontrar algo que se parecesse com um calçado. Havia outros, também vasculhando o entulho. Roupas rasgadas da prisão, colheres quebradas, tigelas furadas de sopa, fragmentos de sacas de cimento, cabos de enxada fragmentados — tudo isso poderia ser útil para os prisioneiros desesperados do campo. Com sorte, poderia até haver restos esfarrapados de vestimentas retiradas dos corpos dos mortos. Por fim, à noite, desencavei o que estava procurando: um objeto oval, achatado pelo peso do lixo que estava em cima dele, congelado e encrustado de terra. Parecia um calçado, mas, antes de poder averiguar, alguém gritou, "*Das gehoert mir!*" ("Isso me pertence!").

Um prisioneiro que estava deitado do outro lado do despejo veio se arrastando em minha direção. Jogou uma pedra contra mim e, em seguida, mordeu meu pulso. Seus dentes cruéis se enterraram em minha carne magra e pareciam os de um louco, uma besta humana em busca de presas, um animal selvagem. Seu casaco estava cheio de lixo acumulado; havia de tudo nele, de gravetos e fios até papel.

Antes da guerra, talvez ele fosse um professor universitário, mas, agora, era uma criatura que, por causa de uma fatia de pão, teria tranquilamente me assassinado durante meu sono. Golpeei-o de volta no estômago. A besta rolou para trás, derrotada.

Alguns dias depois do episódio do calçado, caminhei ao longo dos trilhos sobre os quais rolavam as rodas de carrinhos cheios de areia.

Sempre no horário, passavam em intervalos de cinco minutos, um espetáculo ao qual podia assistir durante horas para passar o tempo. Isso me recordava de casa, dos trilhos nas pedreiras e das minas de carvão.

De repente, meu devaneio foi interrompido. Alguém veio por trás e tapou meus olhos com as mãos. Indefeso, esperei que meus bolsos fossem vasculhados. Meu ofensor apenas riu. Claramente, ele não queria me provocar, pensei. Eu não conhecia nenhum prisioneiro, e os dedos curtos que se pareciam salsichas pressionados sobre minhas bochechas não pareciam nada amigáveis. Ele tirou a mão e deu batidinhas em meu ombro. Lá estava um russo agachado, com um largo sorriso em seu rosto redondo. Ao seu lado, havia três garotos, os outros empurradores dos carrinhos.

"Não se lembra de mim?", exclamou, abraçando-me como uma senhora que recebe seu filho há tempos perdido. "Sou eu, Vanka, da escola de pedreiros!"

Agora eu me recordava. Era um dos Vankas, o menino quieto que tinha saído um ano atrás. Nós dois tínhamos mudado. Agora éramos velhos amigos, veteranos. Havia muito que gostaríamos de ter contado um ao outro, mas o carrinho tinha que seguir. Ajudei-os a empurrar.

"Eles também estão vindo", gaguejou Vanka em uma mistura de russo e alemão arranhado, apontando para a região onde o barulho das armas soava como um trovão. "*Etom nashe*" ("São nossos"). Você — eu — camaradas!"

CAPÍTULO 16
EVACUAÇÃO

Estávamos sendo evacuados novamente. Era a última semana de janeiro de 1945. Recebemos rações minúsculas de pão e margarina, fomos levados à estação e arrebanhados em vagões abertos de carga gelados, mas já familiares.

Minutos depois, acompanhados pelo reconfortante estralo das rodas, arrancamos, saindo do interior de Breslau rumo ao Leste. O trovão das armas parecia nos acompanhar também. Em alguns lugares, ficava ainda mais alto do que em Gross-Rosen e, ao longo da ferrovia, os soldados cavavam trincheiras.

Durante a noite, quando o frio implacável e a corrente de ar penetravam rapidamente nossos corpos emagrecidos e frágeis, acordei com uma vontade dolorosa de me aliviar. Pisando com cuidado sobre meus colegas de vagão, que dormiam encolhidos, desci os lados do vagão, me equilibrei no amortecedor, abaixei as calças e dobrei meus joelhos. A próxima coisa de que me lembro era estar em um vagão diferente, onde ninguém me conhecia. Não encontrei meu lugar nem meus cobertores. Fiquei vagando, tocando os corpos dormentes embrulhados, procurando alguém conhecido. Sussurravam uns aos outros que eu estava louco. Aqueles que não dormiam profundamente até me chutaram.

"Saia daqui, idiota maluco."

Por fim, me espremi em algum lugar e peguei no sono novamente. *Teria sido tudo um sonho? Ou eu estava em transe? Ou, então, tinha voltado ao vagão errado?* Nunca descobri a resposta.

Ao amanhecer, chegamos a Leipzig. Estava muito destruída, mas ainda lá. De dentro dos porões e sob as ruínas, crianças saíam com cestinhas de supermercado e baldes para se juntarem às filas e pegarem pão e água.

Paramos no terminal. O saguão da estação estava não apenas intacto, mas também tão ocupado como estaria nas férias de verão em tempos de paz. Carrinhos com comida e jornais eram empurrados de lá para cá. As plataformas estavam lotadas com civis alemães bem-vestidos e de aparência saudável. Pessoas desfilavam em uniformes ou com faixas da suástica. Todas pareciam felizes e acostumadas a ver prisioneiros maltrapilhos e abatidos.

Com exceção de poucos, que sussurravam a seus colegas, nenhum dos transeuntes parecia estar interessado em nós. Alguns dos nossos camaradas alemães queriam contar aos observadores quem éramos, mas decidimos orgulhosamente que não valia a pena.

Uma garotinha usando maria-chiquinha e com a saia preta passada rodopiando sobre as pernas ágeis, veio correndo até o trem, seguida por sua mãe.

"Veja, mamãe, tantos rostos", exclamou, apontando para o nosso vagão. "Tem um menino. E tem outro lá."

Nós, os jovens, nos sentimos orgulhosos. Se os adultos nos ignoravam, ainda havia as crianças. Será que a menininha se lembraria de nós?

Perante nossos vagões, havia um moderno trem-hospital, claramente bem-equipado com espólios de toda a Europa. Estava sendo recepcionado por uma delegação das irmãs da Cruz Vermelha, com flores nas mãos. Chamamos elas, implorando que nos dessem água para ajudarmos nossos doentes. Mas elas também fecharam os olhos.

Nosso trem seguiu lentamente até um desvio a alguns quilômetros da cidade. Lá também havia um trem-hospital; dessa vez, estávamos a três metros de distância. Do vagão da cozinha, saíam aromas deliciosos. Vimos panelas e frigideiras, os compartimentos luxuosos e as camas brancas e macias.

Mancando ao longo de uma trilha de cascalho, vinha um soldado com a perna enfaixada. Logo, outros apareceram. Queriam saber por que pessoas que pareciam honestas como nós estavam usando roupas de prisão. Contamos a nossa história, uma novidade para eles.

"Nós lá do fronte sabíamos pouco sobre o que realmente estava acontecendo no interior da Alemanha", disse um.

"Então é por isso que estamos lutando", resmungou outro.

Nosso trem começou a andar. Os soldados voltaram com dificuldade até seus compartimentos. Jogaram algo pelas janelas que caiu em nosso vagão. Eram doces cozidos e embrulhados em papel-celofane.

O MENINO QUE DESENHOU AUSCHWITZ

Chegamos a Weimar, no extremo leste da principal estação de mercadorias. Parecia que esperaríamos lá. A locomotiva tinha partido, assim como a maioria dos guardas.

Analisei os novos arredores, onde havia um enorme pátio de manobras de um lado, além e atrás, e, do outro, uma estrada. Ao longo dela havia jardins, mas logo perante nosso vagão havia uma faculdade de engenharia.

Por meio da grande janela, consegui identificar alunos, garotos com cerca de 18 anos vestindo terno e gravata, sentados perante um quadro cheio de coisas escritas com giz. Um sino soou e eles se levantaram, desceram as escadas correndo, rindo e gritando enquanto pegavam seus sanduíches. Viviam em um mundo só deles, um universo de regras, livros, tradições, refeições regulares e sono adequado. Era uma época em que, durante cinco anos, garotos muito mais jovens do que eles estavam sendo mortos nos frontes e nos campos de concentração.

Então a sirene de ataque aéreo começou a tocar. Agrupados em turmas, os alunos marcharam ordenadamente até seus abrigos. Lá no alto, vindas do Oeste, havia fileiras de pequenas cruzes prateadas, deixando longos rastros brancos no céu azul. Eram bombardeiros Aliados. Um avião escudeiro, voando baixo, deixou um círculo de vapor sobre nós. Olhei ao meu redor. Havia silêncio. Os trens estavam imóveis, e as pessoas se escondiam. À distância, os bombardeiros começaram a mergulhar. O barulho das explosões foi suprimido por um vento forte, mas, nos limites da cidade, subiam nuvens rosas e escuras, rasgadas por destroços voadores. Mais rastros de vapor apareceram no céu, dessa vez vindo em direção à estação.

Fomos sacudidos até a alma pelas explosões. Os galpões de armazenagem foram atingidos, e fragmentos de madeira voavam em todas as direções. Nossos guardas correram para os abrigos. As grades dos vagões foram abertas e todos saíram correndo, desesperados para encontrarem algum tipo de cobertura. Alguns cruzaram os trilhos e foram em direção à cidade, enquanto outros se enfiaram sob o trem. Apenas eu permaneci no vagão aberto.

Tomei uma decisão. Ser esmagado sob os vagões descarrilhados ou ser enterrado entre nazistas nos prédios destruídos não valia a pena. Peguei três tigelas arredondadas deixadas para trás por meus companheiros, coloquei uma sobre a outra, posicionei-as em minha cabeça e me agachei, formando uma bolinha no canto. Meu capacete vermelho improvisado devia parecer estranho, mas não havia ninguém lá para tirar sarro. As bombas explodiram ao redor do meu vagão. Uma cacofonia extraordinária de ruído me deixou surdo e horrorizado. Houve uma chuva geral de escombros, estilhaços e metal.

Quando os bombardeiros passaram, chacoalhei cuidadosamente o pó e dei uma olhada em meu vagão solitário. Sobre trilhos próximos, um trem cheio de nabos estava sendo pilhado por prisioneiros. Lentamente, um a um, vieram nossos guardas, atirando para demonstrar seu estado de alerta. Pareciam ter bebido algo alcoólico durante o ataque. Os prisioneiros correram de volta até os vagões. Agora havia mais espaço, visto que muitos escaparam e outros foram mortos.

Ao cair da escuridão, o trem, anexado a uma pequena locomotiva soltando vapor, foi puxado para uma bifurcação que formava outra linha única.

Mantido desperto pelo gemer dos feridos e moribundos, permaneci em um canto do vagão e observei qualquer mudança da paisagem. Um rastro de fumaça pairava sobre os vagões e atingia meu rosto. Era preta e suja, mas quentinha. Em menos de uma hora, chegamos ao nosso destino. Aqueles de nós que ainda tinham energia saltaram e, depois, tentaram ajudar os que mal conseguiam agarrar-se à vida, mas havia muitos deles.

Esperando por nós na plataforma, havia homens em uniformes azuis, boinas pretas e botas perfeitamente lustradas. Achamos que pareciam ser da brigada de incêndio. Ordenaram que fizéssemos fileiras de cinco e nos marcharam dali. Sob a luz da rua, observei nossos novos guardiões novamente. As faixas em seus braços diziam: *Lagershutz*. Sob os peitos, tinham números da prisão, como os nossos.

Mais além deles, vi fileiras duplas e intermináveis de luzes, e a massa conhecida da cerca elétrica com arame farpado. Passamos pelo que pareciam ser prédios da administração do campo. Perante um deles havia um canhão, à moda antiga, mas ainda assim um monstro. *Estaria ali apenas para nos intimidar?*

Chegamos ao campo e, assim como em Gross-Rosen, a entrada se dava por meio de um passadiço. Sobre ele estava a torre principal de vigia. De ambos os lados saíam alas com quartos dos guardas, escritórios e celas de prisão. Ao lado, esticava-se a grande *Appellplatz*, a praça de chamada.

"Jedem das Seine" ("A cada um o que merece"), dizia a placa fixada na entrada. Chegáramos a Buchenwald. Eu estava entrando em meu terceiro campo de concentração.

CAPÍTULO 17
CAMPO DE BUCHENWALD

Após um dia de espera em uma barraca enorme, chegara nossa vez de fazer fila para a desinfecção. Conversei com um grupo de prisioneiros ciganos ao nosso lado, que já estavam em Buchenwald.

Estavam prestes a tomar o banho mensal e passar pelo despiolhamento. Ao que parecia, era uma praga abundante em Buchenwald. Um dos garotos, que estava lá desde 1944, também estivera na escola de pedreiros de Auschwitz.

"Não me pergunte sobre os outros meninos romenos", suspirou. "Isso foi há muito tempo. Não sei o que aconteceu com eles. Só estamos em quatro agora."

Chegando ao bloco de desinfecção, entregamos nossas roupas, nossos calçados e quaisquer outras posses que tivéssemos. Preciosos pedacinhos de papel, pontas de caneta, pregos, barbantes, colheres e facas improvisadas — foi tudo embora. Então nos confinaram em um cômodo com paredes de azulejo. Lá, esperamos.

Ficamos lá por horas, alternando a posição entre deitado e sentado. Estava quente. Nossos corpos nus fediam e suavam. Os que estavam perto das janelas não nos deixavam abri-las, com medo de pegar pneumonia. Estávamos com sede e pedimos água, mas ninguém apareceu. A porta estava trancada.

Os prisioneiros do campo eram proibidos de entrar no complexo de desinfecção. Os responsáveis pelo local estavam ocupados com as chegadas mais recentes. Por fim, nos levaram para fora novamente após dez horas de tortura. Muitos tinham desmaiado e não conseguiam mais se levantar, enquanto alguns provavelmente morreram. Aparentemente, houve um atraso devido ao rompimento do suprimento de água causado pelos ataques aéreos.

Nossos cabelos, pelos que, em alguns, tinham orgulhosamente atingido cerca de dois centímetros, foram cortados por franceses irritados, sobrecarregados de trabalho e que seguravam ferramentas que precisavam desesperadamente ser limpas, lubrificadas e afiadas. Já carecas, mergulhamos em um tanque de desinfetante corrosivo e cortante. Ele se grudava tão obstinadamente em nossa pele ardente que nem mesmo o banho quente em seguida conseguiu tirá-lo. No cômodo ao lado,

241

O MENINO QUE DESENHOU AUSCHWITZ

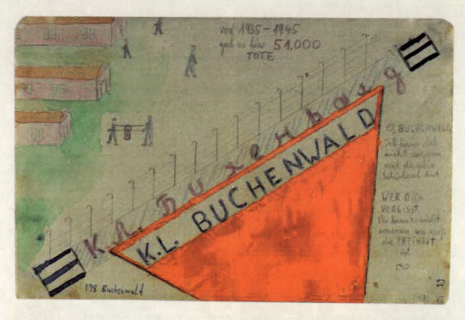

ACIMA: CAMPO DE CONCENTRAÇÃO DE BUCHENWALD
De 1937 a 1945, dezenas de milhares de prisioneiros morreram em Buchenwald.

ABAIXO: LAGERSCHUTZ
Podíamos confiar na polícia do campo administrada por prisioneiros em Buchenwald para que nos guardasse e protegesse.

havia um médico da SS sentado atrás de uma mesa. Seu pretenso exame médico consistia em passarmos correndo por ele a uma distância de quatro metros. Por causa dos cartões de registro, alguém também media nossa altura. Recebi uma camisa, um casaco, calças, meias e calçados. Não havia cuecas.

Já vestido, entrei na sala de registros. Um atendente usando roupas da prisão empurrou uma ficha em minha direção. "Preencha-a você mesmo."

O questionário parecia estar muito desatualizado. Passaram-se oito anos desde que os primeiros prisioneiros foram registrados. Sem contar aqueles que tinham pegado números pessoais dos mortos, haviam passado 127.157 antes de mim. A maioria dos jovens, temendo ser declarados inaptos para o trabalho, registrara uma idade maior, mas eu, além de ter sido educado para ser honesto e correto, não acreditava ser uma boa ideia trapacear o Destino. Minha idade, 15 anos, e minha profissão, pedreiro.

O atendente, um prisioneiro político alemão, conferiu a minha ficha.

"Então seu pai está lutando pelos Aliados?"

"Sim, espero", respondi orgulhosamente.

"Nunca pense que ninguém se importa com você aqui", passou a dizer, como se fosse um gerente de hotel recepcionando um hóspede. "Aqui é Buchenwald, e criamos uma atmosfera de camaradagem. Nós, os prisioneiros políticos, fizemos tudo o que podíamos para melhorar as condições. Uma das nossas conquistas é a *Lagerschutz*. Em vez de guardas da SS, temos nossa própria polícia do campo, pessoas em quem pode confiar. Lutamos para conseguir isso e precisamos da cooperação de vocês, os recém-chegados. Espero que você também encontre seu lugar entre nós."

Disse a ele que era judeu e que não me aproveitaria de quaisquer privilégios. Isso não pareceu interessá-lo.

"Aqui somos todos iguais", continuou. "Você realmente acha que os privilégios nojentos que dão a nós, alemães, nos deixam mais felizes? Isso apenas nos envergonha. Não se preocupe em como a SS o classifica. A vontade de cooperarmos uns com os outros, para que possamos sobreviver, é mais forte do que os nazistas."

Mais tarde naquela noite, fomos nos arrastando até um galpão acompanhados pela polícia do campo. Lá recebemos uma tigela de sopa. Não comíamos há dois dias, porém, ocupado com as diversas novas impressões ao meu redor, eu tinha me esquecido temporariamente da fome.

Posteriormente, entramos e nos sentamos no chão em fileiras, com as pernas abraçando quem estava à frente, como se faz ao descer num tobogã. Isso nos mantinha aquecidos. Era necessário, pois não havia vidros nas janelas do barracão e um vento gelado entrava por elas.

À porta, observando-nos, sentava-se um homem da *Lagerschutz* (a polícia do campo). Em outros campos, suas ordens serviriam para nos intimidar, mas, aqui, ele parecia ter sido orientado a garantir que os causadores de problemas cooperassem. Talvez, pensei, era mesmo verdade que podíamos confiar em nossos novos superiores prisioneiros. Minhas primeiras impressões deles, mesmo se contraditórias, eram favoráveis. Destruído, caí no sono.

Pela manhã, fomos levados ao que era chamado de "cinema" — um espaço amplo e repleto de bancos que, julgando pelos equipamentos nas paredes, tinha sido usado para apresentações de ginástica e filmes. Lá, deitados no chão, amontoados, separados dos outros prisioneiros por cercas de arame farpado e pelos guardas do campo, passamos nosso tempo em quarentena.

Fui enviado ao "pequeno campo", a nova extensão do campo de Buchenwald construída para os recém-chegados do Leste. Ele ficava sobre uma colina grosseiramente limpa abaixo do campo principal de Buchenwald.

O pequeno campo consistia em barracões de madeira, similares aos de Birkenau, e era dividido por cercas em sete complexos. Três dos barracões eram destinados aos doentes; três, aos inválidos; e os outros dez estavam lotados com aqueles na lista de espera.

Meu novo lar era o Bloco 62. No início, eu dormia sobre o chão frio e úmido. Depois, me colocaram em um beliche. Já conhecia essas invenções quadradas de madeira chamadas "caixas" desde Birkenau, mas lá estavam repletas de sacos com palha, cobertores, insetos, pulgas, piolhos, ratos e abrigavam cinco prisioneiros. Aqui, eram meras chapas de madeira que se pareciam com bandejas e tinham que abrigar dez prisioneiros.

Tínhamos que nos deitar de lado, como sardinhas enlatadas, sem nos mexermos. Deitar de costas ou nos virar era impossível. A largura por pessoa era menor do que 30 centímetros. Ao acordar, um momento distintamente desagradável na vida de um prisioneiro, nossas mãos e nossos pés estavam dormentes e nossas costas doíam. Sobre a parte de nossas coxas que se esfregava nas chapas de madeira, cresciam abcessos obstinados e persistentes.

A maioria dos nossos colegas de bloco era composta por ucranianos e poloneses, que foram evacuados dos campos de trabalho.

Eram o oposto dos prisioneiros justos de Buchenwald, sobre os quais o atendente se gabara previamente. Todas as noites, realizavam lutas acirradas. Pela manhã, carregavam os feridos, espancados e sangrando. As pessoas se esfaqueavam por briguinhas tolas, e não havia ninguém para impedi-las. Até eu comprei uma faca. Não estava afiada o suficiente para cortar pão, mas era grande e, se necessário, poderia ser usada como arma para me defender.

O bloco parecia um covil com animais selvagens, predadores que uivavam, roubavam e matavam. Eram bárbaros no escuro, fazendo suas necessidades nas tigelas que usavam para comer durante o dia. Durante as horas claras, encaravam-se com olhos de ódio e suspeição. Suas mentes e seus corpos estavam decadentes. Constatou-se que alguns estavam mesmo loucos e foram "enviados para longe". Sabíamos o que isso significava.

Durante as noites, após as chamadas, recebíamos discos de comida que nos permitiriam coletar as rações para o dia seguinte. Segurávamos com muita força, para que ninguém os roubasse. Escondíamos eles nas costuras de nossas roupas, caso algum larápio tentasse. Representavam vida ou morte. Após horas na fila em frente ao cinema, trocávamos os discos por 1 litro de sopa aguada e 300 gramas de pão. Quatro vezes por semana, havia 25 gramas de margarina, duas vezes por semana tinha uma colher de geleia ou de queijo branco e, aos domingos, os sonhados 50 gramas de salsicha.*

Como em Auschwitz, o santuário onde podíamos fumar e trocar as últimas notícias era o banheiro, uma barraca com um grande tanque aberto. Ficávamos empoleirados em suas bordas como passarinhos nos cabos de telefone, equilibrando-nos cuidadosamente e de olho em qualquer líder de bloco que pudesse nos atrapalhar. Por sorte, o banheiro ficava em nosso complexo e, se conseguíssemos achar o caminho em meio à lama repleta de pedras na escuridão, dava para usá-lo

---

* O desenho de Thomas intitulado "O Que Comíamos" (veja a página 82) compara as rações de comida em Auschwitz e em Buchenwald.

O MENINO QUE DESENHOU AUSCHWITZ

mesmo à noite. As pessoas dos outros complexos, no entanto, tinham que esperar as horas determinadas para visitá-lo.

O local de banhos era menos popular; ficava aberto por 30 minutos durante a manhã, mas a água era congelante e não havia toalhas. Mesmo assim, sempre que nós, os jovens, nos encontrávamos lá, surpreendíamos e cumprimentávamos uns aos outros borrifando generosamente a água gelada.

"Acordem, garotos", gritávamos, "querem continuar vivos, não?"

Certo dia, de forma repentina e inesperada, fomos conduzidos a um local de trabalho. Levaram-nos a um campo repleto de pedras.

Disseram-nos para pegá-las e empilhá-las em um local a uns 450 metros dali. O caminho até a pilha estava cheio de guardas. Ingenuamente, de início achei que eles tinham vindo para nos levar de volta ao campo. Tal teoria desapareceu assim que percebi que estavam lá por outro motivo.

Estavam divididos em cinco grupos distintos. O primeiro gritava para que continuássemos correndo. O segundo vociferava conosco por não estarmos pegando pedras pesadas o suficiente. Faziam com que as derrubássemos e voltássemos para pegar pedras maiores. O terceiro grupo se divertia nos chutando e nos batendo. O quarto inventava jogos. Atividades como corridas com obstáculo, forçando-nos a correr com os olhos vendados e nos dizendo para equilibrar as pedras em nossas cabeças. O quinto grupo estava sentado sob as árvores a cerca de 100 metros, mexendo nos rifles e olhando para nós. Se nos aproximássemos deles, atirariam.

Naquela noite, no retorno ao meu barracão, estava machucado, com bolhas, exausto e transtornado. Mas algo me impedia de ficar completamente desesperado.

Eu tinha visto os arredores, as maquinações escondidas e misteriosas que nos circundavam, o "desconhecido" do qual todo recém-chegado tinha tanto medo. Agora que o conhecia, poderia lutar contra ele. No caminho até o trabalho, memorizava as disposições dos vastos quartéis de moradia da SS: os sólidos barracões e as casas chiques.

Para cada barraca nesse enorme campo de concentração, parecia haver três prédios do lado de lá da cerca. Os barracões da SS abrigavam um destacamento de 15 mil homens. Mas isso não era tudo. Buchenwald parecia ser um país independente. Havia parques, vilas estilosas, um zoológico, um fosso com ursos, um aviário, um

O MENINO QUE DESENHOU AUSCHWITZ

QUESTÕES ALIMENTARES
Uma vez por dia, comíamos nossa mísera ração de sopa aguada e pão. À noite, sonhávamos com comida e salsichas.

O MENINO QUE DESENHOU AUSCHWITZ

picadeiro, um saguão de concertos e muito mais — tudo para o prazer do mestre da "Raça Superior".

Para nós, havia uma abundância de unidades de munição, fábricas que faziam peças para os foguetes V-2 e pedreiras.

Eles diziam que as autoridades estavam cientes de que nossa longa caminhada vindo do Leste tinha nos enfraquecido e de que nossa necessidade de trabalhar era temporária. Isso era mentira — assim como a de sermos "prisioneiros sob custódia protetora".

Continuamos trabalhando dia após dia, semana após semana. Com o trabalho, vieram novas experiências.

Um dia, fomos enviados para limpar uma área de mata que parecia ter sido explodida por uma bomba. Ela ficava além do território de trabalho do campo, então tínhamos nosso próprio grupo de guardas. Os homens da SS tinham ordenado que pegássemos todas as pedras e os galhos caídos e, depois, saíram, escondendo-se em algum lugar em meio às árvores.

Eu estava sozinho, vasculhando o solo da floresta. As histórias de prisioneiros que foram induzidos a ser "alvejados enquanto escapavam" não saíam da minha cabeça. Isso porque um guarda recebia dinheiro e bônus — cinco marcos, um pacote de tabaco e três dias de folga — por matar um prisioneiro em fuga.

Ouvi tiros. Não me surpreenderam. Corri freneticamente de volta ao local de agrupamento, arremessando-me contra a vegetação rasteira com o coração batendo violentamente, os olhos mirando apenas à frente e os ouvidos atentos a vozes. Agora sabia que, quando os veteranos de Buchenwald contavam suas experiências, não estavam exagerando em nada. Tinha provado por mim mesmo. *Como será que aqueles "números velhos" da Alemanha conseguiram sobreviver?*, ficava imaginando. Eles deviam ter algo pelo qual valesse a pena viver.

Agora era março de 1945. Nosso propósito de vida não parecia ser nada além da espera exasperante e cansativa.

Tínhamos que esperar por nosso litro de sopa, pela chamada, por uma vaga no banheiro, para dormir, pelos raios mornos do Sol e, acima de tudo, esperávamos que alguém derrotasse Hitler e nos libertasse.

248

O MENINO QUE DESENHOU AUSCHWITZ

Em geral, como punição por algo trivial, tínhamos que esperar a permissão para entrarmos em nosso barracão com beliches superlotados. Após a chamada, em posição de sentido, éramos deixados sob o insidioso frio da noite. Então, tudo o que podíamos fazer era sonhar com outras coisas. Minha imaginação ficou especialista nisso, aparentemente.

Ansiando ir dormir, pensava no momento em que, tropeçando na lama coberta com pedras e entulho, correríamos todos impacientemente para a pequena porta do barracão e, também, nos segundos felizes em que subiria em meu beliche para me deitar sobre a prancha e ser pressionado pelos corpos quentinhos dos vizinhos.

Faminto, uma forma de acalmar meu estômago era sonhar com comida. Salsicha de fígado, de sangue, de alho, de cachorro quente, mortadela e salame. Acima de tudo, no entanto, ficava com água na boca ao pensar no domingo, quando, ao agarrar os 50 gramas de salsicha do campo, degustaríamos um banquete real.

Logo fomos divididos em grupos para sermos enviados aos campos subsidiários de Buchenwald.

Ao especularem sobre qual desses novos lugares era o pior, as pessoas tentavam se evadir e fazer artimanhas para evitá-los. Mas era tudo inútil, visto que as condições eram ruins em todos eles.

As incontáveis ramificações de Buchenwald, que iam de Eisenach a Chemnitz e de Coburg a Leipzig, não eram nada além de grandes jaulas de escravos. Em Dora, Ohrdruf e Plömnitz, os prisioneiros cavavam túneis para enormes fábricas subterrâneas que estavam produzindo os foguetes V-2. Essas bombas voadoras representavam a última carta na manga de Hitler. Com elas, os alemães loiros e refinados matariam milhares de anglo-saxões, também loiros e refinados. Assim, era irrelevante se isso também custasse a vida de milhares de zumbis esqueléticos mantidos nas florestas, em caravanas ou nos guetos.

Quando chegou minha vez de ser enviado, fui me arrastando até o complexo do hospital para enfrentar o grupo de seleção. Eu devia parecer pouca coisa mais do que um puro esqueleto, mas, para minha surpresa, decidiram que eu permaneceria em Buchenwald. Dessa vez, de forma bastante inesperada, minha fraqueza tornara-se minha força.

O MENINO QUE DESENHOU AUSCHWITZ

Animado com minha sorte, corri de volta para pegar minhas roupas onde havíamos nos despido. Minha boina e meus calçados foram roubados. Tudo o que me restava era pegar os de outra pessoa. A única boina sobrando era verde. Fiquei pensando se essa cor combinaria com as outras partes do meu traje aleatório. Vestir-se de modo notável significava atrair atenção, e eu não podia me dar ao luxo de ser escolhido pelos guardas da SS. Não tinha escolha, então peguei a boina verde, coloquei-a sobre a cabeça e corri para nosso bloco. Estava só, esperando permanecer desconhecido e imperceptível.

Certo dia, vi um menino de 4 anos de idade, o personagem mais triste que jamais conheci, anormal em sua psique, seu comportamento e sua fala. Ficava gaguejando como um animal fraco e ferido e emitia ruídos incompreensíveis em alemão-polonês-iídiche.

"Essa", disseram-me, "é a criança que escondem da SS. Seu pai o trouxe aqui dentro de uma mochila. Sempre que há uma inspeção, eles amordaçam o pobre diabo e o enfiam sob as pranchas do piso. Que vida!".

Perguntei se havia outras crianças.

"Sim, tem outra no campo principal, no Bloco 8, o das crianças. Todos os outros meninos têm pelo menos 12 anos."

Cerca de 100 jovens viviam no Bloco 8, sendo a maioria de poloneses e russos com idades entre 14 e 16 anos. Vários deles eram apegados a personagens influentes do campo que, de forma muito aberta, eram suas "namoradas".

Também tem um bloco de jovens no "pequeno campo", fui informado. "Se fosse você, tentaria conseguir uma transferência para lá."

Depois de muito tempo, fui enviado ao Bloco 66, o lar de cerca de 300 a 400 jovens. O líder do bloco, um judeu polonês loiro com anos de campos de concentração alemães no currículo, nos regalou com um nobre discurso introdutório.

Parecia estar preocupado com seus protegidos e repetiu o que eu já ouvira no escritório de registros. O líder do bloco 7a em Auschwitz também tinha boas intenções, mas gritava conosco como um ditador. Seu equivalente em Buchenwald, no entanto, parecia mais amigável.

250

O MENINO QUE DESENHOU AUSCHWITZ

Fiquei feliz por estar em meio aos jovens novamente. Era o bloco mais legal em que já tinha estado. Mesmo os homens da SS que vinham receber a chamada não nos incomodavam, visto que, de algum modo, nosso líder de bloco conseguira manter boas relações com eles.

A maioria dos meus colegas de bloco vinha de campos de trabalho e era composta por judeus. Em meu quarto, eram oriundos principalmente da Polônia; no outro, da Hungria. Meus colegas de beliche, que tinham vivido em guetos isolados desde 1939, não sabiam quase nada sobre o mundo ao seu redor. A sorte deles fora muito mais dura do que a minha, e eles tinham testemunhado tragédias horríveis. Eram jovens demais, ignorantes demais para realmente compreenderem a situação. Reagiram fechando-se em seus casulos, uma barreira mental que os mantinha isolados. Para os jovens do gueto, o "desconhecido" era algo em que não conseguiam ou não queriam pensar. Desconfiados dos estrangeiros, alguns até sugeriram que talvez eu fosse um espião alemão.

Também havia outros dois judeus alemães. Tipos amigáveis e instruídos, teriam sido a companhia ideal. Porém, eu os evitava. Seu orgulho por serem "alemães" e "ocidentais" me causava repulsa. E também ninguém gostava deles. Tudo o que conquistavam com sua arrogância obstinada era desprezo e ridicularização gerais.

Nossas inúmeras experiências levavam a diversas diferenças entre nós, mas nossas brigas eram irrisórias. Éramos adolescentes e ainda tentávamos entender a nós mesmos e aos outros. Na pior das hipóteses, sentíamos pena uns dos outros por não termos amadurecido ainda.

Durante o dia, ficávamos empoleirados sobre rochas e tocos de árvores salientes, tentando captar o máximo possível dos raios vitais de Sol. Um inverno difícil e perigoso no campo de concentração tinha agora se rendido a uma primavera de esperança. Os dias estavam ficando mais quentes. Em breve, as coisas seriam diferentes.

Uma vez, nós, os jovens do Bloco 66, inclusive recebemos pacotes da Cruz Vermelha — presentes vindos do exterior endereçados a prisioneiros franceses e holandeses que não estavam mais vivos para poder desfrutá-los. Sua chegada significou um ânimo fervente.

Discutimos alto sobre os supostos conteúdos e decidimos como tais tesouros seriam divididos, na imaginação esperançosa de que as palavras escritas em francês nas latinhas significavam uma iguaria de carne. Com água na boca, mergulhamos nossas colheres na lama arenosa para poli-las e pegamos nossas tigelas.

251

O MENINO QUE DESENHOU AUSCHWITZ

Esperamos impacientemente pelo momento da distribuição da comida. Aqueles que receberam grãos foram atrás de gravetos e imploraram ao líder do bloco que lhes emprestasse sua preciosa panela.

Minha sorte na loteria foi uma lata de sardinhas, sem um abridor. Ela teria que ser dividida entre cinco.

Então, havia o passatempo do nosso líder de bloco. Um coral — algo que idealizara, fundara e que se tornara um sucesso.

Se alguém quisesse estar entre seus favoritos e receber a preferência quando seus amigos no campo principal nos mandavam uma caldeira extra de sopa, tinha que cantar.

O grupo se reunia depois da hora de dormir, então as novas músicas permaneciam um segredo para nós. Uma vez, no entanto, tive a chance de espiá-los. Era quase meia-noite quando fui tateando até o mictório. O banheiro ao lado estava trancado, iluminado e emitia uma melodia contagiante — um acorde fascinante era repetido sem parar, como um disco quebrado. De fato, eles davam duro ali dentro. Fui devagar até a porta, para que também conseguisse ouvir as palavras, mas alguém deve ter visto minha sombra.

"Volte para a cama, seu estraga-prazeres", gritaram.

Foi o fim do concerto para mim. De volta a meu beliche, no entanto, fiquei meditando, pois as melodias tinham me impressionado tanto que eu não conseguia dormir. *Devo ter julgado mal meus colegas de quarto.* Pareciam ter saído de seus casulos de isolamento e agora eram como os jovens de qualquer lugar. Mais do que apenas isso, cantavam com tanto vigor e convicção que os outros ficavam encorajados por eles.

Senti-me extremamente feliz. Pela primeira vez em anos, tinha amigos ao meu redor, verdadeiros amigos. Os acordes que ouvi nem de longe eram parte de um concerto perdido. Não. Aquilo que eu espiara era apenas uma prévia do começo — um vislumbre da gloriosa sinfonia da juventude.

Finalmente, chegara o momento tão esperado. Haveria uma noite de entretenimento para a estreia do coral. Até a SS foi convidada, para legitimar a iniciativa.

Sentados irrequietos sobre os bancos improvisados com as pranchas emprestadas dos beliches, esperávamos por nossos convidados. Nosso quarto, com cerca de 8x10 metros, estava repleto com centenas de espectadores. Todos esticavam os pescoços para ver a porta e o palco, apoiado sobre caldeiras de sopa. A coisa prometia.

Os VIPs chegaram do campo principal — amigos do nosso líder de bloco, meia dúzia de homens da SS e alguns oficiais. Sentaram-se na fileira da frente, que estava reservada para eles. O show começou — um programa com músicas, comédia, acrobacias e danças solo. Cada nacionalidade estava representada.

Primeiro, vieram os jovens poloneses com uma música sobre como a vida seria na Varsóvia reconstruída e renovada. Nossos aplausos foram extremamente entusiasmados. Batemos nossas mãos ritmicamente em uníssono. Houve gritos e assobios. Havia grandes chances de que essa seria uma festa de despedida, e sabíamos disso. Ninguém nos impediria de dizermos o que queríamos. Os visitantes da SS entendiam pouco sobre o que cantávamos. Estranhamente, no entanto, estavam nos aplaudindo.

Na sequência, os meninos russos se agruparam no palco, exibindo seus músculos e cantos tradicionais de coral. Havia poucos deles, mas suas vozes eram fortes e louvavam Stalin, o Exército Vermelho e a União Soviética. Qualquer um dos oficiais presentes da SS que acreditasse que Hitler tinha reeducado aqueles jovens vigorosos e determinados deve ter tido uma baita surpresa. Eu conhecia esses garotos desde quando, dois anos antes, tinham chegado a Auschwitz. Na época, tinham muitas dúvidas quanto à causa de sua pátria; alguns tinham até perdido as esperanças. Agora a louvavam. Sua confiança estava mais forte do que nunca, seu zelo e sua lealdade eram insaciáveis.

O último grupo de artistas, que também era o maior, era dos garotos judeus poloneses. Para começar, cantaram sobre questões como a vida no gueto, as mães, os rabinos e sobre aprender a Bíblia — um retrato comovente do povo que fala iídiche. Depois, ouvimos os tristes lamentos daqueles sendo levados à morte, uma história de desamparo e desespero. Era uma descrição da autopiedade deprimente que só um judeu conseguiria fazer. De repente, no entanto, os cantores mudaram o tom e recebemos uma corrente de esperança e determinação.

Começaram a entoar melodias sobre o futuro, canções das quais se orgulhavam, músicas próprias. Os ritmos emocionantes que ouvira durante meu secreto passeio noturno vieram à tona violentamente. As palavras abafadas que foram sussurradas naquele banheiro frio eram versos escritos por colegas prisioneiros.

Agora soavam poderosas e claras. "Ah, como vão sofrer por terem rido de nós", proclamava uma das músicas. Outras contavam sobre o tempo, no futuro, quando todos os homens serão livres e iguais. "Então, nossos filhos, vivendo em um mundo melhor que certamente virá, acharão difícil acreditar no que seus pais contam sobre o passado."

Nossos visitantes da SS estavam perplexos. Tudo acontecera de forma muito inesperada para eles. Não tinham se preparado para serem ridicularizados. Queriam rir.

Fiquei de olho neles para ver suas reações. Os uniformes decorados com a caveira sobre os ossos cruzados pareciam menos ameaçadores, menos lustrosos agora. Alguns coçavam a cabeça nervosamente. Um oficial começou a limpar os óculos. Devem ter entendido algumas das palavras em iídiche. E os artistas estavam longe de ser o que os nazistas gostariam que fossem. Não havia "caipiras burros poloneses", "russos selvagens" ou "judeus tímidos e trancafiados que entoavam palavras bíblicas" em nosso palco. Apenas jovens dinâmicos e desafiadores, que enxergavam o futuro e estavam dispostos a construí-lo. Então, nossas Vozes Jovens unidas deram um fim aos lampejos do passado e do futuro.

O show chegou ao fim. Prisioneiros e homens da SS levantaram-se, esticaram as pernas e saíram. Era como se todos nós tivéssemos vivido um sonho. Fiquei pensando: talvez tenha sido um sonho mesmo.

Abril chegou e, com ele, o trovão das armas dos Aliados. Nosso complexo, na exposta extremidade mais baixa do campo, tornara-se um ponto de encontro para os observadores impacientes, prisioneiros que passavam o dia olhando ansiosamente a vasta planície lá embaixo, em busca de quaisquer sinais da aproximação dos libertadores.

Entre eles, havia pessoas proeminentes do campo principal, armadas com binóculos escondidos. Tinham pouco o que temer, visto que, agora, a SS raramente entrava no campo sem nós sabermos. O fim, fosse bom ou mau, estava perto. Era uma questão de dias. Alguém gritou que havia tanques nos campos distantes.

"Não consigo vê-los ainda", respondeu um dos visitantes, passando tempo com seus preciosos binóculos.

"Deixe-nos dar uma olhada, então", exclamamos.

O MENINO QUE DESENHOU AUSCHWITZ

Um a um, fomos honrados com uma espiada mágica dos campos silentes, distantes e que escondiam milagres, mas nossos esforços foram em vão. Quando chegou minha vez, observei o vale cuidadosamente, a faixa cinza de uma estrada rural, os campos e as cercas vivas. A única coisa que se parecia com tanques — ou qualquer outra coisa que pudesse anunciar nossa libertação — era uma fileira de sacas de feno.

Mais tarde, após rumores de que o campo deveria ser evacuado, as autoridades da SS emitiram uma declaração. "Os prisioneiros de Buchenwald permanecerão no campo... será de seu próprio interesse demonstrar disciplina e obedecer a ordens... Com a chegada do exército norte-americano, vocês serão transferidos para eles de forma pacífica e ordenada."

Pareceu reconfortante e nos sentimos felizes.

Certa noite, quando retornava do banheiro (uma desagradável caminhada de quase 200 metros pela colina totalmente escura), ouvi vozes estranhas vindas do quarto do líder do bloco.

Embora fosse muito depois da meia-noite, ele parecia estar entretendo visitantes. Falavam sobre a Polônia e suas cidades de origem. Um deles parecia estar falando inglês. Isso atraiu minha atenção. Pressionei meu ouvido contra a parede e fiquei escutando. Sua voz estava muito fraca. Ela crepitava e era atrapalhada por assobios. Fiquei muito animado. Eu estava ouvindo um rádio escondido!

Todo aquele interesse aparente nas remotas vilas polonesas parecia claro para mim agora. Era um encontro dos prisioneiros mais antigos que vieram ouvir as notícias. Enquanto conversavam para abafar o ruído do rádio, alguém analisava as ondas sonoras em busca de detalhes sobre os sucessos dos Aliados. Eles usavam nosso bloco, pois era o mais distante dos barracões da SS, ficava em um lugar remoto e era habitado por prisioneiros jovens demais para serem informantes.

Agucei os ouvidos, buscando nomes de cidades, orgulhoso por estar entre os ouvintes privilegiados.

Porém, não demorou muito até que outros visitantes do banheiro se juntassem a mim. Pediram que eu traduzisse o que escutava, para que pudessem discutir, de forma alta e animada. Mas o líder do bloco abriu a porta e nos persuadiu a voltarmos para nossos beliches.

Depois disso, comecei a ouvir o rádio todas as noites. Encostava-me contra a parede, com as vozes dos Aliados atrás dela, e tentava entender as notícias. Na manhã seguinte, os colegas informados do campo, com gravetos nas mãos, desenhavam mapas no solo terroso para nos mostrar as últimas notícias do fronte. O que tinham me dito quando cheguei por fim parecia se tornar verdade: "Não pense que se esqueceram de você, nossos camaradas estão em alerta, mesmo se não perceber isso."

Em pouco tempo, nossa espera silenciosa teve um fim abrupto. O alto-falante do campo principal repetia uma ordem sem parar. "Todos os judeus devem ir até o portão."

Ficamos imediatamente desesperados e com medo. Sabíamos muito bem o que tinha acontecido em alguns campos de concentração do Leste logo antes da nossa libertação. Enviamos um olheiro para que voltasse com notícias. Quando chegou à praça da chamada, descobriu que estava vazia. A ordem foi desobedecida.

Naquela tarde, a SS declarou um toque de recolher e realizou revistas. Grupos de busca foram vistos pelo campo principal e pelos pequenos campos. Vieram até nosso banheiro, mas não foram além. Já estava anoitecendo. Por hoje, estavam satisfeitos. *"Das Hauptlager ist judenrein"* ("O campo principal está livre de judeus"), estrondou o alto-falante.

Todos os judeus do campo principal, juntamente com a maioria de seus companheiros do pequeno campo, tinham sido levados para um complexo separado.

Na manhã seguinte, tivemos outra surpresa inesperada. Aqueles que estavam em alerta, mesmo sem que nós os percebêssemos, tinham agido. Sua determinação ousada tinha dado as caras. O líder do nosso bloco recebeu um pacote com triângulos de tecido nas cores vermelha, preta e verde e, em questão de minutos, todos os garotos judeus estavam adornados com novas marcas. Os meninos dos guetos acabaram se transformando em poloneses e russos — políticos, antissociais ou criminosos. Eu me tornei um prisioneiro político alemão. Agora, nosso bloco também estava *"judenrein"* ("livre de judeus").

O familiar iídiche desapareceu. Meus colegas de quarto agora só falavam polonês e russo. O conhecimento que tinham dessas línguas maternas recém-adquiridas não passava de mediano, mas os guardas da SS em Buchenwald nunca perceberiam isso. De qualquer modo, a resposta-padrão para todas as perguntas que nos faziam era o bom e velho *"Nix verstehen Deutsch"* ("Não entender alemão").

Eu, contudo, era o diferentão. Meu novo papel como "ariano" estava longe de ser fácil. Os prisioneiros alemães, via de regra, vestiam-se bem, tinham aparência saudável e viviam em blocos distintos dos outros prisioneiros. Eu seria questionado sobre minha aparência diferente dos outros, e minhas explicações precisariam ser acuradas, naturais e convincentes.

Naquela noite, fui provocado impiedosamente.

"Vá lá", gritaram meus colegas de quarto. "Queremos ver você bancando o bully. Não se esqueça de que agora é alemão e, se não for rude, perderemos o respeito por você. Faz um 'Heil' rapidinho aí para nós. O Führer vai se arrepender de ver você entre todos esses estrangeiros."

"Ah, é? Então por que não escreve para ele?"

Para eles, um alemão e um criminoso eram a mesma coisa. Teria sido indelicado sugerir o contrário. Os meninos queriam dar boas risadas, e eu não lhes recusaria isso.

"*Reichdeutscher politischer Schutzhaeftling Nummer 127158*", berrei, "deseja reclamar sobre esses polacos sujos por tirarem sarro da nossa pátria. O número 127158* implora que seja transferido a um local mais civilizado, onde se fale alemão".

Divertimo-nos muito e fomos dormir mais animados. Alguém deu tapinhas em meus ombros.

"E não se esqueça de roncar como um alemão!"

Contrariamente ao que tínhamos sidos levados a crer, Buchenwald estava sendo evacuado. Os primeiros a saírem foram os judeus das barracas. Depois, vieram os tchecos do campo principal. Alguns eram transportados pela ferrovia, enquanto outros iam a pé. Disseram que o destino seria Dachau ou Mauthausen, campos de concentração ao Sul, que os Aliados ainda não tinham alcançado.

Durante uma semana inteira, os que ainda não tinham partido foram alimentados apenas com pão e mel artificial. A cada dia que passava, ficávamos mais fracos e famintos.

---

* Esse foi o número da prisão que Thomas recebeu em Buchenwald.

Em uma busca desesperada por comida, consegui me infiltrar no campo principal. Infelizmente, muitos blocos já estavam vazios. Os poucos prisioneiros confusos que corriam pelo campo pareciam estar ocupados tentando achar formas de evitar a evacuação.

As ruas estavam repletas de pertences daqueles que tinham partido — caixas de papelão, embrulhos dos pacotes, jornais velhos, fotos e cartas. Essas posses preciosas e contrabandeadas, que teriam significado muito para os prisioneiros, estavam lançadas sobre pilhas de lixo.

Usando um pedaço de pau, vasculhei o entulho, esperando encontrar algo comestível por ali. Não havia nada. Apenas papel — e em todos os lugares, agitando-se com a brisa. Havia pilhas de dinheiro do campo acumulado, notas inúteis de um e dois marcos, nas cores azul e vermelha; um cartão coberto por letras malfeitas, marcas vermelhas de censura e um selo exibindo o nome de alguma vila obscura da Polônia; pedaços de papel sujo e manchado com letras em alemão ao estilo antigo cuidadosamente desenhadas.

Minha procura se provou inútil, então voltei à relativa segurança do nosso bloco.

Na manhã seguinte, saí novamente, dessa vez rumo às hortas. Havia um terreno enorme e cercado com arame farpado ao lado do nosso complexo que fornecia vegetais e flores à SS. Uma dúzia de mortos de fome ousados, eu entre eles, cortaram uma abertura na cerca e começaram rapidamente a arrancar folhas de espinafre.

Curvado, eu puxava os cabos e os coletava gananciosamente em uma caixa de papelão, esperando que dessem uma ótima salada. De vez em quando, olhava para cima. As matas ao longe estavam sendo atacadas pelos bombardeiros de mergulho norte-americanos, e eu conseguia ver colunas de uma densa fumaça preta. Fiquei tão animado com aquilo que não conseguia pensar em nada além de norte-americanos e folhas de espinafre, folhas de espinafre e norte-americanos.

Então, ainda absorto em meus sonhos, de repente ouvi tiros. Correndo pelo campo com uma pistola na mão, vinha um oficial da SS. Apavorados, corremos sobre restolhos e valas em direção à abertura na cerca. Porém, eu estava fraco. Meus calçados pequenos machucavam os pés; eu estava mancando e não conseguia correr rápido o suficiente.

O MENINO QUE DESENHOU AUSCHWITZ

Como último recurso, soltei a caixa de papelão com minha preciosa coleção de folhas de espinafres. Mas isso não adiantou. O oficial da SS tinha me alcançado; um taco de madeira desceu com tudo. Instintivamente, abaixei a cabeça e absorvi o golpe com meu antebraço esquerdo.

"Fique onde está, seu cara de cu, ou vou atirar", gritou o oficial enquanto ia atrás da próxima vítima.

Mas, quando ele se virou, dobrei minhas costas para ser um alvo mais difícil e corri em direção à cerca.

De volta ao bloco, cuidei do meu braço machucado e inchado. Tinha escapado, mas me sentia um tolo completamente derrotado. Após todos esses anos de dificuldades, tinha arriscado minha vida por um punhado de folhas de espinafre. Tinha escapado por sorte e perdi tanto minha salada como minha preciosa caixa de papelão.

No dia seguinte, 10 de abril, nosso complexo seria evacuado. Escondemo-nos em todos os cantos possíveis: na cavidade entre as pranchas de madeira e o revestimento das paredes do barracão; no espaço escuro e bolorento entre os compensados do piso; sob e dentro de nossos sufocantes sacos de palha; ou amontoados em algum bueiro fedorento e infestado de vermes. Recusávamo-nos a sair do nosso bloco.

O local foi cercado pela polícia do campo, e os guardas da SS vieram com tudo aos nossos quartos, munidos de chicotes e revólveres. Nossa resistência foi suprimida, e fomos nos arrastando colina acima, rumo aos portões do campo.

No campo principal de Buchenwald, tentei desesperadamente evadir o isolamento da polícia do campo.

"Seja sensato, menino", alertaram-me, "a maioria dos outros prisioneiros já saiu. Nós mesmos devemos ir hoje. Às 20h, o campo estará vazio. Apenas os que estão no hospital ficarão para trás. Além disso, está tão certo assim de que os últimos transportes a sair de Buchenwald serão os mais seguros? Vamos lá, garoto, junte-se aos demais."

Eles me persuadiram a ir junto do grupo que estava esperando perto da praça de chamada, entre os Blocos 3 e 9. Enquanto estava agachado sobre o pavimento, contemplando o que estava por vir, colunas longas e silenciosas de colegas de cam-

O MENINO QUE DESENHOU AUSCHWITZ

FORA!
Nos dias antes da libertação, milhares foram evacuados rumo ao desconhecido.

po com um olhar preocupado passaram por nós rumo ao portão frontal. Sabiam que depois dele estava o desconhecido.

Ficamos para trás, esperando.

"Não há guardas suficientes", disse um policial do campo. "Sua vez chegará quando o contingente que levou a coluna anterior voltar para pegar outra."

Então, a sirene de ataque aéreo começou a soar. Eram boas notícias para nós. O tráfego nas estradas e na ferrovia seria interrompido. A evacuação atrasaria. Lá no alto, veio zunindo um pequeno avião norte-americano de reconhecimento. As armas antiaéreas alemãs já não existiam há um bom tempo, então ele voava baixo o suficiente para conseguirmos enxergar a cabeça do piloto. Ficamos na expectativa de que soltasse algo — armas, comida ou, pelo menos, panfletos. Mas isso não aconteceu. Tudo o que trouxe foi mais suspense e expectativa.

Em seguida, houve horas de silêncio. As pessoas sentavam-se sobre o que outrora eram hortas, sob a sombra dos blocos adjacentes. Todo o movimento cessou. Nenhum dos guardas retornara ainda. No fim do dia, ainda não tínhamos notícias. O sinal de fim de alerta não tinha tocado. Quando ficou escuro, voltamos lentamente aos nossos blocos. Menos da metade dos meus colegas de quarto conseguiu retornar.

Todos estavam confusos. Sabíamos apenas que essa noite era decisiva. Foi o que nos haviam dito durante uma semana inteira. Noite após noite, esperávamos acordar e sermos libertados. Mas, agora, parecia ser para valer. Com ou sem um futuro, a decisão sobre nosso destino era iminente.

Como vivíamos na extremidade do campo, com a planície aberta abaixo de nós, havia muita discussão sobre estarmos vulneráveis. As finas pranchas de madeira do nosso bloco não nos davam qualquer tipo de proteção. Os poucos esconderijos atrás das paredes de concreto eram pequenos demais para qualquer um de nós. Ficamos despertos e especulamos sobre tiros perdidos de rifles, bombas e estilhaços até a madrugada. Então cochilei.

Quando acordei, nada tinha mudado. Houve um toque de recolher e uma calmaria perturbadora. O que acontecia nos portões de Buchenwald ficava escondido de nós pelo mar de barracões que compunham o campo principal. Nas últimas 20 horas, não tivéramos notícias. Fazia 2 dias desde que recebêramos nossos últimos 300 gramas de pão com uma colherada de mel artificial.

Ao meio-dia, ouvimos um barulho que nunca tínhamos ouvido antes. Os alemães o chamavam de sirene de alarme de tanques. O momento da verdade chegara. Examinamos o vale abaixo de nós. Nas cercanias da floresta, vimos uma fileira de soldados da SS com capacetes de aço movendo-se rapidamente, retirando-se com caixas de munição e metralhadoras. Pouco depois, vimos outros, agora muito mais apressados, armados apenas com rifles. Então a paisagem ficou calma novamente, e a incerteza continuou.

Depositei minha confiança em meus camaradas, que diziam estar "em alerta mesmo se ninguém percebesse". Caso houvesse uma tentativa de nos aniquilarem, eles agiriam. Eram de quantidade inadequada, temia eu, mas sua resistência era feroz.

Não estávamos indefesos. Lutaríamos.

O dia era 11 de abril de 1945, entre 15h e 16h. Esperávamos em suspense, todos estavam tensos. Ninguém mais conversava. Alguns garotos estavam deitados nos beliches e encaravam o teto. Outros, ficavam olhando o vale pelas rachaduras. De repente, houve tiros lá no campo principal. Eles ficaram cada vez mais altos. Nosso complexo estava sem vida quando saímos correndo para investigar.

"Vejam, lá no portão!", gritou alguém.

Levantei meus olhos e busquei o telhado em forma de pirâmide da torre de vigia principal de Buchenwald. A cruz tortuosa e corrupta do fascismo tinha desaparecido.

Balançando na haste simbólica, havia algo branco. O momento pelo qual anelávamos tão ansiosamente chegara. O precioso momento da vitória, pelo qual vínhamos esperando incontáveis dias e noites, estava finalmente perante a nós.

Todos choraram de alegria e júbilo. Nós, prisioneiros moribundos, estávamos agora livres. Os momentos após essa cena monumental foram de difícil compreensão. Muitos ficaram apenas parados em choque, tremendo, com lágrimas de alívio descendo por suas bochechas macilentas. Uma bandeira branca agora flamulava sobre Buchenwald. Não era uma bandeira de rendição; era a bandeira da vitória. Não a vitória de um exército vindo do outro lado do oceano, mas uma vitória autoconquistada. Tampouco era uma flâmula militar. Ela representava uma vitória profunda e de grande alcance — a nossa vitória.

O MENINO QUE DESENHOU AUSCHWITZ

ESTAMOS LIVRES
Por fim, livres! A libertação veio no dia 11 de abril de 1945.

O MENINO QUE DESENHOU AUSCHWITZ

ACIMA:
Guardas da SS capturados apenas algumas horas após a libertação do campo.

ABAIXO: É A VEZ DE ELES SEREM PRESOS
Os caçadores tornaram-se as presas.

CAPÍTULO 18
POR FIM, LIVRE

Buchenwald estava libertado. Flamulando orgulhosamente sobre o portão principal, havia um lençol do hospital do campo. Assim que avistamos os tanques norte-americanos, tomamos as torres de vigia e nos libertamos.

Os Aliados, em caçada alucinante atrás do que restara da Wehrmacht, tinham nos contornado, mas estávamos prontos. Os valentes camaradas agiram de forma rápida, suave e eficaz. Enquanto nós, em nosso complexo isolado, aguardávamos e contávamos ansiosamente os minutos de medo e de incerteza, outros cortavam a cerca. Os primeiros a escaparem corajosamente à liberdade foram aqueles que tinham armas nas mãos, dispersando-se para encontrar o inimigo.

Quando os poucos de nós que, no dia anterior, tínhamos escapado por tão pouco da evacuação nos deitamos para dormir à noite, o fizemos no luxo confortante da segurança. O tempo de sermos vítimas indefesas de represálias tinha acabado. Não perderíamos a chance de defender nossa liberdade. Havia camaradas armados nas ruas, nas torres de vigia, nos esconderijos subterrâneos, nos antigos barracões da SS e nas florestas ao redor.

Pela manhã, quando acordamos livres, parecia que tínhamos renascido. Eu nunca tinha experimentado tal sentimento de independência. Tampouco sabia o que significava ser livre. Para nós, os jovens, era o início de algo novo: uma nova vida, um novo mundo, uma nova era.

As antigas correntes foram quebradas. Mais cedo ou mais tarde, teríamos que enfrentar a perda de nossas famílias, amadurecer e nos tornar bons cidadãos. As tarefas perante a nós teriam que ser desempenhadas com a mesma determinação que nos ajudou a sobreviver.

Nossos camaradas poloneses, russos e tchecos voltariam aos seus lares para provar que, se pode haver a guerra total, também pode haver a reconstrução total. Muitos dos jovens judeus iriam à antiga pátria na Palestina, onde teriam que demonstrar que os desertos também podem se transformar em locais habitáveis.

"O mundo não tem como suprir comida, abrigo e felicidade para toda sua população, que não para de crescer", ouvi certa vez na escola. Mas o passado e tudo o que representava ruiu ignominiosamente. Juntos com a juventude de todos os lugares, ajudaríamos a refutar a teoria. Para tanto, teríamos que cooperar e nos lembrar de nossos sofrimentos em comum. Afinal, não tínhamos permanecido nos campos de concentração apenas como indivíduos, mas como jovens indesejados e esquecidos.

Milhões dos nossos camaradas judeus e muitos outros, também, nem chegaram a partilhar dessa luta amarga pela sobrevivência que, agora, terminara. Foram assassinados, de forma monstruosa e impiedosa, antes mesmo de terem a chance de perceber o que acontecia. Milhares de meninos que tinham sido nossos colegas de campo, de bloco, de quarto e de beliche pereceram, arrependendo-se até de terem nascido, com decepção e raiva em seus corações. Vieram de todas as partes da Europa — alguns inclusive da Ásia — e suas crenças e emoções eram diferentes e em grande número, mas tinham se tornado parte de nós. Em nossas memórias, eles continuavam a viver, e o que queriam dizer teria de ser por nosso intermédio.

O Sol ia alto no horizonte. Eu tinha dormido profundamente. Pensara o suficiente sobre meu futuro. Agora era hora de me concentrar no presente. Minhas pernas estavam fracas, mas me arrastei até o campo. Os velhos dizem que a idade avançada vai chegando de mansinho. No meu caso, senti o contrário. A fraqueza e a fragilidade estavam saindo de fininho. Logo estaria ágil e jovem novamente.

Buchenwald estava tão movimentado quanto um formigueiro. Todo mundo queria ver todos os demais e todas as coisas. Grupos de orgulhosos ex-prisioneiros com rifles recém-obtidos estavam treinando. Era nosso exército autoequipado, autoplanejado e auto-organizado, todos vestindo roupas azuis e brancas da prisão.

À tarde, um avião de reconhecimento voou lentamente sobre nosso complexo. Tinha marcas norte-americanas, mas, mesmo assim, nós o consideramos suspeito. Conhecíamos a fundo as artimanhas nazistas. Os guardas engatilharam suas armas e as apontaram para o céu. Então o piloto subiu e desceu as asas.

"Ele está nos cumprimentando", alguém exclamou com entusiasmo.

"É um norte-americano de verdade!"

À noite, um contingente de infantaria norte-americano chegou ao portão. O primeiro soldado a entrar foi carregado nos ombros por todo o campo.

As pessoas gritavam, cantavam e aclamavam. Com dificuldade, fui me enfiando em meio à multidão. Lá na frente, em meio a um mar de boinas com listras azuis e brancas, subiam e desciam um capacete marrom oval e um par de botas marrons. O norte-americano! Por fim, tinham-no encontrado. Eu gritei, e ele também. Talvez estivessem o machucando, ou ele estava tonto. Mas era nosso agora; estávamos felizes porque ele gritava.

Com o passar dos dias, a comida foi ficando cada vez mais abundante. A mudança de 300 gramas de pão seco para quantidades ilimitadas de sopa goulash foi rápida demais e causou-nos uma diarreia incontrolável. O laguinho podre na fossa do banheiro ameaçava transbordar. Tudo ao seu redor, juntamente com as trilhas que levavam aos blocos, estava contaminado e cheirando mal com os interiores saídos de nossos estômagos, que não estavam acostumados à comida.

Aqueles que limpavam o banheiro, cujo trabalho os angariava um cobiçado litro extra da sopa aguada do campo, não demonstravam mais o menor interesse por sua profissão. Tampouco havia alguém que coletasse a lama fedida para dar-lhe seu destino usual, transformar-se em adubo nas hortas, onde os vegetais cresciam e eram devorados pelos super-homens arianos da SS. Tudo o que podíamos fazer agora era solicitar voluntários, que depois apareceram, e o primeiro problema da liberdade estava resolvido.

Quem se sentia forte o suficiente saía para explorar os campos. Após alguns dias relaxando, arrastei-me logo cedo para acompanhar os andarilhos. O caminho poeirento até uma vila ali perto estava repleto de grupos de ex-prisioneiros arrastando os pés. Nosso moral estava alto, e o ar preenchia-se com a fragrância primaveril. Havia muito que eu queria fazer, mas ainda estava fraco demais. Caminhava mancando, como se fosse um velho peregrino.

Ao chegarmos à praça da vila, fomos até a bomba de água. Alguns colocaram a cabeça sobre ela e se encharcaram. Outros, em meio ao estrondo de aplausos, foram tirando a roupa até ficarem nus e mergulharam no laguinho.

Então, em busca de uma companhia adequada ou de quaisquer outros jovens nesse sentido, fui caminhando sozinho. Observar as coisas e ser questionador eram meus passatempos e, agora que estávamos libertos, eu poderia me concentrar neles sem medo ou incômodos.

Descobrimos que os habitantes da cidade estavam com medo. Queixavam-se de que os estávamos maltratando. Se aos olhos deles o confisco de ovos, leite, manteiga e batatas representava um tratamento rude, então estavam certos. Para alimentar os diversos doentes entre nós, a cozinha de Buchenwald precisava desesperadamente de suprimentos frescos. Tínhamos que consegui-los, mesmo se isso significasse fazer ameaças.

Certamente, havia alguma verdade no fato de que a força excessiva tinha sido usada contra a população alemã ao nosso redor, mas nunca ouvi sobre nenhum assassinato. Os corpos podiam ser vistos apenas em Buchenwald. Mesmo agora, os sobreviventes ainda morriam por causa de doenças, exaustão e desnutrição.

Lá de longe, em um dos caminhos desertos da vila, vinha uma senhora com o cenho franzido, carregando um balde de água que lhe parecia ser pesado demais. Eu estava determinado a explorar a oportunidade de fazer minha própria vingança.

"Diga-me", inquiri de certa forma ingênua, "onde posso conseguir ovos por aqui?".

"*Da Kommen Sie zu Spaet, die sind alle schon weggestohlen. Mit Ihnen kann man ja reden, Sie sind ja selbst Deutscher*" ("Chegou tarde demais; todos foram roubados. Com você posso conversar, é alemão").

Sua resposta inesperadamente franca me deixou tão atônito que esqueci completamente meu desejo por ovos. *Sie*, ela me disse. Quando saí da Alemanha rumo ao mundo de arames farpados, era um mero *Du*, uma criança. Agora era um *Sie*, um homem. Além disso, ela confiou em mim porque me via como um colega conterrâneo.

"Não", eu disse determinado, "não sou alemão; sou de Buchenwald".

"*Ja, Sie sehen aber vertauenstwuerdig aus*" ("Sim, mas aparenta ser confiável"). "Diga-me, por que eles nos tratam tão mal? O que nós, gente simples do interior, fizemos para merecer isso?"

"Nada. Não fizeram nada. Durante oito anos, viveram próximos a Buchenwald e ficaram apenas olhando."

"A SS, os norte-americanos e vocês todos nos roubaram."

Reclamações sobre tudo e todos vieram como uma enxurrada. Eu tinha que pará-la.

"Certo", interrompi. "Estou com pressa. Dê-me o balde; vou levá-lo até sua casa para você."

"*Danke, danke, Sie sind sehr anstaendig*" ("Muito obrigada, você é muito decente"). Depois do meu encontro com essa senhora, ocorreu-me que, após todos aqueles anos de ódio e opressão, caberia a mim decidir que tipo de homem eu seria. Ser um cavalheiro naquele dia me fez sentir forte e orgulhoso. No entanto, já vira moradores da vila o suficiente.

Mais tarde, encontrei um ex-prisioneiro alemão que também estava procurando comida.

"É de dar nojo", reclamou. "A vila inteira está me cercando com queixas. Dizem que eu deveria intervir em seu favor. Todos se esquecem de que, como alemão, sei muito mais sobre Buchenwald do que aqueles 'camaradas' estrangeiros de quem estão reclamando. A questão é Buchenwald. Eles sabiam a respeito, esses bastardos."

Voltando ao campo, vi um grupo de russos e poloneses animados sobre uma área aberta. Curioso, juntei-me a eles.

"O que está havendo aqui?"

Deitado no chão entre eles, havia um homem usando um uniforme enlameado. "*Dolmetsch* (intérprete), vamos lá, garoto, traduza para nós."

Aquele homem sujo e encolhido estava tremendo de medo e choramingava: "*Italiano, Italiano. Kaput, kaput!*" Ele fingia não saber nada de alemão, mas, ao perceber que eu sabia, enfiou a mão no bolso da camisa e gritou, "*documento, documento*".

Uma caderneta manchada e encharcada de suor foi colocada em minhas mãos. Era de uma unidade auxiliar alemã; sua nacionalidade foi dada como *Italiener*. Disse-lhe que estava no distrito de Buchenwald, um território que nós mesmos administrávamos até que os norte-americanos assumissem, e que ele estava preso. Deve ter entendido pouco de minhas explicações.

Quando chegamos ao campo, ele quase desmaiou enquanto era escoltado por dois prisioneiros armados. Talvez merecesse ser sangrado como qualquer outro porco fascista. Porém, agora nós éramos os vitoriosos orgulhosos, e os jovens guardas armados tinham uma disciplina militar. Ele foi levado à cela de arame farpado, juntando-se a oficiais, soldados da SS e oficiais nazistas que foram pegos escondidos durante os conflitos ou enquanto ainda desavisados de sua derrota.

Nossos camaradas franceses, cujo governo estava enviando transportes para buscá-los, já começavam a ir para casa. O restante de nós foi transferido para os antigos barracões da SS ou para o campo principal de Buchenwald.

Fui alocado para o Bloco 29, aquele dos "políticos alemães". Um dos barracões mais antigos do campo, tornara-se um tipo de "hotel". Seus ocupantes, todos veteranos, alguns personagens do campo e outras personalidades bastante conhecidas dos dias anteriores a 1933 ficavam muito tempo fora, fosse nos escritórios administrativos ou em missões externas.

Confortos recém-adquiridos incluíam armários, cobertores limpos, livros, pilhas de lençóis novos do QSFEA (o Quartel-general Supremo das Forças Expedicionárias Aliadas) e lâmpadas de 100 watts muito úteis.

Quando meus colegas de bloco chegaram para o jantar, fizeram-no principalmente para conversarmos. Era mais do que natural que gostassem de ouvir suas vozes livres após anos de medo e de supressão. Eles me revelaram muitas coisas interessantes.

Descobri que os cérebros por trás dos esforços de resistência em Bushenwald eram o denominado Comitê Internacional do Campo. Seus integrantes pré-libertação eram principalmente alemães e franceses esquerdistas com experiência na organização de táticas de resistência. Eles tinham um arsenal secreto de rifles, pistolas, máscaras de gás e binóculos. No mesmo instante em que a famosa bandeira branca foi erguida, nossa força estava equipada com metralhadoras e morteiros que tinham sido previamente roubados, aguardando a libertação. Durante anos, a resistência do campo armazenara armas, preparando-se para uma oportunidade de contra-atacar.

Agora o comitê era a autoridade suprema do campo. Seus chefes representavam todas as diversas nacionalidades e a quantidade de guardas armados chegava às centenas. Patrulhávamos o interior para encurralar os antigos homens da SS e descobrir depósitos escondidos dos nazistas. Os caminhões que buscavam suprimentos para a cozinha do campo viajavam até Erfurt e Jena.

A população local não estava disposta a revelar seus depósitos de emergência cuidadosamente escondidos. No entanto, vasculhamos as florestas e os porões até os encontrarmos. Havia toda uma rede subterrânea de depósitos. Um dos esconderijos era uma caverna que continha vinho roubado da França. Outro estava repleto de frangos enlatados da Hungria.

O MENINO QUE DESENHOU AUSCHWITZ

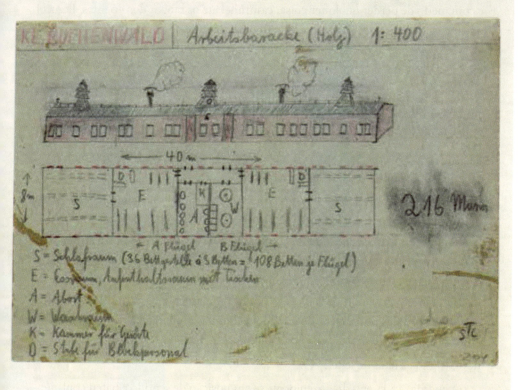

UM BARRACÃO DE TRABALHO EM BUCHENWALD
Após nossa libertação, fiquei no Bloco 29, um bloco menor com 216 homens no campo antigo.

O MENINO QUE DESENHOU AUSCHWITZ

Ouvíramos que o complexo do hospital, agora tomado pelos norte-americanos, estava dando sopa com leite. Eu gostava de leite e de coisas doces. Ver soldados vindos do outro lado do oceano me fascinou muito. Assim, logo cedo no dia seguinte e com medo de perder qualquer coisa, caminhei até os blocos dos doentes. Percebi que meu ritmo de caminhada estava melhorando, sinal de que minha saúde e força estavam retornando. Juntei-me avidamente à fila já crescente na cozinha do hospital e sentei-me no pavimento para esperar.

"Chegou cedo", gracejou alguém dentre os poucos à minha frente. "Eles só chegam para trabalhar às 8h, só trazem o leite às 8h30 e só começam a cozinhar às 9h30. Se terminarem até às 10h, teremos sorte. Sei do que estou falando."

"Mas não esquente, garoto, vale a pena", disse outro. "Ela é feita com manteiga, sabe? E, supostamente, é apenas para os doentes."

Entediado com a espera, dei uma olhada no portão do hospital, na esperança de ver algo que me tirasse do tédio. Analisei a sentinela solitária norte-americana como se eu fosse seu oficial de comando — os cadarços que subiam por suas botas de cano alto, as calças que ficavam para dentro das botas, seu cinto de munição levemente torto, sua túnica marrom esvoaçante, seu rosto alegre e seu capacete oval. Então ouvi o ruído de motores. Vindo rapidamente da estrada que saía do campo, e seguidas por nuvens de poeira, vi algumas ambulâncias do exército.

"Aí vêm elas", exclamou aquele que já sabia de tudo, "são oito agora. Em meia hora, trarão as latas de leite".

O guarda, antes entediado, colocou-se em posição de sentido e bateu continência para elas. O pátio do hospital começou a ficar movimentado.

O tempo passava em Buchenwald. A administração do distrito fora tomada pelos norte-americanos, e o exército de Buchenwald, desarmado.

Diversas missões dos Aliados chegaram para estudar os horrores dos campos de concentração alemães. Eles inspecionaram os crematórios, viram as pilhas de corpos macilentos e azulados, visitaram os laboratórios onde os prisioneiros eram escalpados, para suprir os abajures, e decapitados, para serem feitas miniaturas encolhidas. Aprenderam sobre o mecanismo das câmaras de gás, e lhes foi mostrado um dispositivo de medir a altura com um buraco ajustável, por meio do qual atiravam na cabeça dos prisioneiros inocentes durante uma inspeção médica.

O MENINO QUE DESENHOU AUSCHWITZ

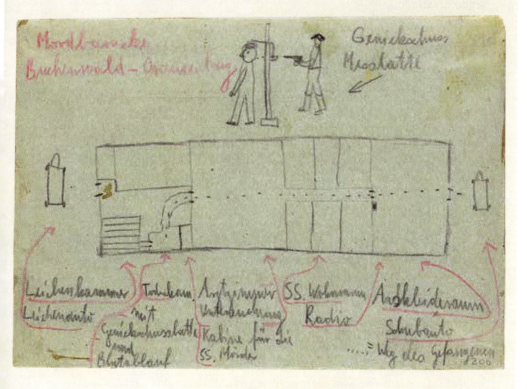

BARRACÃO DE ASSASSINATOS
Os nazistas tinham mecanismos de
assassinato enganosos e disfarçados.

As delegações visitantes ficaram chocadas. Sua consciência deve ter sido abalada por tais descobertas. Vieram visitar quando a batalha já estava encerrada e tinha sido vencida. Agora, todo o seu conceito sobre a civilização ocidental estava sendo desafiado.

Onde estavam todos aqueles ávidos humanitários em 1937, quando Buchenwald foi inaugurado? Mesmo durante nossa luta final, oito anos antes, nenhuma ajuda efetiva nos foi enviada.

Foram necessários 12 anos para que compreendessem a realidade cruel dos campos de concentração, e 4 anos para perceberem que o genocídio promovido por Hitler contra judeus e muitas outras raças "inferiores" era real.

Os norte-americanos trouxeram a população alemã local para nos visitar.* Fora encurralada em Weimar e em outras cidades, colocada em caminhões e agrupada na antiga praça de chamada. Um oficial se dirigiu àquelas pessoas, falando por meio de um alto-falante.

Então, seguiram a van com o alto-falante ao redor de Buchenwald e foram caminhando lentamente por nossos surrados barracões, como se estivessem em uma peregrinação ou em um funeral. Alguns até transpareciam estar passando um dia agradável no interior.

Algumas garotas, usando saias curtas, davam risadinhas. Eram jovens demais para serem perversas, pensei; apenas não tinham tato. O que me incomodou foram os uniformes da polícia da era Hitler e dos oficiais da ferrovia que vi. Caso aqueles que os vestiam tivessem realmente se envergonhado dos nazistas, teriam-nos jogado no lixo. O fato é que nem se preocuparam em eliminar todas as suásticas.

Não gostávamos desses passeios turísticos guiados e, quando alguns de nós, ao considerá-los um insulto, ameaçaram atacá-los, foram interrompidos.

Nossos visitantes mais legais eram os soldados norte-americanos que estavam de saída. Chegavam aos bandos — jovens, felizes e falantes. Acima de tudo, seus bolsos estavam transbordantes com gostosuras. Os ianques altos estavam carregados com chicletes, chocolates, charutos, cigarros, câmeras e flashes. Não ocultaram sua generosidade. Segurando avidamente suas câmeras, invadiram os barracões onde dormíamos.

---

* Historicamente, os norte-americanos, que ficaram profundamente abalados pelo horror do que viram quando entraram nos campos, decidiram levar a população local para que vissem por si só o que acontecera. Isso se deu para que eles abrissem seus olhos às atrocidades.

ACIMA: AMIGOS NORTE-AMERICANOS
Os soldados norte-americanos eram generosos e fascinantes para nós, os jovens.

ABAIXO:
Prisioneiros libertados do "pequeno campo" de Buchenwald conversando com soldados norte-americanos.

O MENINO QUE DESENHOU AUSCHWITZ

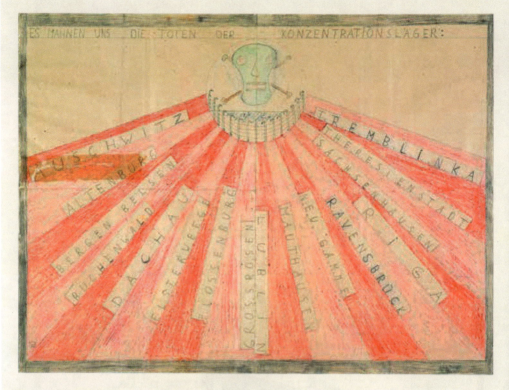

ACIMA: LEMBRE-SE DOS MORTOS NOS CAMPOS DE CONCENTRAÇÃO
Campos de concentração e de extermínio alimentados pelo ódio, nos quais milhões de pessoas eram sistematicamente assassinadas.

ABAIXO:
Cidadãos de Weimar são agrupados no pátio do crematório de Buchenwald. Os soldados dos EUA os confrontam com os mortos empilhados lá. Esta foi a primeira foto publicada de Buchenwald.

O MENINO QUE DESENHOU AUSCHWITZ

"Vocês se importam, parceiros? Só uma fotinho para o pessoal lá em casa."

"Será um prazer!" Juntamo-nos em fila um ao lado do outro e sorrimos. O cômodo estava vibrante com conversas sobre o fronte, os lares do outro lado do oceano, os Aliados, os nazistas e os campos de concentração.

"Precisamos continuar agora", convocou um soldado que tinha uma combinação peculiar de listras tortas e curvas na manga de sua camisa. "Quem é o responsável por este cômodo aqui?"

"Sou eu", respondeu um intelectual alemão com aparência exausta, cujo afã em sentar-se num canto e absorver os livros há muito tempo ansiados causara recentemente sua nomeação como guardião do local, confiado com a distribuição de sopa e com a limpeza do chão.

"Certo, meninos, para fora."

Sobre a mesa, surgiram barras de chocolate, tirinhas de chicletes e maços de cigarro. Colocaram alguns charutos no bolso da camisa do guardião do nosso quarto.

"Estes são só para você, por garantir que todos recebam sua parte."

Outrora desconhecido e esquecido, Buchenwald parecia, agora, ter se tornado o centro do mundo. Era nosso mundo, um mundo novo. Essa época mostrou-se ser tão interessante que os dias acabavam rápido demais para nós. Começamos a nos preparar para retornarmos para casa. Lá no alto, dia e noite, apressando o fim da Alemanha de Hitler, zuniam longas fileiras de aviões norte-americanos com suprimentos.

Em nosso bloco, sentavam-se veteranos que escreviam relatórios sobre os crimes de guerra nazistas.

Descobri que a população de Buchenwald chegara a ser maior do que a de Weimar. Os sobreviventes somavam 20 mil. Desde 1937, 51 mil pessoas* morreram em Buchenwald. Outros 15 mil camaradas pereceram nos campos subsidiários. Os diversos milhares colocados nos transportes que saíram no dia anterior à libertação — dos quais tínhamos escapado — foram apedrejados, massacrados e mortos a tiros.

---

* No momento da libertação, esse era o número oficial registrado. Ao longo dos anos desde então, os números oficiais cresceram consideravelmente.

O MENINO QUE DESENHOU AUSCHWITZ

Após termos ocupado os escritórios administrativos, houve uma ligação telefônica vinda de Weimar para o comandante da SS. "O pelotão de lança-chamas chegou", informou, "e está aguardando o transporte".

Não queríamos esquecer. Pelo contrário, sentimos uma urgência em documentar o que testemunháramos, registrar isso em papel e contar às pessoas a respeito. Se nós, que havíamos passado por aquilo, pensei, não revelássemos a verdade amarga, as pessoas simplesmente não acreditariam na extensão da maldade nazista. Queria compartilhar não apenas os horrores, mas nossas vidas, os eventos cotidianos e nossa luta pela sobrevivência.

Menos de uma semana após Buchenwald ter sido libertado, meus colegas de quarto trouxeram materiais documentados encontrados nos escritórios da SS e nos barracões dos oficiais, todos abandonados. Com base nesses documentos valiosos, agora eu podia copiar planos, mapas e listas.* Fraco demais para ficar perambulando sozinho, pedi aos meus colegas adultos que encontrassem papel e lápis para mim. Armado com uma pilha de questionários do partido nazista, do tamanho de cartões postais e impressos com a suástica, juntamente com sete lápis curtos e coloridos, embarquei na missão de desenhar a vida no campo.

Recordei meu tempo em Auschwitz, onde inicialmente tive vontade de recordar a vida no campo. Lá, usando fragmentos rasgados de papel das sacas de cimento,† pedaços de carvão e um lápis que encontrara, comecei a fazer listas e desenhos. Ansioso pela sobrevivência desses rascunhos rústicos em preto e branco, eu os escondi em meu saco de palha no qual dormia. Quando fomos evacuados às pressas de Auschwitz, tive que deixá-los para trás. Mas tais imagens permaneceram em minha cabeça. E agora, por fim, como um homem livre, comecei a recriá-los.

Durante os dias e as semanas seguintes, só desenhava. Comecei fazendo os contornos de cada imagem com meus lápis e, posteriormente, acrescentei a aquarela que recebera de um dos soldados norte-americanos que se interessou por meu trabalho.

Acrescentei escritos, mapas e listas. Cenas dos dias idos ganharam vida novamente — a chegada, a seleção, as punições, a comida, as doenças, as fileiras intermináveis de cercas, o trabalho, as chamadas, o inverno, as revoltas, as forcas, a

---

* Uma das pessoas que ajudaram Thomas a documentar a vida no campo foi o jornalista e historiador austríaco Eugen Kogon.[15] Kogon estava ocupado coletando e documentando as informações do campo — ele compartilhou alguns desses achados com Thomas.

† Sacas de cimento de 50 quilos que eram compostas por diversas camadas de papel.

evacuação, os *Katyushas* e muito mais. A experiência de 22 meses da minha vida em três campos de concentração estava apenas aguardando até explodirem para fora do meu cérebro incansável.

Retratar a vida obscura, triste e sem cores nos campos usando todas as sete cores do arco-íris fez meu coração se regozijar e me encorajou. Tais criações, em honra e memória de meus amigos e camaradas, tornou-se outra vitória preciosa.

O cinema de Buchenwald recebia multidões novamente. Normalmente, vinham assistir aos glamorosos filmes produzidos pela norte-americana Technicolor; mas, certo dia, congregaram-se para algo totalmente diferente. Foi realizada uma cerimônia judaica de homenagem póstuma. O capelão do exército dos EUA, um rabino criado no distante Brooklyn, entregou pequenos livros de orações que cabiam no bolso. Em cada lado do altar improvisado, havia velas altas e brancas e, atrás delas, soldados judeus norte-americanos usando seus uniformes marrons. Preenchendo o saguão, estavam os sobreviventes judeus da Europa, reflexivos e pesarosos. Muitos tinham praticamente se esquecido de seu legado histórico. Mas esse era um dia de recordação. Todos queríamos cumprimentar e agradecer àqueles que lutaram para nos libertar. Todos tínhamos famílias pelas quais rezar.

Era 1º de maio de 1945. Ex-prisioneiros, que tinham se instalado nas cidades e vilas circundantes, retornaram para celebrar conosco. Nossos barracões velhos e sujos foram cobertos por um mar de slogans brancos e novos.

O complexo dos russos parecia um parque de diversões. Suas ruas estavam repletas de adornos pendurados, e os blocos competiam para ver quem tinha o melhor retrato desenhado à mão de Stalin. O quadro vencedor tinha 12m², foi pendurado acima do quarto de leitura russo e cercado por flores, por um Lenin careca e um Marx barbudo.

Os blocos alemães exibiam a orgulhosa placa com os dizeres "Estamos Voltando" e fotos de Breitscheid e Thaelmann.* Outras faixas diziam: "Não Nos Esqueceremos de Nossos 51 mil Mortos"; "Agradecemos aos Nossos Aliados"; e o curto, porém poderoso, "Nunca Mais!".

---

* Um era o líder dos social-democratas, o outro, dos comunistas; ambos pereceram em Buchenwald.

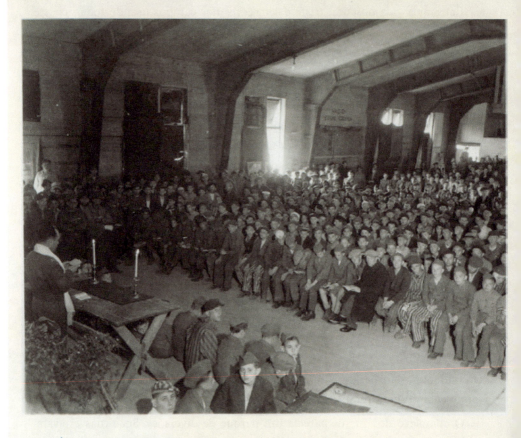

Uma cerimônia judaica de homenagem póstuma foi realizada no barracão do cinema pelos sobreviventes do campo de concentração de Buchenwald.

O MENINO QUE DESENHOU AUSCHWITZ

Nossos camaradas espanhóis mal tinham espaço suficiente em seu único bloco para tudo o que queriam dizer. "Você está indo para casa, e nós?", pintaram na parede. "O Fascismo Não Morreu Ainda, Franco Vive!"; "Agora, Franco é o Inimigo Número Um!"; "Não Desistiremos!"; *"No pasaran!"* ("Não Passarão!").

Meus colegas de quarto tinham esperança de que eu me juntaria a eles para o Desfile de Maio. Mostraram-me uma pilha de placas pintadas com os nomes de pequenas províncias alemãs.

"Não há sobreviventes dessas províncias, então alguém terá que carregá-las. Que tal você? É alto e ficaria imponente marchando sozinho."

Peguei uma das placas com o nome de uma província e fui guiado ao meu lugar na coluna de marcha.

Então, marchamos rumo ao portão.

Agrupamo-nos na praça do campo, cada coluna atrás da bandeira de sua pátria — poloneses, tchecos, russos, iugoslavos, húngaros, romenos, austríacos, alemães, noruegueses, franceses, belgas, holandeses e espanhóis. À nossa frente, perto da cerca, havia um palco enorme, marcando 1º de Maio de 1945. Sobre ele estava um trapézio tapado e pintado com as cores da Inglaterra, da Rússia e dos Estados Unidos, decorado com retratos de Churchill, Stalin e Roosevelt, com espaços na diagonal. Pairando sobre hastes muito altas, gentilmente tocando o céu azul e limpo libertado, flamulavam todas as bandeiras coloridas da Europa.

Para começar, assistimos a uma peça simbólica sobre Buchenwald, incluindo seu passado sombrio e a libertação. Em seguida, a plataforma foi preenchida com convidados do exterior, cujos discursos ouvimos. Fizemos homenagens aos nossos mortos, agradecemos aos Aliados e afirmamos nossa solidariedade. Também prometemos a nós mesmos nunca nos esquecermos de nosso sofrimento comum. "Os remanescentes de nossos supressores e seus apoiadores devem ser levados à justiça." Nossos aplausos foram poderosos e entusiasmados.

Depois, a banda começou a tocar e, uma a uma, as colunas marcharam passando pela bancada de saudações. Essa praça, que por oito anos foi o palco de nossas chamadas diárias, repleta de prisioneiros impotentes e tendo a bandeira nazista erguida sobre o portão de entrada, agora recebia multidões triunfantes que desfilavam orgulhosamente as bandeiras de suas pátrias. Sua vasta extensão de asfalto, que outrora ouviu os gemidos de milhares e milhares que se arrastavam a suas mortes, agora ressoava com os passos de marcha vitoriosos dos sobreviventes.

O MENINO QUE DESENHOU AUSCHWITZ

Incontáveis pernas vestidas no uniforme listrado azul e branco batiam em uníssono. A banda tocava hino após hino. Centenas de faixas vermelhas sobre o Dia de Maio foram erguidas.

Por fim, era a nossa vez. A grande bandeira vermelha à minha frente, que me incomodava ao fazer cócegas incessantes em meu pescoço, foi finalmente erguida.

Havia amplos espaços vazios entre os marchantes, para representar aqueles que não tinham sobrevivido e não puderam se juntar a nós. Alguém entoou *"Brueder, zur Sonne, zur Freiheit"* ("Irmãos, ao Sol, à liberdade"). Meu pequeno vizinho limpou as lágrimas de seus olhos.

Logo estaríamos todos indo para casa, pensei. Caso não tivéssemos um lar, buscaríamos um novo. Alguns se tornariam pessoas trabalhadoras comuns, cujo passado não interessava a ninguém. Outros, ao retornar, viriam a ser membros do parlamento ou até ministros. Aquele impressionante Dia de Maio em Buchenwald, no entanto, se transformaria em uma memória preciosa — algo sobre o qual seríamos recordados ano após ano.

Nossa coluna se aproximou da plataforma dos convidados. Marchamos rígidos e alinhados. À minha direita, na plataforma cercada por bandeiras, vi uma fileira de oficiais do exército — norte-americanos, russos, franceses, ingleses e outros. Quando chegamos perto, bateram continência. Eu, o extenuado e maltrapilho portador de uma placa pintada com o nome de alguma província obscura, eu, o jovem esquecido que por anos passara fome nos campos de concentração, recebia continências! Minhas bochechas ficaram vermelhas com a emoção. Então, a câmera de um noticiário foi virada em minha direção.

Eu tinha parado de viajar a Weimar e, em vez disso, caminhava pelo campo. Gostava de ouvir o rádio, dar uma olhada nos livros e jornais e tentar impressionar os norte-americanos com meu inglês.

Certo dia, em uma de minhas andanças ao redor do campo, estava passado por prisioneiros idosos que passavam seu tempo sentados e conversando entre si, quando percebi um jovem entre eles. Ele estava sentado ao Sol, em meio a um devaneio. Abaixei-me para ver seu rosto. Era longo, angular e assustadoramente magro. Seu nariz proeminente e pontudo parecia familiar.

O MENINO QUE DESENHOU AUSCHWITZ

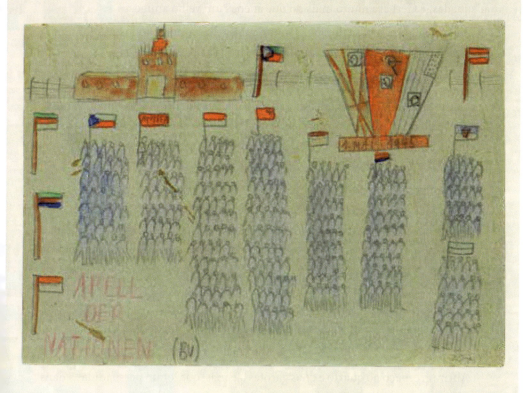

A CHAMADA DAS NAÇÕES
O dia 1º de maio de 1945 anunciou o início de uma
vida nova para mim.

Acordei-o e nos reconhecemos, apertando as mãos calorosamente. Era Gert, o moreno, um amigo da escola de pedreiros de quase dois anos atrás. Tinha acabado de receber alta do hospital. Fiquei muito feliz em vê-lo. Precisava de companhias adequadas, e Gert era muito mais do que apenas um velho amigo.

Buchenwald tonara-se um lugar muito mais feliz. À noite, todos nos juntamos para dançar, beber e confraternizar até a madrugada.

O colapso final do nazismo era esperado a qualquer hora agora. A semana após o Dia de Maio foi marcada por muitas celebrações de despedida. Uma a uma, as diferentes nacionalidades disseram adeus aos seus camaradas do campo e voltaram para casa.

Um amigo me convidou para ir ao Bloco 45, para a festa de despedida dos australianos. "Vai ser só um evento social", disse, "sem discursos ou promessas, mas cheio de diversão". Eu não fazia ideia de como dançar, mas fui, principalmente porque descobri que haveria bolos. Era um quarto no segundo andar, repleto de violinistas, uma banda de jazz, cerveja, lanternas chinesas, alpinistas usando calças de couro e norte-americanos.

Conforme ia ficando tarde, as pessoas festejavam para valer e começavam a dançar. Bebi um pouco de cerveja e considerava ir dormir, antes de ouvir os gritos de "Bravo, bravo!".

Abriram espaço no quarto e duas garotas ciganas, que foram persuadidas a dançar, dirigiram-se ao centro. Coloquei-me atento e observei. Aquelas duas jovens se viravam e se contorciam com as inebriantes melodias ciganas. Fiquei hipnotizado.

Absorto em pensamentos, continuei as observando. Alguém cruzou o quarto em direção à pilha de garrafas de cerveja. Era um garoto usando um terno grande demais para ele. Que engraçado, pensei.

Então, do nada, tive a impressão de que ele me era familiar. Reconheci-o e chamei-o. *Será que eu tinha bebido demais?* Não, pareceu que ele também me conheceu. Veio até mim para apertar minha mão. Era Berger, o "Berger Pequeno", nosso jovem cigano favorito da escola de pedreiros. Ele me disse que seus colegas australianos estavam cuidando dele e estavam dispostos a levá-lo à cidade natal deles.

Já estava tarde, então saí. Ainda pensava no Berger Pequeno. *Será que seus colegas realmente cuidariam dele? Será que ele conseguiria ter o futuro que tínhamos tão ansiosamente lhe desejado?*

Nossos colegas de campo russos fizeram sua apresentação de despedida no antigo e enorme teatro da SS. Quando começaram a cantar, o saguão vibrou com as músicas do Exército Vermelho — aquelas sobre a cavalaria, sobre a força aérea, sobre os *Katyushas* e sobre a resistência. Eu vibrei também. Vagando em minha mente, vieram todos aqueles jovens russos com quem cantávamos secretamente essas mesmas músicas no Bloco 7a. O que teria acontecido com todos aqueles meninos que, enquanto as melodias lutavam contra as noites escuras e silenciosas de Auschwitz, deitavam-se em seus beliches, sonhando com a libertação?

Meus antigos companheiros do Bloco 66, os jovens judeus da Polônia, também organizaram uma noite artística. Foi em iídiche. Quem roubou a cena, no entanto, foi a "Dança das Máquinas". Ela mostrava vultos de jovens trabalhando contra o fundo de uma tela vermelha. Os vultos labutavam em uníssono e, então, cantaram: "Mas as máquinas não têm coração, não conhecem a dor e não entendem as piadas."

Aqueles que assistiam não conseguiram evitar ficar impressionados. Era fácil perceber que aqueles jovens estavam lutando por um futuro de liberdade e segurança. Nunca mais concordariam em ser negligenciados e mantidos na ignorância. Um novo mundo estava sendo construído, e esses meninos tinham rompido com o mundo antigo.

Era 8 de maio de 1845; Armistício com a Alemanha. A guerra na Europa terminara. O fascismo e tudo o que ele representava tinha se entregado.

Alguém ligou o rádio em busca de notícias. Estavam repletas com os estrondos da vitória. Havia júbilo em todos os lugares: Londres fazendo o sinal da vitória; os cantos da empolgante Marseillaise; as badaladas do Kremlin; os berlineses erguendo-se das ruínas para celebrar.

Quanto a mim, virei-me sobre meu travesseiro e refleti. Havia paz. O que faríamos com ela? Em breve eu completaria 16 anos. Não demoraria muito até expressar minhas ideias. Então peguei no sono, sonhando com o futuro.

AO LADO:
Recuperando-me em Zug, Suíça, com meus colegas sobreviventes do campo de concentração no verão de 1945. Estou em pé, o segundo da direita para a esquerda.

ABAIXO:
Outubro de 1945 em Zug, Suíça. Estava completando 16 anos e em breve me reuniria com meu pai em Londres.

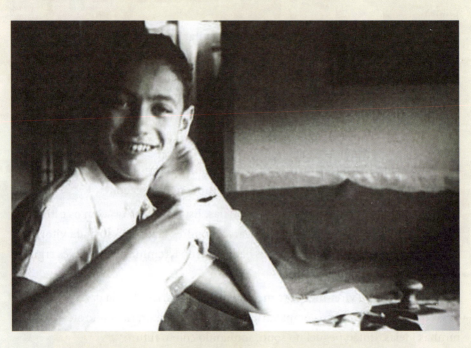

EPÍLOGO

Após a libertação de Buchenwald, passei outros dois meses no campo, recuperando minha saúde, trabalhando em meu projeto de desenhos e desfrutando da minha recém-descoberta liberdade.

A empreitada enorme de repatriar milhares e milhares de pessoas provenientes de diversos países diferentes tinha começado, e chegara o momento de decidir sobre meu futuro.

Várias opções estavam abertas para mim. Juntamente com outros 400 garotos adolescentes, todos sobreviventes dos campos de concentração, escolhi aceitar o convite do governo suíço e passar um período de seis meses em seu país. A Suíça, com seus lindos alpes e seu histórico de manter a liberdade durante os tempos de guerra, foi de grande apelo para mim.

No verão de 1945, estar na linda montanha Zugerberg, ao norte de Zug, foi como um paraíso na Terra e me permitiu desfrutar de momentos preciosos e de uma recuperação silenciosa e abençoada. Lá, encontrei uma bondade que nunca achei que fosse possível existir. A Suíça e seu povo cuidaram de mim extremamente bem. Os Liebetraus, a família mais amável em Rheinfelden, foram meus anfitriões durante minha estada, e seu filho, Hans-Rüdi, tornou-se um amigo próximo.

Enquanto estava recuperando minhas forças, um sonho se realizou. Com a ajuda da Cruz Vermelha, meu pai e eu conseguimos nos encontrar.

No dia 17 de novembro de 1945, peguei um voo para a Inglaterra, emocionado por ser a primeira vez que andaria de avião e animado pelo encontro com meu pai em Londres, há muito tempo esperado.

Seis longos anos de separação e guerra nos mudaram tanto que levamos certo tempo para nos reconhecermos. O cabelo do meu pai estava grisalho, e eu não era mais o garotinho de 9 anos de idade do qual ele se despedira na estação de trem Potsdamer, em Berlim, no verão de 1939. Agora, enquanto finalmente nos abraçávamos, ocorreu-me que eu estava recuperando uma parte de mim mesmo que, na verdade, não achava que algum dia conseguiria fazê-lo. Tudo o que eu queria era que aqueles momentos preciosos, no abraço caloroso, permanecessem comigo para sempre.

Enquanto um sonho intenso se realizava, meu outro mais precioso se destroçava. Minha mãe nunca foi encontrada. Faleceu em Auschwitz no verão de 1944, pouco depois de eu ter recebido sua última mensagem.

Agora era hora de reconquistar minha juventude e, gradualmente, tornar-me um homem no novo mundo que dispunha de inúmeras opções, esperando para serem escolhidas. Vivi na Inglaterra durante os quatro anos seguintes e, nesse tempo, obtive uma educação formal, graduei-me no ensino médio e conquistei um diploma universitário em engenharia.

Meu pai se casou novamente e, 3 meses após meu aniversário de 20 anos, ganhei o presente mais surpreendente e maravilhoso da minha vida: uma irmãzinha! A pequena e querida Judith me fez um irmão mais velho orgulhoso e feliz — um título valioso que nunca sequer imaginara em meus sonhos mais ousados.

O tempo passava, e grandes decisões estavam no horizonte. Do outro lado do oceano, nascia um novo país, lutando pela própria existência. Um desejo antigo, que criou raízes nos tempos em que eu era um prisioneiro em Auschwitz e cantava a patriótica *Música do Vale* juntamente com meus camaradas judeus, agora ficava mais forte do que nunca.

Senti que era minha hora e meu dever participar da reconstrução do único lar que nós, o povo judeu, jamais teve, aquele com o qual vínhamos sonhando há 2 mil anos. Embora deixar minha família na Inglaterra tenha sido uma das decisões mais difíceis da minha vida, senti, de forma intensa, que meu destino e futuro estavam em Israel.

Em julho de 1950, cheguei às terras de Haifa, e Israel tornou-se meu lar. Logo depois, comecei a trabalhar como engenheiro civil e arquiteto e, durante os 60 anos seguintes, participei da construção de casas e de assentamentos, além de diversos projetos de construção em todo o país. As mesmas habilidades que aprendi quando garoto na escola de pedreiros em Auschwitz, que tinha o objetivo de me transformar em um construtor do império da morte do Terceiro Reich, agora me serviam para ajudar na reconstrução do novo Estado judaico. Essa foi minha pequena vingança particular e outra vitória.

Como todos os outros jovens israelenses, assumi minha parte na defesa do país e servi como oficial no Regimento de Engenharia. Certa noite, fui enviado para comandar um grupo de soldados que guardavam "o vale" — o mesmo sobre o qual cantávamos nos campos de concentração. Quando estava deitado e exausto, quase morto, nos beliches de Auschwitz e cantando sobre a valente guarda do vale, nunca poderia ter imaginado que chegaria o dia em que eu faria parte dessa guarda. Sobrevivi, e a música tornou-se realidade. O coração daquele jovem rapaz de Auschwitz, uma parte ainda vívida em mim, encheu-se de orgulho.

Uma surpresa inesperada em 1981 mudou a minha vida. Desde 1958, meu testemunho escrito sobre o Holocausto ganhou o próprio espaço modesto no mundo por meio de um livreto, *Youth in Chains* [Juventude Acorrentada, em tradução livre], publicado sob um pseudônimo.

Segui com a vida. Embora tivesse a tatuagem em meu braço, com seu significado claro, a maioria das pessoas ao meu redor não sabia sobre o livro e não tinha visto meus desenhos. Porém, ao participar da primeira Convenção dos Sobreviventes, que ocorreu em Jerusalém naquele ano, as coisas mudaram. Quando cheguei, olhei a lista de participantes e reconheci um nome familiar. Era Gert Beigel! O "Gert Atrevido", meu bom e leal amigo da "Pequena Berlim" — ele estava vivo! Nosso encontro foi mais do que animador, e não faltaram lágrimas naquele dia. Entreguei-lhe o livro. Na manhã seguinte, Gert veio até mim e disse: "Li o livro durante a noite, de capa a capa. Cada palavra que escreveu é verdade." Ter encontrado o querido Gert vivo após todos aqueles anos e receber dele a confirmação de que aquela era a história verdadeira de todos nós, deu-me inspiração para que me tornasse uma testemunha ativa sobre o Holocausto. Essa se transformou em minha principal missão de vida.

Desde então, meu testemunho foi publicado de diversas formas e em vários idiomas. Até hoje falo para plateias do mundo todo, respondendo a perguntas infindáveis sobre a nossa vida nos campos de concentração e sobre a Segunda Guerra Mundial. Minha família, outra doce vitória minha, passou a se envolver ativamente na transmissão da história, e espero que as gerações futuras continuem a fazê-lo.

Meus desenhos estão sob custódia do museu Yad Vashem em Jerusalém e, juntamente com meus livros e filmes, significam muito para mim. Eles contêm as imagens e as histórias dos meus camaradas que perdi há muito tempo, dando a eles o reconhecimento que merecem e preservando suas identidades individuais.

Meu testemunho revela um mundo cruel e perverso, planejado para permanecer escondido — mas a justiça da história expôs todos os seus detalhes.

No entanto, além disso, ele conta sobre a *vida* nos campos. A forma pelas quais nós, os prisioneiros, permanecemos vivos e mantivemos nosso moral, agarrando cada pedacinho possível de humanidade e bondade dentro de nós mesmos e nos outros, no centro de tal brutalidade.

Em meio a tudo isso, havia nossa história particular — dos jovens —, que tivemos que crescer nos campos, moldando nossas identidades, valorizando o poder da união, da amizade e da esperança.

Tornou-se meu papel contar a história, e estou fazendo isso em memória de meus camaradas. Sua história é a minha. Minha vitória é a deles.

Este testemunho tem como objetivo contar às gerações vindouras sobre o passado, para que saibam exatamente o que aconteceu e compreendam seu profundo significado. Ciente disso, tenho esperança de que as pessoas tomarão decisões sábias e criarão uma vida e um futuro melhores para todos, em todos os lugares.

Esse era nosso sonho. E esse pode ser nosso legado.

Thomas Geve, 2020

O MENINO QUE DESENHOU AUSCHWITZ

"Tornou-se meu papel contar a história" — em visita a uma escola, conectando-me com a geração mais jovem.

AO LADO:
Tive o privilégio de ver os desenhos originais de Thomas no museu Yad Vashem, em Jerusalém. Sua atenção aos detalhes, tendo apenas papel com o tamanho de um cartão postal para desenhar, é impressionante.

ABAIXO:
Thomas e eu conversando sobre as experiências de sua vida nos campos, Herzliya, em julho de 2019.

NOTA DE
CHARLES INGLEFIELD

Vivo em Zug, uma cidadezinha nas cercanias de Zurique, Suíça. Aqui não acontece muita coisa, além das atividades de uma movimentada comunidade empresarial e das saídas aos fins de semana para a linda região dos Alpes. Em março de 2019, um cliente me deu um panfleto sobre uma exibição no Museu Burg. O título era "As Crianças de Buchenwald".

Essa foi a primeira vez que ouvi o nome de Thomas Geve. No topo da montanha Zugerberg, o Abrigo de Jovens Felsenegg recebeu 107 crianças que foram libertadas dos campos de concentração, e Thomas era uma delas. Durante o verão de 1945, naquele belo lugar, elas puderam convalescer e iniciar a longa jornada de recuperação. Intrigado, pesquisei no Google e encontrei inúmeras referências a Thomas, como também a seus desenhos singulares. Com o contato de Zug, quis saber mais sobre esse homem e seus desenhos.

Yifat, a filha de Thomas, respondeu ao meu e-mail inicial e, em julho de 2019, tive a honra de conhecer tanto Thomas como Yifat em Herzliya. Falamos sobre seus desenhos e sobre o que o levou a colocar aquelas imagens no papel. Aprendi sobre sua impressionante história de sobrevivência durante 22 meses, passando por três campos de concentração, antes de ser libertado de Buchenwald aos 15 anos de idade. Vi seus desenhos, mantidos sob custódia e proteção do museu Yad Vashem de Jerusalém, e ouvi seu testemunho, o qual ele ainda concede às plateias do mundo todo.

Thomas já tinha publicado duas edições de seu testemunho nas décadas de 1950 e 1980. São ambas excelentes; portanto, assumir a tarefa de atualizar seu livro foi um desafio enorme. Quando assisti aos eventos do 75º aniversário de libertação de Auschwitz, em janeiro de 2020, o significado do testemunho de Thomas como sobrevivente me tocou profundamente. Li a segunda edição, *Guns and Barbed Wire* [Armas e Arame Farpado, em tradução livre], muitas vezes e tive inúmeras conversas com a família antes de definir uma direção que manteria sua história igual e, também, manteria intactas as descrições, o estilo e o testemunho de 75 anos atrás, todos singulares de Thomas. Meu papel era adaptar seu testemunho aos leitores contemporâneos. A linguagem e a estrutura foram revisadas, mas foi a provisão de novas informações dadas por ele que realmente moldaram esta edição. Tínhamos mais detalhes relevantes para serem inseridos no texto e acrescentados como notas de rodapé, assim como a oportunidade de incluir mais alguns de seus desenhos.

O que acabou se tornando familiar para mim foi a positividade e o "bem" que Thomas encontrava nas ocasiões em que sua vida e a de outros estavam ameaçadas. Ele e seus companheiros enfrentaram adversidades constantes e extremas, contudo, a cada vez, a intervenção bondosa de alguém ou de algo os fazia sobreviver. Não importava quão desesperadora fosse a situação para ele e seus colegas prisioneiros, Thomas ainda encontrava uma saída. Isso me ajudou a retratar sua história como sendo mais do que um livro focado somente nos horrores do Holocausto. É claro, temos que contar o relato de Thomas sobre o que ele viu e experienciou. Houve muitos cenários horríveis, e questões de vida ou morte eram uma realidade diária. Mas também há muita esperança, positividade e *identificação* com os atos de bondade que transparecem em sua história. Ele chega realmente ao fundo do poço em termos do que um ser humano sofreu — e Thomas era apenas um pré-adolescente quando chegou a Auschwitz-Birkenau. Repetidas vezes, vejo-me sendo chacoalhado emocionalmente ao ler seu relato de como enfrentou experiências de quase-morte, mas que, de alguma forma, sobreviveu. Apesar disso tudo, ele ainda acreditava nas pessoas *boas*. Criminosos, comunistas, fascistas e ciganos lhe demonstraram um caminho em meio à bondade e ao apoio — pessoas que ele provavelmente teria ignorado ou evitado.

Você leu a história dele e viu seus desenhos; agora terá que decidir o que levará disso tudo. É um relato de uma testemunha ocular sobre eventos históricos. É raro termos tanto o texto como os desenhos para ilustrar esse evento infame da história mundial.

Durante os 75 anos após a libertação, os desenhos de Thomas têm se tornado cada vez mais um meio poderoso e muito acessível de nos engajarmos com a verdade não apenas de Auschwitz-Birkenau, mas também de Gross-Rosen e Buchenwald. Penso frequentemente sobre o motivo pelo qual esses desenhos afetam as pessoas, incluindo a mim mesmo, de forma tão forte. Talvez seja porque foram desenhados por um garoto, apenas recontando o que viu, sem a agenda política de um adulto. Historiadores e especialistas comentaram sobre sua acurácia. Para mim, é o nível de detalhes. Os desenhos são pequenos e, numa primeira vista, bastante simples; no entanto, sua mensagem é franca, brutal e grandiosa. Muitos desses desenhos estão apresentados neste livro.

O Menino que Desenhou Auschwitz representa as palavras de Thomas e foi o privilégio da minha vida poder ter me envolvido com ele, com sua família e com sua história.

Charles Inglefield, junho de 2020

NOTAS BIOGRÁFICAS

Por favor, observe que as informações sobre os nomes a seguir baseiam-se em fontes primárias de fatos e informações sobre o Holocausto. Tais registros podem ser atualizados no futuro.

1. Berta Cohn (Berta Goetze antes de casar-se), mãe de Thomas, nasceu em 1906. Chegou a Auschwitz juntamente com Thomas em 29 de junho de 1943. Seu número de prisioneira era 47542. Como prisioneira, trabalhou certo tempo na fábrica do Sindicato. Berta ajudou na organização da resistência como tradutora. A última vez que Thomas ouviu a respeito dela foi em junho de 1944. Ela faleceu no Holocausto.

2. Dr. Erich Cohn, pai de Thomas, nasceu em 1896. Encontrou refúgio na Inglaterra em agosto de 1939. Durante os anos de guerra, serviu como médico na Marinha Britânica. Morreu em Londres em 1951.

3. Dr. Julius Goetze e Hulda Goetze, pais de Berta. Julius faleceu em março de 1942, em Berlim. Hulda foi deportada no Transporte 1/90, de Berlim para o gueto de Theresienstadt em 18 de março de 1943, e faleceu lá em junho de 1944.

4. Ruth Seidler (Ruth Goetze antes de casar-se), irmã de Berta, nasceu em 1912. Casou-se com Alfred Seidler (que também faleceu no Holocausto) e foi deportada no Transporte 36, de Berlim para Auschwitz-Birkenau em 12 de março de 1943. Faleceu no Holocausto.

5. Irma Cohn, irmã de Erich, nasceu em 1894, foi deportada de Beuthen para Auschwitz em 20 de maio de 1942, juntamente com Magda Breit (governanta). Irma faleceu no Holocausto.

6. Magda Breit nasceu em 1878, em Breslau. Cuidou do avô de Thomas, Josef Cohn, e continuou como governanta quando ele morreu. Foi deportada de

O MENINO QUE DESENHOU AUSCHWITZ

Beuthen para Auschwitz em 20 de maio de 1942, juntamente com Irma Cohn. Magda faleceu no Holocausto.

7. Wolfgang Kopper foi enviado ao infame Hospital Psiquiátrico Hadamar, conhecido como "Casa das Persianas", localizado em Hessen. Milhares de crianças foram assassinadas como parte do programa de eutanásia T-4. Ele foi uma delas.

8. Werner Jacobsohn sobreviveu ao Holocausto e, posteriormente, emigrou para os Estados Unidos. Thomas restabeleceu o contato com ele e se falaram por muitos anos. Werner morreu em 2019.

9. Eva-Ruth Lohde, nascida em 1929, foi inicialmente enviada ao gueto de Theresienstadt em 30 de junho de 1943 e, depois, para Auschwitz em 15 de maio de 1944. Foi assassinada no mesmo dia.

10. Lotte (Charlotte) Lohde (Lotte Veile antes de casar-se), mãe de Eva-Ruth, foi enviada juntamente com Eva-Ruth para o gueto de Theresienstadt em 30 de junho de 1943 e, de lá, para Auschwitz em 15 de maio de 1944. Ela faleceu no Holocausto.

11. Sally Klapper faleceu em Auschwitz-Birkenau.

12. Gert Beigel sobreviveu ao Holocausto. Ele e Thomas se encontraram em uma conferência dos sobreviventes realizada em Jerusalém, em 1981, e continuam em contato (veja o Epílogo).

13. Um dos membros da resistência que ajudou o contato entre Thomas e sua mãe, Berta — correndo grandes riscos pessoais — foi Józef Cyrankiewicz, que posteriormente tornou-se o primeiro-ministro da Polônia.

14. Leo Jacob Voorzanger nasceu em Amsterdã, na Holanda, em 1911. Foi transportado para Dachau e assassinado em 1º de março de 1945.

15. Eugen Kogon foi prisioneiro em Buchenwald por seis anos e sobreviveu. Anos depois, escreveu um dos livros mais importantes sobre os campos de concentração, *Der SS-Staat* [O Estado da SS, em tradução livre].

AGRADECIMENTOS

Nós, Thomas Geve e Charles Inglefield, gostaríamos de agradecer às seguintes pessoas por suas contribuições valiosas para este livro:

Yad Vashem, Centro Mundial de Memória do Holocausto (Jerusalém, Israel)
Eliad Moreh-Rosenberg (Curador e Diretor do Departamento de Arte da Divisão de Museus)
Michal Feiner-Rosental (Supervisor de Coleção)

Arquivos Arolsen (Bad Arolsen, Alemanha) Martin Kriwet (Serviços de Referência)

Museu Auschwitz-Birkenau (Oświęcim, Polônia) Dr. Wojciech Płosa (Chefe dos Arquivos)

Fundações Memoriais de Buchenwald e Mittelbau-Dora
(Buchenwald, Alemanha)
Sabine Stein (Chefe dos Arquivos, Fundação Memorial)
Rikola-Gunnar Lüttgenau (Chefe de Comunicações Estratégicas e RP), Holm Kirsten (Chefe de Museologia e Coleção Histórica)

Stephen D. Smith, PhD
Diretor-executivo da cadeira Finci-Viterbi na Fundação USC Shoah e presidente de Educação sobre o Genocídio na UNESCO

Editora HarperCollins (Londres, Inglaterra)
Com agradecimentos especiais a Ed Faulkner, Kelly Ellis e Sarah Hammond por seu apoio, confiança e orientação ao pegar este livro desde seu conceito até sua entrega final; a James Empringham pelo design; a Sarah Burke e Monica Green na produção; a Sarah Davies e à equipe de direitos autorais; a todos do departamento

de vendas, marketing e publicidade por seu apoio. Agradecemos também a Nick Fawcett, nosso copidesque, por seu olhar atento.

Eu, Thomas, também gostaria de estender meus sinceros agradecimentos a:

Charles, por sua parceria singular e por seu papel especial. Minha sincera gratidão vai para ele por seu entusiasmo incansável, sua visão e enorme dedicação, que tocaram meu coração e transformaram em realidade esta nova edição.

Yifat, minha filha, e Judith, minha irmã, por cuidarem muito bem das minhas palavras e dos meus desenhos com amor e devoção.

Também quero aproveitar a oportunidade e fazer um grande agradecimento a todas as pessoas que me apoiaram e ajudaram ativamente para que divulgasse meu testemunho de diversas maneiras ao longo dos anos. Com um agradecimento especial:

> Aos auxiliares do Departamento de Arte, do Departamento Europeu e outros do Yad Vashem, Centro Mundial de Memória do Holocausto, em Jerusalém, Israel
>
> Aos auxiliares do Memorial de Buchenwald, Alemanha
>
> Ao Dr. Wilhelm Roesing, produtor do filme *Nothing But Life*, e à família Roesing, Alemanha
>
> A Agnès Triebel, França
>
> A Elisabeth Marquart, Alemanha
>
> A Lior Ziv, meu conselheiro jurídico e sobrinho, Israel
>
> À minha querida e solidária família

Eu, Charles, também gostaria de agradecer:

A James Heffron, por seu apoio e expertise inestimáveis ao longo deste projeto.

A minha esposa, Jen, e a Molly e Max, por seu apoio e paciência incríveis.

A Matilda e sua equipe no café Kahawa, em Zug.

Por fim, a Thomas e a Yifat: foi uma jornada e tanto e um enorme privilégio poder estar envolvido nela. Muito obrigado.

ÍNDICE

A

Abrigos antibomba, 42

Abuso, 170

de crianças, 141

Adolf Hitler, 34, 74, 110, 113, 118, 144, 162, 186, 248, 274

Aliados, 33, 40, 79, 116, 134, 154, 163, 185, 196, 239, 254, 265, 272, 281

Alto Comando alemão, 34

Assassinatos em massa, 231

Ataques aéreos, 31, 33, 40, 44, 186, 192, 224, 239, 261

Auschwitz, 54, 74, 77, 81, 84, 88, 90, 93, 95, 106, 114, 124, 141, 152, 153, 166, 184, 198, 200, 215, 245, 278, 293

Auschwitz I, 87, 175

Auschwitz II, 9, 175. *Consulte* Birkenau (Auschwitz II)

Auschwitz III, 72, 175

Autoridades nazistas, 40

Avó (Hulda Goetze), 15

Avô (Julius Goetze), 15, 39, 40, 152

B

Barracões, 67, 71, 74, 208, 226, 244, 246, 265, 270, 278

Berger Pequeno, 122, 284

Berlim, 33, 38, 41, 43, 48, 53, 74, 86, 96, 118, 137, 156

Beuthen, 24, 27, 28, 59, 154

sinagoga de, 27

Birkenau, 60, 66, 71, 73, 74, 77, 111, 115, 119, 125, 137, 141, 144, 151, 167, 186, 188, 210, 219, 244

Bombardeiros, 185

Breslau, 237

Buchenwald, 240, 241, 244, 249, 257, 265, 287, 293

C

Câmaras de gás, 122, 131, 146, 272

Camisas Marrom, 25

Campo

das crianças, 69

de Auschwitz-Birkenau, 294

de Gross-Rosen, 225, 227, 231, 237, 294

feminino, 123, 125, 153, 188, 226

Campos de concentração, 8, 54, 76, 86, 95, 141, 175, 188, 224

Cartões especiais de ração, 50

Cemitério Weissensee, 38, 47, 48, 79

Cerco de Breslau, 218

Chamadas de domingo, 108

Clara Bernhard, 40

Comida, 31, 42, 54, 83, 103, 108, 126, 137, 160, 183, 184, 186, 216, 230, 249, 252, 266

cartões especiais de ração, 31

ersatz, 31

Crematórios, 77, 84, 89, 118, 149, 188, 226, 272

D

Dachau, 257

Desinfecção, 134, 150, 167, 241

Despiolhamento, 241

Dia de Maio, 282, 284

E

Ello, 99, 183

Ems, 166

Enforcamento em massa, 190

Escola de pedreiros, 93, 95, 111, 133, 134, 137, 175, 178, 235, 241, 284, 288

Esquadrão antibombas, 186

Estrela de Davi, 37, 48

Eva-Ruth, 38, 51, 52, 53

Exércitos de libertação, 197

F

Festival de "Júbilo da Torá", 25

Fundo Social Nazista, 109

G

Genocídio, 274

Gert Atrevido, 96, 105, 111, 119, 137, 141, 144, 149, 152, 174, 206, 289

Gert Loiro, 96, 111, 114, 144, 152

Gert Moreno, 105, 284

Gestapo, 27, 41, 43, 45, 46, 53, 68, 99

H

Hino dos prisioneiros, 166

holandeses, 251

Holocausto, 8, 289

Homossexuais, 76, 110, 114, 118

Hospital, 108, 137, 162, 238, 272

J

Jakob Kozelczuk, 151

Jendroe, 123

Jonathan, 89, 93, 105, 111

Juventude Hitlerista, 23, 34

K

Keding, 88, 109, 110, 139

Kurt Alto, 96, 105, 111, 119

Kurt Carinha de Bebê, 105

Kurt Pequeno, 96, 111, 113, 114, 123, 144, 178

L

Lagerschutz (a polícia do campo), 244

Lei nazista, 38

Leo, 203

Leopold Weil, 98

Liebetraus, 287

Lotte, 51, 53

Luftwaffe, 86

M

Mãe (Berta Cohn), 15, 19, 28, 29, 40, 41, 42, 44, 46, 48, 53, 55, 62, 88, 115, 125, 140, 144, 152, 156, 288

Marcha da Morte, 10

Maurice, 198

Mauthausen, 257

Mendel Tabacznik, 122

Moisés Mendelssohn, 45

Monowitz, 72, 77, 89, 114, 175

N

Natal, 207

Número pessoal (tatuagem), 68, 76, 95, 106, 169, 177, 183, 230, 240, 257

O

O.T. (Organização Todt), 28

P

Pai (Dr. Erich Cohn), 12, 19, 22, 26, 27, 88, 116

Pequena Berlim, 96, 105, 111, 144, 289

Pequena Kiev, 96

Pequena Salônica, 96, 128

Pequena Varsóvia, 96, 128

Pole, 115

Primeira Guerra Mundial, 19, 27, 39

Prisioneiros, 66, 67, 134, 156, 162, 180, 188

    alemães, 110, 163, 171, 184, 186, 257

    ciganos, 97, 111, 118, 136, 144, 171, 180, 184, 193, 199, 241, 294

    franceses, 251

    húngaros, 176

    jovens, 93, 97

    políticos, 110, 166

    poloneses, 97, 109, 125, 152, 184, 190, 196

    romenos, 146

    russos, 97, 164, 171, 184, 188

    ucranianos, 97, 102, 113, 127, 164

    veteranos, 105, 133, 162, 180, 207, 248, 277

Processo de identificação, 76

Propaganda pró-guerra, 31

Propagandistas comunistas, 86

S

Sally, 89, 93, 111

Schorsch, 144

Segunda Guerra Mundial, 8, 289

Sigi, 99

sra. Krause, 31

sr. Pollak, 98

SS, 43, 60, 66, 69, 71, 73, 76, 81, 84, 86, 93, 105, 106, 113, 119, 120, 127, 137, 150, 151, 163, 168, 171, 175, 178, 185, 190, 192, 220, 223, 226, 243, 246, 265, 267, 269, 278

T

Tentativas de fuga, 155

Terceiro Reich, 46, 50, 68, 99, 189, 192, 288

Testemunhas de Jeová, 118, 172, 173

tia Irma, 21

tia Ruth, 19, 21, 29, 40, 223

Toque de recolher, 37, 128, 163, 186

V

Vanka, 235

W

Werner, 38

Wolfgang, 38

Projetos corporativos e edições personalizadas
dentro da sua estratégia de negócio. Já pensou nisso?

Coordenação de Eventos
Viviane Paiva
viviane@altabooks.com.br

Contato Comercial
vendas.corporativas@altabooks.com.br

A Alta Books tem criado experiências incríveis no meio corporativo. Com a crescente implementação da educação corporativa nas empresas, o livro entra como uma importante fonte de conhecimento. Com atendimento personalizado, conseguimos identificar as principais necessidades, e criar uma seleção de livros que podem ser utilizados de diversas maneiras, como por exemplo, para fortalecer relacionamento com suas equipes/ seus clientes. Você já utilizou o livro para alguma ação estratégica na sua empresa?

Entre em contato com nosso time para entender melhor as possibilidades de personalização e incentivo ao desenvolvimento pessoal e profissional.

PUBLIQUE
SEU LIVRO

Publique seu livro com a Alta Books. Para mais informações envie um e-mail para: autoria@altabooks.com.br

 /altabooks   /alta-books   /altabooks   /altabooks

CONHEÇA OUTROS LIVROS DA **ALTA BOOKS**

Todas as imagens são meramente ilustrativas.

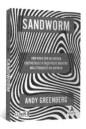